U0684318

新能源汽车人才培养模式实践研究

曾 慧 张梅红 魏冬至 著

中国原子能出版社

图书在版编目（CIP）数据

新能源汽车人才培养模式实践研究 / 曾慧，张梅红，
魏冬至著. --北京：中国原子能出版社，2023.11
ISBN 978-7-5221-2955-6

Ⅰ. ①新…　Ⅱ. ①曾… ②张… ③魏…　Ⅲ. ①新能源
–汽车工业–人才培养–研究–中国　Ⅳ. ①F426.471

中国国家版本馆 CIP 数据核字（2023）第 168596 号

新能源汽车人才培养模式实践研究

出版发行	中国原子能出版社（北京市海淀区阜成路 43 号　100048）
责任编辑	张　磊
责任印制	赵　明
印　　刷	北京天恒嘉业印刷有限公司
经　　销	全国新华书店
开　　本	787 mm×1092 mm　1/16
印　　张	13.5
字　　数	221 千字
版　　次	2023 年 11 月第 1 版　2023 年 11 月第 1 次印刷
书　　号	ISBN 978-7-5221-2955-6　　定　价　72.00 元

网址：http://www.aep.com.cn　　E-mail：atomep123@126.com
发行电话：010-68452845　　　　　　版权所有　侵权必究

前　言

　　汽车产业是推动新一轮科技革命和产业变革的重要力量，是建设制造强国的重要支撑，是国民经济的重要支柱。新能源汽车是全球汽车产业绿色发展、转型升级的主要方向，也是中国汽车产业高质量发展的战略选择。党中央、国务院高瞻远瞩、统揽全局，在全球范围内率先明确了发展新能源汽车的国家战略，抢抓了发展先机。在相关部门、地方政府、行业企业的共同努力下，中国新能源汽车产业发展取得了显著成效，突破了一批电池、电机、电控、专用平台等关键技术，产销量连续 7 年位居世界第一，成为引领全球汽车产业电动化转型的重要力量。

　　人才是经济社会发展的第一资源，任何一个产业的发展都离不开人才的发展，高质量的人才队伍是产业高质量发展的基础和前提。新能源产业的爆发式增长对人才队伍建设在质量和数量两方面提出更高的需求，新能源汽车人才培养面临着更大的挑战。

　　本书在内容上总共分为五章，对新能源汽车人才培养模式进行了深入研究。其中，第一章主要内容为新能源汽车产业发展概述，具体内容包括新能源汽车产业基本定义和产业链结构，新能源汽车产业发展环境及政策，新能源汽车发展现状，新能源汽车发展趋势；第二章的主要内容为新能源汽车人才现状及需求分析，具体包括新能源汽车人才基础分析，新能源汽车人才需求特征，新能源汽车人才保障能力分析，新能源汽车人才职业岗位序列，新能源汽车人才培养存在的问题；第三章的主要内容为新能源汽车人才培养的课程设置，详细论述了新能源汽车人才培养课程设置的目的，新能源汽车人才培养课程设置的原则，新能源汽车人才培养课程设置的方法，新能源汽车人才培养课程设置的内容，新能源汽车人才培养课程设置的评价；第四章的主要内容为新能源汽车人才培养实训基地共建模式，具体介绍了新能源汽车人才培养实训基地建设概述，新能源汽车人才培养实训基地建设路径，新能源汽车人才培养基地可持续发展机制；第五章的主要内容为新能源汽车人才培养产教融合协调模式，详细论述了产教融合的理论基础，我国产教融合的发展，构建产教融合生态圈的创新研究，完善新能源汽车产教融合协同模式。

在撰写本书的过程中，作者得到了许多专家学者的帮助和指导，参考了大量的学术文献，在此表示真诚的感谢。本书内容系统全面，论述条理清晰、深入浅出，但由于作者水平有限，书中难免会有疏漏之处，希望广大同行及时指正。

作　者

2023 年 3 月

目　录

第一章
新能源汽车产业发展概述

本章主要内容为新能源汽车产业发展概述，具体内容包括新能源汽车产业基本定义和产业链结构，新能源汽车发展环境及政策，新能源汽车发展现状，新能源汽车发展趋势。

第一节　新能源汽车产业基本定义和产业链结构

一、新能源汽车产业内涵

新能源汽车是指采用新型动力系统，完全或主要依靠新型能源驱动的汽车，主要包括纯电动汽车、插电式混合动力（含增程式）汽车和燃料电池汽车。纯电动汽车是指以车载电源为动力，用电机驱动行驶的车辆，需要充电设备进行充电。插电式混合动力汽车是指将燃油动力系统和纯电动动力系统相结合的车辆。燃料电池汽车是指用车载燃料电池装置产生的电力作为动力的车辆。燃料电池是一种将存在于燃料与氧化剂中的化学能直接转化为电能的发电装置。燃料电池系统除了燃料电池电堆，还包括燃料供应子系统、氧化剂供应子系统、水热管理子系统及电管理与控制子系统等。

二、新能源汽车产业链结构

新能源汽车全产业链（图 1-1-1）：产业链上游主要涵盖核心零部件，包含动力电池、燃料电池、电驱动系统、插电式混合动力系统及其他零部件；产业链中游主要涵盖整车制造，包含纯电动汽车、插电式混合动力汽车、燃料电池汽车；产业链下游主要涵盖销售、售后服务。

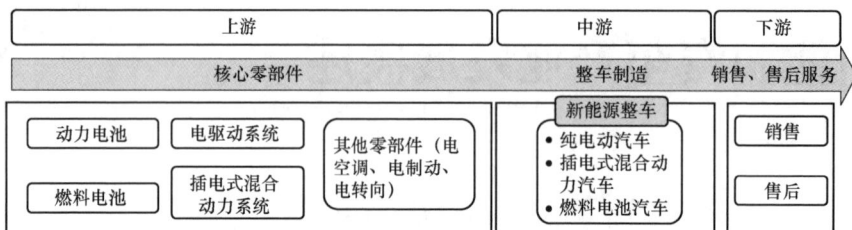

图 1-1-1　新能源汽车全产业链

动力电池产业链（图 1-1-2）：产业链上游主要为原材料，包含镍钴锰原材料和锂原材料；产业链中游主要为电池材料，包含正极材料、负极材料、电解液、铝塑膜、极耳、隔膜、PVDF 黏结剂、铜箔/铝箔、终止胶带、导电剂；产业链下游主要为电芯单体及系统，包含电芯生产、系统集成、制造装备和性能检测。

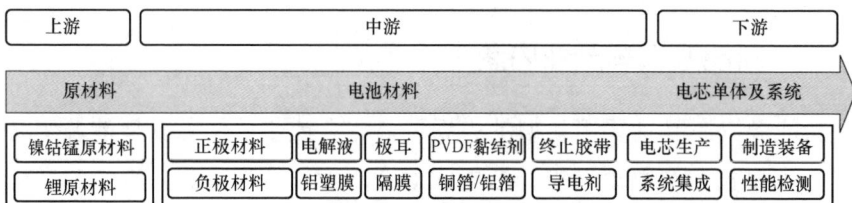

图 1-1-2　动力电池产业链

燃料电池汽车产业链（图 1-1-3）：产业链上游主要为核心零部件及关键材料，包含燃料电池系统、燃料电池电堆、储氢系统、氢气循环系统、

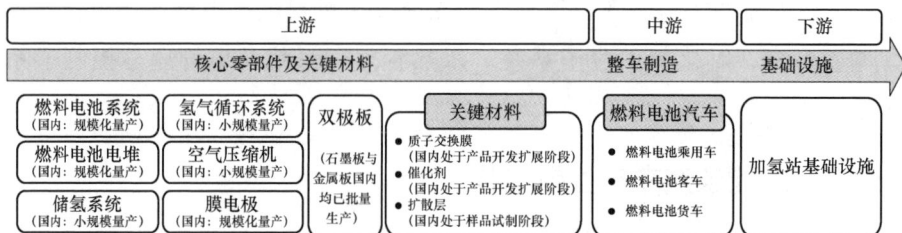

图 1-1-3　燃料电池汽车产业链

空气压缩机、膜电极、双极板等核心部件，以及质子交换膜、催化剂、扩散层等关键材料；产业链中游主要为整车制造，包含燃料电池乘用车、燃料电池客车、燃料电池货车；产业链下游为加氢站等基础设施。

电驱动系统产业链（图 1-1-4）：电驱动系统主要分为驱动电机和电机控制器。驱动电机产业链上游关键原材料为稀土，中游核心零部件主要涵盖永磁体、硅钢片、轴与轴承、定子、转子；电机控制器产业链上游关键原材料为硅基，中游核心零部件主要涵盖功率半导体模块（IGBT）、PCB（含元器件）、控制器模块、薄膜电容。

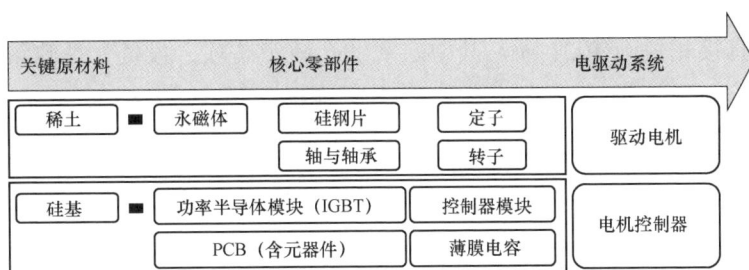

图 1-1-4　电驱动系统产业链

三、新能源汽车产业链代表性企业

新能源汽车产业链中，产业链上游的核心零部件动力电池的代表性企业有宁德时代、比亚迪、合肥国轩高科、惠州亿纬、孚能科技、中创新航、蜂巢能源、卧龙电气等；燃料电池的代表性企业有亿华通、博世、重塑、捷氢、治臻、氢晨、唐锋等；电驱动系统的代表性企业有精进电动、上海电驱动、蔚然动力、博世、合肥巨一等。

处于产业链中游的整车制造代表性企业有一汽集团、东风集团、上汽集团、广汽集团、长安汽车、吉利汽车集团、比亚迪、江淮汽车集团、东风汽车、北汽新能源、上汽通用五菱、长城汽车、特斯拉、奇瑞新能源、蔚来汽车、理想汽车、极氪汽车、小鹏汽车、合众汽车、北汽福田、重汽集团、陕汽集团、厦门金龙、上海捷能汽车等。

处于产业链下游的销售与售后代表性企业有远通集团、远通汽贸、上海汽修、天津市津维瑞通汽车销售、北京环耀汽服、邢台嘉义汽服、武汉海恒广新汽车销售、江苏朗迪汽车销售、安徽宝田汽车销售、蓝马车业、广州信行新能源汽车销售等。

第二节　新能源汽车发展环境及政策

2018 年以来出台的新能源汽车相关重要政策覆盖宏观综合、投资管理、生产准入、市场监管、财政补贴、税收优惠、积分合规、动力电池、基础设施、交通运输、金融支持、智能化发展共 12 个方面。据中国汽车技术研究中心政策研究中心统计，2018 年 1 月至 2019 年 5 月，国家共出台新能源汽车直接相关政策 31 项，其中宏观综合政策 7 项、投资管理政策 1 项、生产准入政策 2 项、市场监管政策 1 项、财政补贴政策 3 项、税收优惠政策 5 项、动力电池政策 4 项、基础设施政策 2 项、交通运输政策 3 项、金融支持政策 1 项、智能化发展政策 2 项。这期间国家发布的与新能源汽车发展相关的征求意见稿主要有四个（表 1-2-1）。

表 1-2-1　2018 年 1 月至 2019 年 5 月新能源汽车相关重要征求意见稿

编号	政策名称	发布部门	落款时间
1	关于对《战略性新兴产业重点产品和服务指导目录》（2016 版）征求修订意见的公告	国家发改委	2018 年 9 月 21 日
2	关于《鼓励外商投资产业目录（征求意见稿）》公开征求意见的公告	国家发改委、商务部	2019 年 2 月 1 日
3	关于《家用汽车产品修理、更换、退货责任规定（修订征求意见稿）》公开征求意见的公告	国家市监总局	2019 年 3 月 14 日
4	关于就《产业结构调整指导目录（2019 年本，征求意见稿）》公开征求意见的公告	国家发改委	2019 年 4 月 8 日

一、新能源汽车产业宏观综述

发展新能源汽车是汽车产业转型升级的重要抓手和体现产业国际竞争力的重要一环，也是减少城市大气污染和交通排放的主要措施。因此，在国家的宏观综合性政策中，如 2018 年以来发布的"打赢蓝天保卫战""促进消费""深度开放"等主题的政策，鼓励和推广新能源汽车均是不可或缺的组成部分。

（一）发展绿色交通，打赢蓝天保卫战，需推广新能源汽车

2018 年 7 月 3 日，国务院印发的《打赢蓝天保卫战三年行动计划》（以下简称《行动计划》）是 2020 年前指导我国大气污染防治工作的重要文件。从大气污染防治需求出发，提出"经过 3 年努力，明显改善空气质量"的目标，划定京津冀及周边地区、长三角地区为重点区域，强调优化产业、能源、运输、用地结构调整 4 项工作重点及开展重点区域秋冬季攻坚行动、打好柴油货车污染治理攻坚战等 4 项重大专项行动。《行动计划》中，推广使用新能源汽车是加快车船结构升级、调整运输结构、发展绿色交通体系的重要举措，为此，国家对不同区域、不同领域的新能源汽车使用比例提出了要求（表 1-2-2）。

表 1-2-2　《行动计划》中提出的新能源汽车使用比例要求

序号	目标
1	加快推进城市建成区新增和更新的公交、环卫、邮政、出租、通勤、轻型物流配送车辆使用新能源或清洁能源汽车，重点区域使用比例达到 80%； 重点区域港口、机场、铁路货场等新增或更换作业车辆主要使用新能源或清洁能源汽车
2	2020 年年底前，重点区域的直辖市、省会城市、计划单列市建成区公交车全部更换为新能源汽车
3	在物流园、产业园、工业园、大型商业购物中心、农贸批发市场物流集散地建设集中式充电桩和快速充电桩
4	为承担物流配送的新能源车辆在城市通行提供便利

作为打赢蓝天保卫战的重点区域，京津冀及长三角区域分别于 2018 年 9 月和 11 月发布了《京津冀及周边地区 2018—2019 年秋冬季大气污染综合治理攻坚行动方案》和《长三角地区 2018—2019 年秋冬季大气污染综合治理攻坚行动方案》并明确使用新能源汽车的具体要求（表 1-2-3）。

表 1-2-3　京津冀及周边地区、长三角地区使用新能源汽车的具体要求

地区	具体要求
京津冀及周边地区	各城市要制定营运车船结构升级三年行动方案，确保 2020 年城市建成区公交、环卫、邮政、出租、通勤、轻型物流配送车辆中新能源和国六排放标准清洁能源汽车的比例达到 80%
	自 2018 年 10 月 1 日起，城市建成区新增和更新的公交、环卫、邮政车辆等基本采用新能源或清洁能源汽车

地区	具体要求
京津冀及周边地区	港口、机场、铁路货场等新增或更换作业车辆主要采用新能源或清洁能源汽车
	北京、天津、石家庄、太原、济南、郑州市制定 2020 年底前建成区公交车全部更换为新能源汽车实施方案
长三角地区	大力推广新能源汽车,上海、南京、杭州、合肥、苏州市建成区新增和更新的公交车全部采用新能源汽车,提高新能源汽车使用比例
	加快新能源汽车配套设施建设,上海市、江苏省、浙江省、安徽省加大公共充电桩建设力度
	港口、机场、铁路货场等新增或更换作业车辆主要使用新能源或清洁能源汽车

(二)新能源汽车消费是国家鼓励汽车消费升级及绿色消费的重要领域

2018 年 9 月,中共中央、国务院发布《关于完善促进消费体制机制进一步激发居民消费潜力的若干意见》,在住行消费方面提出,实施好新能源汽车免征车辆购置税、购置补贴等财税优惠政策,加强城市停车场和新能源汽车充电设施建设;在绿色消费方面强调,建立绿色产品多元化供给体系,丰富新能源汽车生产。

2018 年 10 月,国务院办公厅印发《完善促进消费体制机制实施方案(2018—2020 年)》,提出促进汽车消费优化升级,继续实施新能源汽车车辆购置税优惠政策,完善新能源汽车积分管理制度,落实好乘用车企业平均燃料消耗量与新能源汽车积分并行管理办法,研究建立碳配额交易制度;完善新能源汽车充电设施标准规范,大力推动"互联网+充电基础设施"建设,提高充电服务智能化水平;研究制定促进智能汽车创新发展的政策措施。

2019 年 1 月,国家发展和改革委、工信部、民政部、财政部等十部委印发《进一步优化供给推动消费平稳增长促进形成强大国内市场的实施方案》。2018 年,消费增速下滑是国家出台一系列促进消费政策的经济背景,汽车消费减速是 2018 年消费增速下滑的主要因素之一。根据国家统计局测算,2018 年社会消费品零售总额增速同比回落 1.2%。其中,若扣除汽车类

商品，增速回落约 0.4%，即汽车消费造成约 0.8% 的增速落差①。因此，该文件以稳定汽车消费来"托住"商品消费"大头"，不仅要做大汽车消费量，更要引导汽车产业转型升级同满足居民消费升级需要结合起来，为此需有序推进老旧汽车报废更新，持续优化新能源汽车补贴结构，促进农村汽车更新换代。其中，"持续优化新能源汽车补贴结构"要求坚持扶优扶强导向并落实新能源货车差别化通行管理政策。该要求与现行新能源汽车购置补贴政策及公安部发布的《关于进一步规范和优化城市配送车辆通行管理通知》精神相一致。

2019 年 6 月，国家发展和改革委、生态环境部、商务部印发《推动重点消费品更新升级畅通资源循环利用实施方案（2019—2020 年）》，围绕产品供给、更新升级、使用环境、循环利用四个方面，着力解决抑制汽车消费潜力释放和消费结构优化的瓶颈问题，激发市场消费活力，促进汽车消费结构升级，具体到新能源汽车领域，包括优化产品供给、强化不限行不限购、继续推广公共领域电动化、加快充电基础设施建设等（表 1-2-4）。

表 1-2-4 《推动重点消费品更新升级畅通资源循环利用实施方案（2019—2020）》新能源汽车相关要点

主题	具体措施
产品供给	加快新一代车用动力电池研发和产业化，提升电池能量密度和安全性，逐步实现电池平台化、标准化、降低电池成本 引导创新商业模式，推广电池租赁等车电分离消费方式，降低购车成本 优化整车结构设计，积极采用高性能电池和轻量化材料，不断提高节能水平 鼓励企业研制充换电结合、电池配置灵活、续驶里程长短兼顾的产品 推进高功率快充、无线充电、移动充换电等技术装备研发应用，提高充换电便利性
交通管理	严禁各地出台新的汽车限购规定，已实施汽车限购的地方政府应根据城市交通拥堵、污染治理、交通需求管控效果，结合路段拥堵情况合理设置拥堵区域，研究探索拥堵区域内外车辆分类使用政策，原则上对拥堵区域不予限购 各地不得对汽车实行限行、限购，已实行的应当取消 鼓励地方对无车家庭购置首辆家用新能源汽车给予支持 鼓励有条件的地方在停车费等方面给予新能源汽车优惠，探索设立零排放区试点
公共领域	加快推进城市建成区新增和更新的公交、环卫、邮政、出租、通勤、轻型物流配送车辆使用新能源或清洁能源汽车，2020 年底前大气污染防治重点区域使用比例达到 80% 鼓励地方加大新能源汽车运营支持力度，降低新能源汽车使用成本

① 段思瑶，张北.汽车负增长拖累社会消费品零售总额下滑，发改委：稳增长要稳住汽车消费［EB/OL］（2019-01-29）［2023-02-20］. https://baijiahao.baidu.com/s?id=1623967250433234122&wfr=spider&for=pc

续表

主题	具体措施
基础设施	中央和地方财政继续对充换电等基础设施建设和配套运营服务给予支持，加快大型公共场所充电桩建设 鼓励国有企事业单位充分利用现有停车场地，按照不低于停车位数量 10% 的比例建设充电设施 支持地方和企业依托路灯、加油站等现有基础设施，因地制宜开展充电设施建设和服务 鼓励机关和企事业单位与周边居民小区建立停车设施昼夜错峰使用调配机制，提高现有停车设施利用效率 加快已有停车设施升级改造，推动立体停车设施建设 鼓励各地为新能源汽车分时租赁提供停车、充电设施支持

二、投资管理

2018 年 6 月，国家发展和改革委、商务部发布《外商投资准入特别管理措施（负面清单）（2018 年版）》，明确 2018 年取消专用车、新能源汽车整车制造外资股比限制，2020 年取消商用车外资股比限制，2022 年取消乘用车外资股比限制以及合资企业不超过两家的限制。汽车产业对外深度开放是大势所趋，对内加快"放管服"改革是优化汽车产业投资管理、适应国际规则、遵循国际惯例的必然要求。

2018 年 12 月，国家发展和改革委印发《汽车产业投资管理规定》，全面取消汽车投资项目核准事项，各类汽车投资项目均改为备案管理，从体制机制上给市场主体松绑，自 2019 年 1 月 10 日起施行。

该政策将插电式混合动力汽车投资项目划归为"燃油汽车投资项目"，一度引起了社会的广泛关注甚至误解，误认为插电式混合动力汽车不再属于新能源汽车。实际上将其归为传统燃油汽车投资项目进行管理，主要是由于插电式混合动力汽车配装传统燃油发动机，必须进行发动机产品的研发、生产等相关投资，企业需掌握传统发动机技术和生产能力。同时，为鼓励现有企业生产新能源汽车，现有汽车企业建设插电式混合动力汽车生产能力投资项目不必符合新能源汽车产量占比要求和对项目所在区域的要求，以鼓励各地区和现有企业发展插电式混合动力汽车产品（表 1-2-5）。

表 1-2-5 《汽车产业投资管理规定》核心要点

类别	描述
出台背景	（1）汽车产业明确对外开放时间表，中央要求加快"放管服"改革进程 （2）燃油车领域出现结构性产能过剩，部分领域问题突出 （3）新能源汽车领域存在盲目和低水平投资的现象 （4）地方政府"大干快上"汽车产业，招商引资盲目性较大
主要内容	（1）针对当前燃油车领域结构性产能过剩、行业散乱、企业众多等问题，明确了禁止类项目，有利于产业结构调整 （2）提高了燃油车扩能标准，将产能利用率、新能源汽车产量占比和研发费用占比等指标作为燃油车扩能的硬性指标，推动行业转型升级，引导现有燃油车企业积极发展新能源汽车 （3）针对当前新能源汽车投资热等问题，提高了新建纯电动汽车企业的相关条件，鼓励优秀企业进入 （4）针对地区投资热和产业布局不合理等问题，对各地燃油车扩能、新建纯电动汽车项目提出省份产能利用率等指标，并要求各地区对各类投资项目负起责任、因地制宜，科学规划 （5）对汽车产业重点发展的领域提出了导向性意见 （6）鼓励企业兼并重组和战略合作，推动骨干企业强强联合，引导汽车产业由大变强

三、生产准入

1985 年，我国汽车主管部门开始实施车辆生产目录管理；2004 年，经国务院批准将其设立为行政许可事项。但长期以来管理文件分散、效力层级较低，需要对其进行系统性规范。

结合管理实践，工信部将相关管理文件梳理提炼，上升为部门规章，于 2018 年 12 月发布了《道路机动车辆生产企业及产品准入管理办法》，自 2019 年 6 月 1 日起施行。该办法的制定和实施，一是落实党中央、国务院"放管服"改革精神和减轻企业负担要求，初步估算，将产品扩展变更以及企业法人、地址变更等事项改为备案后，预计将减少产品审批事项 2/3 左右、减少企业审批事项 1/4 左右；实施产品系族管理后公告产品数量可以减少 1/3 以上，大幅减轻企业申报负担。二是适应新发展形势、促进产业转型升级，鼓励、促进技术创新和新业态形成，鼓励企业集团化、产品系族化，允许企业代工生产（表 1-2-6）。

2019 年 1 月，工信部发布《道路机动车辆生产企业准入审查要求》和《道路机动车辆产品准入审查要求》，是支撑《道路机动车辆生产企业及产品准入管理办法》具体实施的必要技术文件，自 2019 年 6 月 1 日起实施。

总体来看，企业审查要求一是继承了大部分原审查要求的相关内容，但大幅缩减企业及产品大类，简化了对企业内部自主决策、管理工作的要求；二是删除了非工信部职能（如环境保护、安全生产、职业健康等）的相关内容；三是与投资管理政策改革衔接，不再使用《汽车产业发展政策》中的表述；四是在乘用车、货车、客车等企业审查要求中，不同程度地提高了研发能力和生产一致性保证能力的要求，删除了企业集团可统一设立产品设计开发机构的表述；五是明确了电动车辆生产企业对电池回收能力的要求。

表 1-2-6　《道路机动车辆生产企业及产品准入管理办法》核心要点

类别	内容
企业和产品类型简化	将原来的 19 类生产企业和产品，简化为乘用车类、货车类、客车类、专用车类、摩托车类、挂车类等 6 个类别。企业获得某一个类别的准入后，生产该类别之内的产品，无须再次申请企业准入，大幅减轻了企业负担
集团化管理改革	简化集团下属企业准入审查要求，允许具有相同生产资质的集团成员企业之间相互代工
产品系统管理	推行车辆产品系族管理，鼓励企业对同一系族的车型产品按照系族申请产品准入，大幅减少准入产品型号
新技术准入豁免	建立新技术、新工艺、新材料评估制度，允许企业针对智能网联汽车，无人驾驶汽车等创新技术申请准入豁免
准入管理流程优化	减少准入申请需要提交的材料；推行备案管理，对已经取得准入的企业变更法定代表人、注册地址等事项以及已经取得准入的车辆产品变更产品参数的，由原先的重新申请公告改为备案管理
检验监测制度开放	明确具备相应法定资质，即可承担车辆产品准入管理的检验工作；对已经实施 3C 认证的汽车零部件，直接采用认证结果，无须再提交检验报告；在企业集团中试点开展车辆产品自我检验
委托加工试点	鼓励道路机动车辆生产企业之间开展研发和产能合作，允许符合规定条件的道路机动车辆生产企业委托加工生产

四、基础设施

2018 年 12 月 10 日，国家发展和改革委、国家能源局、工信部、财政部发布《提升新能源汽车充电保障能力行动计划》，指出力争用 3 年时间大幅提升充电技术水平，提高充电设施产品质量，加快完善充电标准体系，全面优化充电设施布局，显著增强充电网络互联互通能力等。围绕配套电力、设备质量、运营模式、标准规范、规划布局等多个方面进行部署，促

进充电基础设施的规模化、规范化发展。

五、交通运输

2018 年 10 月 9 日，国务院发布《推进运输结构调整三年行动计划（2018—2020 年）》，重点指出要加快运输结构调整的决策部署，推进城市绿色货运配送示范工程，加大对示范项目物流园区（货运枢纽）建设、新能源城市配送车辆推广应用、绿色物流智慧服务平台建设等的支持力度；到 2020 年，城市建成区新增和更新轻型物流配送车辆中，新能源车辆和达到国六排放标准清洁能源车辆的比例超过 50%，重点区域达到 80%；各地将公共充电桩建设纳入城市基础设施规划建设范围，加大用地、资金等支持力度，在物流园区、工业园区、大型商业购物中心、农贸批发市场等货流密集区域，集中规划建设专用充电站和快速充电桩；在有条件的地区建立新能源城市配送车辆运营补贴机制，降低使用成本；在重点物流园区、铁路物流中心、机场、港口等推广使用电动化、清洁化作业车辆。

六、智能化发展

2018 年 12 月 25 日，工信部印发《车联网（智能网联汽车）产业发展行动计划》，从关键技术、标准体系与测试示范、基础设施、综合应用和安全保障等方面部署五大重点任务，提出到 2020 年，具备高级别自动驾驶功能的智能网联汽车实现特定场景规模应用，车联网用户渗透率达到 30%以上；2020 年后，高级别自动驾驶功能的智能网联汽车和 5G-V2X 逐步实现规模化商业应用，"人—车—路—云"实现高度协同。

第三节　新能源汽车发展现状

一、产业跨入高质量发展阶段

2018 年是我国新能源汽车产业由量变向质变转变的关键之年。产业在实现突破百万辆大关的基础上，向提质增效、增强核心竞争力方向发展，跨国整车集团的加入使得市场竞争日趋激烈，优秀企业和产品开始脱颖而出，中国作为世界新能源汽车市场引领者的地位得到凸显。

（一）产业迈向高质量发展阶段，整体竞争力显著提升

新能源乘用车行业开始进入高质量发展阶段。一是市场增长动力开始从政策推动转向市场拉动，私人消费已成为新能源汽车消费主体，根据国家信息中心数据统计，2015 年国内新能源汽车的单位用户占比 71.6%，到了 2018 年，单位用户占比仅在 26%[1]。二是领先企业优势得到巩固，产品技术水平迈上新台阶。比亚迪、吉利、上汽等企业大量换代新产品陆续上市，新产品品质大幅提升，整车能耗、续驶里程指标进步显著，产品定位整体上探，小微车型逐步进入市场化阶段，并进一步推动新能源汽车消费区域由限购城市向非限购城市扩展。三是国内新能源汽车正在从中资品牌为主向中外竞争转变。在双积分等政策的作用下，日产、宝马、丰田、大众等跨国公司纷纷发力中国新能源汽车市场，并取得不错的开门销售成绩，这必将对国内新能源汽车行业整体水平有明显的提升带动作用。

新能源客车成为全面电动化的重要领域。在产品方面，随着蓝天保卫战等国家战略的实施，城市公交车作为公共服务领域的重要环节，将成为推进全面电动化的重要领域，公路客车、旅游客车、通勤客车等细分领域的电动化进程也将逐步加快。在市场方面，2018 年我国新能源客车销量约 9.2 万辆，占客车总销量的 22% 左右，累计推广新能源客车接近 50 万辆。其中，新能源城市公交销量占城市公交总销量的 90% 以上，其保有量占公交车保有量的比例超过 55%；而公路客车、通勤客车等客车在新能源汽车市场占比仅为 3%，电动化进程缓慢[2]。在智能化应用方面，宇通、金龙等客车企业实现了自动驾驶客车示范运营，实现定点、定线自动行驶和避让等功能，成为智能化技术应用的重要载体。

新能源专用车（货车）将迎来快速发展。在市场方面，2018 年我国新能源专用车市场销量为 10.3 万辆，以纯电动车型为主，轻型物流车占市场销量的九成，占据市场份额较高的企业有开瑞、东风、瑞驰、通家等。在技术方面，相比 2017 年，2018 年新能源专用车平均电池能量密度、纯电

① 王金彪. 张家口沽源县电网巩固提升规划研究 [D]. 石家庄：河北科技大学，2022.
② 尹大明. 安徽 AK 汽车制造公司发展战略研究 [D]. 贵阳：贵州大学，2022.

动续航里程分别提升 13%、18%，而随着产品性能的提升，新能源专用车的产品价格也在逐渐下降。在产品方面，燃料电池专用车正开展小规模应用示范，东风汽车开发的第一款燃料电池厢式运输车已在上海展开实际示范运营，佛山、云浮也投入 25 辆氢燃料电池厢式物流车展开试运营。面对国家环保要求的加强、柴油货车排放标准的升级以及新能源物流车通行便利等支持政策，各家大型物流企业纷纷开始使用新能源物流车，如京东、顺丰、圆通、菜鸟等均已推出物流车辆的电动化计划，这将极大地助推新能源汽车专用车市场快速发展。

（二）动力电池行业技术水平显著提升

近年来，我国动力电池产业保持高速发展，与国际先进水平的差距逐渐缩小。

一是产业规模持续扩大，三元电池市场份额提升。2018 年度我国新能源汽车动力电池配套量超过 568.9 亿 Wh，同比增长 56.88%。其中三元电池配套量约 301 亿 Wh，同比增长约 103.71%，占比由 43.9% 提升至 58.17%。磷酸铁锂电池配套量约 222 亿 Wh，同比增长 23.51%，占比由 49.6% 降低至 39%[①]。

二是市场集中度快速提升，行业优胜劣汰加速。我国动力电池单体企业由 2016 年底的 140 家左右减少到 2018 年底的 100 家左右。2018 年前十家动力电池企业累计配套量约 470 亿 Wh，市场占比约 83%。其中宁德时代和惠州比亚迪配套量大幅领先，分别达 234.33 亿 Wh 和 114.28 亿 Wh，市场占比分别为 41.19% 和 20.09%[②]。

三是技术经济性不断提升，关键指标接近国际领先水平。截至 2018 年底，我国三元电池单体能量密度达到 235 Wh/kg 以上，系统能量密度可达 160 Wh/kg，部分产品系统价格降低到 1 100 元/kWh 左右，已经属于国际领先水平。现阶段，继续提升动力电池性能水平、持续降低成本、提高安全性和可靠性仍是产业发展的关键和重点。

---

① 史冬梅，王晶. 中国、日本、韩国电池技术和产业发展战略态势分析 [J]. 储能科学与技术，2023，12（02）：615-628.

② 初夏. 锂离子电池行业民企的转型发展研究 [D]. 上海：上海财经大学，2022.

（三）驱动电机行业关键技术取得积极进展

2018年我国驱动电机产业规模持续扩大，产品技术加快向集成化方向发展集成驱动电机、电机控制器和减速器的三合一电驱总成产品实现量产配套，车规级IGBT器件实现整车应用，驱动电机研发创新能力大幅提升。

一是行业规模持续扩大，推动产业快速发展。我国已经形成了驱动电机、电机控制器、变速器、电驱动总成、主要关键材料和关键器件全部覆盖的完整产业链，并全部实现了国产化。根据前瞻产业研究院数据，2018年我国驱动电机装机量超133万台，比亚迪与北汽新能源处于领先位置，其中比亚迪在驱动电机和电机控制器市场中占比均达26%；北汽新能源在驱动电机市场占比达9.8%，在电机控制器上占比达9.5%；其余企业市场占比均不超过9%。我国驱动电机及电机控制器市场规模已达107.9亿元，同比增长62.5%[①]。

二是产品品质不断提升，集成化成为主流。集成驱动电机、电机控制器和减速器的三合一总成产品成为行业发展的重点产品，我国新能源汽车动力总成自主创新能力持续增强。2018年，我国多家企业纷纷推出各种应用于乘用车的三合一总成产品，上海电驱动、精进电动、中车时代、汇川技术、上海大郡、巨一自动化、深圳比亚迪、蔚来汽车、华为技术等均开发了集成电机、控制器和减速器的一体化总成产品，总成峰值功率90～160 kW，总成输出转矩3 200～3 900 Nm，总成输出转速1 200～1 500 r/min，产品集成从简单的物理集成逐步发展成机—电—热深度集成，并表现出良好的NVH性能。

三是IGBT取得关键性突破，产业布局逐步完善。2018年，深圳比亚迪微电子、嘉兴斯达微电子、株洲中车时代电动等企业纷纷开发出自主的车用IGBT芯片、双面冷却IGBT模块封装和高功率密度电机控制器。经过多年的持续研发与验证，我国已经陆续突破了沟槽栅场终止型IGBT芯片设计和制造、模块封装设计和制造、大功率器件测试应用等关键技术与工艺，在产品性能和封装水平方面与国外同类产品相当，我国车规级IGBT

---

① 张夕勇. 中国新能源汽车的跨越式发展之路［J］. 经济导刊，2023（02）：40-47.

已经开始在新能源汽车领域大规模应用。同时，上汽集团与英飞凌合资的无锡工厂顺利开工，为国内新能源汽车进行 IGBT 器件配套生产。

二、市场持续高增长，竞争格局面临新变化

（一）全球新能源汽车规模不断扩大，中国市场渗透率达 4.5%

2010—2018 年，全球新能源汽车销量从不足 1 万辆增至 207 万辆，年均增速超过 50%，占汽车整体市场的比例提至 2.2%。截至 2018 年底，新能源汽车全球保有量超过 550 万辆，约占全球汽车保有量的 0.5%。全球新能源汽车市场排名中，中国已连续四年居世界首位，市场份额同步保持稳步提升态势。根据中国汽车工业协会统计，2018 年我国新能源汽车销售 126 万辆，同比增长约 62%，高于全球增速，占全球市场份额的 61%。在汽车整体市场中，中国新能源汽车占比逐年小幅攀升，2017 年新能源汽车占比仅 2.69%，2018 年占比提至 4.45%。在保有量方面，根据公安部最新数据统计，截至 2019 年 6 月，我国汽车保有量达 2.5 亿辆，新能源汽车保有量344 万辆，占汽车总量的比例仅为 1.37%[①]。

（二）乘用车新能源化进程加快，合资乘用车企业参与度提升

2009 年以来，我国新能源乘用车累计推广超过 200 万辆，占新能源汽车总量的比例超过 70%。根据中国汽车工业协会（以下简称"中汽协"）数据统计，2018 年新能源乘用车销售 105.3 万辆，同比增长 82%，高于新能源汽车整体市场 62% 的增速，市场份额由 2016 年的 66% 提升至 2018 年的84%。在乘用车整体销量中，新能源乘用车市场比例也逐步提高，由 2015年的 1% 提高至 2018 年的 4.4%[②]。

2018 年我国有量产的插电式混合动力乘用车企业约 22 家，其中包括12 家合资企业、10 家中资企业，产量分别达 4.7 万辆、20.7 万辆，占比 19%、81%；前 6 家企业产量超过 1 万辆，主要包括比亚迪、上汽、华晨宝马、上汽大众、广汽、吉利。其中，比亚迪、上汽产量分别为 10.4 万辆、6.8

---

① 王振，彭峰. 全球碳中和战略研究［M］. 上海：上海社会科学院出版社，2022.
② 甄文媛. 新能源汽车下乡三年考［J］. 汽车纵横 2023（04）：85-87.

万辆，合计占比 68%，华晨宝马、上汽大众两家合资企业产量分别为 2.2 万辆、1.4 万辆，占比分别为 8%、6%[①]。

（三）私人消费规模比例超半成，城市公交电动化率近六成

根据机动车保险数据统计，2018 年新能源汽车私人领域销量达 56 万辆，占比 54%，基本与 2017 年比例持平。仅从新能源乘用车领域看，私人消费占比提升至 63%。2018 年非限购城市新能源汽车销量近 60.3 万辆，占比近 59%，北京、上海、广州、深圳、贵阳、杭州、天津、海南等 8 个限购城市销量近 42.7 万辆，占比 41%[②]。

截至 2018 年底，全国新能源公交车保有量约 38 万辆，占公交车总量的比例约 56%。截至 2016 年底，10 个大气污染治理重点区域和重点省市的公交车总量占全国公交车总量的比例超过 50%，其平均电动化比例超过 40%；9 个中部省份的公交车总量占全国公交车总量的 27% 左右，其平均电动化比例超过 35%；其他 12 个省份的公交车总量占全国公交车总量的 20% 左右，其平均电动化比例超过 20%，公交车电动化进程相对较慢。

三、充电设施建设规模大幅提升，产业发展提质增效

（一）充电设施建设规模扩大，车桩配比率进一步优化

根据中国电动汽车充电基础设施促进联盟统计，截至 2018 年 12 月，我国公共充电桩保有量 33.1 万台（含专用类图 1-3-1），私人充电桩数量 47.7 万台，总量突破 80 万台，发展规模持续保持全球首位。其中，公共类充电设施保有量从 2015 年的 56 764 台上升至 2018 年的 331 294 台，公共充电桩保有量呈近似直线上升状态。车桩配比率进一步优化，比值由 2015 年的 7.97 下降至 2018 年的 3.78，新能源汽车与公共充电桩增量配比波动不大。

---

① 戎思喆. 大众集团纯电汽车在华营销策略研究［D］. 北京：对外经济贸易大学，2022.

② 郑林昌，胡雨琪，陈格. 中国新能源乘用车上的锂矿产及锂回收潜力空间分布［J］. 资源与产业，2023，25（02）：138-150.

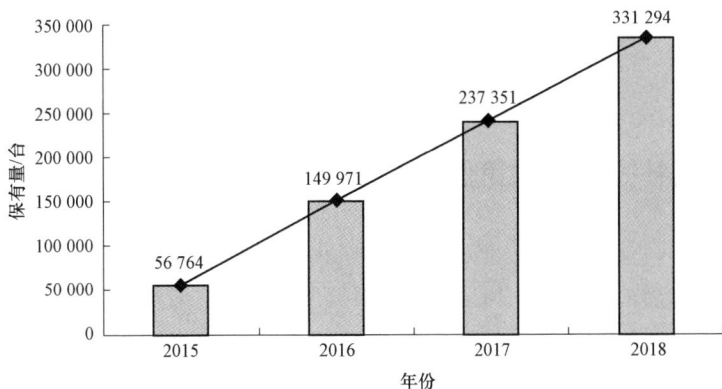

图 1-3-1　2015—2018 年公共充电桩保有量

（二）公共性充电桩区域集中度较高，四省市占比近五成

根据中国电动汽车充电基础设施促进联盟统计，北京、上海、广东和江苏四个区域的公共充电桩占全国的比例为 46%，北京、上海、广东、江苏、山东、浙江和河北的公共充电桩占比达到 65%。截至 2018 年 12 月，公共充电桩保有量超过 4 万台的省份有北京（44 640 台）和上海（41 315 台）；公共充电保有量超过 3 万台的省份还有广东（36 009 台）和江苏（33 809 台）；公共充电保有量在 1 万台以上的省份还有山东（24 854 台）、浙江（18 962 台）、河北（14 969 台）、天津（14 197 台）、湖北（10 821 台）、安徽（10 751 台）及陕西（10 145 台）[①]。

2018 年我国公共交流桩和直流桩保有量均有较大幅度增长，交直流一体桩的保有量变化较小，截至 2018 年 12 月，公共交流桩数量 178 364 台，占比为 54%；直流桩 152 385 台，占比为 46%；交直流一体桩 545 台（可同时具备直流充电和交流充电两种功能），数量较少。截至 2018 年 12 月，充电联盟共收集到 706 926 条车企上报车桩相随数据，我国已配建私人充电桩 476 869 台，配建率为 67.46%。

---

① 周民良，刘希兰. 加快构筑区域协调发新新格局的战略思考［J］. 甘肃社会科学，2023（02）：184-195.

第四节　新能源汽车发展趋势

一、后补贴时代政策优化

2018 年之前，我国新能源汽车产业主要以财税政策驱动为主，兼顾行业规范，提高增长质量。2018—2019 年，随着补贴退坡直至取消的时间节点得到明确，我国新能源汽车产业将逐步进入后补贴时代，相关接力政策正在陆续出台或酝酿中，政策体系也在逐步完善，以期为新能源汽车可持续发展构筑良好的政策环境。

在双积分、财政、税收、牌照和路权等方面，一揽子配套政策正逐步引导我国新能源汽车产业由政策主导向市场驱动过渡，国家将更加注重市场引导，将约束性政策作为保障。双积分政策将成为新能源汽车发展的关键驱动力量，并助力我国新能源汽车实现 2025 年产销占比 20%的目标；财政补贴政策更加体现扶优扶强的导向性，对技术先进的车辆进行补贴，补贴重点将从购置环节转向使用环节（充电费用、设施建设等）。在税收政策方面，免征购置税、车船税政策已得到延续。在牌照路权方面，已实施新能源专用牌照政策，部分地方政府根据实际情况与发展需求，正在探索实施免限行、免停车费、免高速费、免过路过桥费等措施。

未来，相关政策可能将导向通过排放标准升级提高传统汽车成本，逐步促使企业生产新能源车型；探索建立新能源汽车专用保险、信贷政策，降低购车成本；通过加大移动出行、分时租赁、网约车新能源汽车占比等途径，加快新能源汽车的推广。

二、燃料电池产业链加速完善

在国家政策的积极支持下，我国燃料电池汽车产业正在加速发展与追赶。在车辆产销方面，2016 年我国燃料电池汽车销量不足 30 辆，2017 年销量快速提升至 1 100 辆，其中货车与客车分别为 930 辆、120 辆，合计占总量超 95%。2018 年，燃料电池汽车产销均超过 1 500 辆。在技术创新方面，中国自主研发燃料电池在寿命、可靠性、适用性方面基本达到车辆使

用要求，初步掌握了相关核心技术，基本建立了具有自主知识产权的燃料电池动力系统技术平台。

因技术特点、基础设施、市场需求、成本等多方面因素，当前我国燃料电池汽车发展以商用车为主，尤其在货运领域优势明显。燃料电池商用车已在北京、张家口、上海、张家港、佛山、潍坊、武汉、如皋等具有氢能优势的地区开展示范性商业运行，带动了产业链的加速完善。2018年以来，多个地方政府、企业加入燃料电池行业，社会资本正在以多种方式参与进入制氢、储氢等整个产业链。据统计，仅2018年氢燃料电池产业相关投资及规划资金就已超过850亿元，截至2019年中，国内二十多个省区市发布相关氢能规划与政策，41家整车厂商参与了氢能燃料电池汽车的生产制造，市场上已有多款燃料电池车型，共有25家燃料电池系统集成商、25座正在运营的加氢站以及45座在建加氢站，制氢、储氢、运氢的商业运营一体化氢能体系正在加速构建。

三、多产业融合发展

2012年国务院发布的《节能与新能源汽车产业发展规划（2012—2020年）》，对促进我国新能源汽车产业发展，发挥了重要的统领性作用。在该规划的引领下，我国新能源汽车产业发展成效显著，从无到有、从有到大，一跃成为新能源汽车产销世界第一大国，技术路线多元并举，技术水平也在稳步提升。产业的蓬勃发展，也大大提升了企业的综合竞争力，同时明显带动了投资、就业和税收的增长，为汽车产业的未来发展培育了新动能。

在经历多年的高速增长后，当前我国新能源汽车产业进入提质增效、转型升级的关键时期，需要面向更长远的未来，深入研究重大问题，明确产业发展方向，制定新的发展规划，系统开展顶层设计。2019年2月，工业和信息化部启动《新能源汽车产业发展规划（2021—2035年）》（以下简称"规划"）编制工作，作为下一阶段我国新能源汽车产业发展的顶层设计。该规划将以新能源汽车高质量发展为主线，按照降低资源消耗强度、改善生态环境、明确发展战略导向、兼容多种技术路线的总体思路，探索新能源汽车与能源、交通、信息通信等深度融合发展的新模式，由国家发展改革委、科技部、工业和信息化部、公安部、财政部、生态环境部、住房和城乡建设部、交通运输部、商务部、市场监管总局、能源局等多个部门参与起草。

该规划的编制引起了行业广泛关注和热议，预计面向 2035 年的产业规划能够为我国新能源汽车产业高质量发展提供系统的前瞻指引，促进新能源汽车与能源、交通、信息通信等产业深度融合发展，推动新能源汽车技术创新、推广应用与社会运行三者之间的良性循环。

总之，正如全国政协副主席、中国科协主席万钢所言，汽车产业迎来百年未遇的大变革。汽车"电动化、智能化、共享化"叠加交汇、相互赋能，而从 2018—2019 年汽车产业的发展实践来看，这幅百年未遇之变革的画卷正徐徐展开。

第二章

新能源汽车人才现状及需求分析

本章的主要内容为新能源汽车人才现状及需求分析,具体包括新能源汽车人才基础分析,新能源汽车人才需求特征,新能源汽车人才保障能力分析,新能源汽车人才职业岗位序列,新能源汽车人才培养存在的问题。

第一节　新能源汽车人才基础分析

一、人才概况和劳动生产率

(一)从业人员状况

2020 年,汽车产业规模以上生产企业从业人员约 550 万人,汽车产业研发人员 55 万人,占比为 10%。经测算,新能源汽车产业从业人员 96 万人,其中研发人员 15.8 万人,占从业人员的 16.5%,占汽车产业研发人员的 28.7%。2020 年,新能源汽车产业研发人员占比高于汽车产业研发人员占比,表明新能源汽车产业研发人员更为聚集,体现了成长期产业的特征。新能源汽车后市场销售和售后人员 8.7 万人,生产制造人员 50.7 万人。

据《中国汽车工业年鉴(2021 版)》的统计数据,2020 年全国汽车销量 2 531.1 万台,其中新能源汽车销量 136.7 万台,占比 5.4%。《新能源汽车产业发展规划(2021—2035 年)》提出 2025 年新能源汽车新车销售量达到汽车新车销售总量的 20%。随着新能源汽车的销量占比不断提升,未来相当长的一段时间内，新能源汽车产业的从业人员与研发人员的需求数量仍将呈现出爆发式增长的态势。调研显示，普通高等院校和职业院校的新能源汽车人才数量与产业的人才缺口之间有很大差距，远不能满足新能源汽车产业高速发展的需求，这将是我国在新能源汽车产业蓬勃发展中亟待解决的一个问题。

（二）劳动生产率现状

整车企业劳动生产率受生产工艺、自动化率、工作负荷（加班时长）等复杂因素影响，很难量化分析。本书在此为呈现新能源汽车产业与汽车产业整体生产效能的对比，在预设以上因素保持不变的情况下，尝试进行劳动生产率的对比分析研究。

根据已有数据计算，新能源汽车产业代表性乘用车整车企业平均劳动生产率为 12.7 台/人/车，较汽车产业乘用车整车企业平均劳动生产率（35.6 台/人/车）仍有差距。理论上讲，从零部件数量和总装线索用时长分析，新能源汽车较燃油车劳动生产率应更高，但现状是新能源汽车产业劳动生产率远低于汽车产业平均劳动生产率，说明我国新能源汽车产业正处于快速成长期，仍有很大提升空间。

在新能源汽车产业代表性乘用车整车企业提供的 2020 年数据中，劳动生产率的 75 分位数 50 分位数及 25 分位数分别为 17.3 台/人/车、14.3 台/人/车、9.4 台/人/车，即有 25%的企业劳动生产率超过 17.3 台/人/车，50%的企业劳动生产率超过 14.3 台/人/车，75%的企业劳动生产率超过 9.4 台/人/车。

二、人才画像

（一）研发人才画像

1. 研发人员范围确定

在新能源汽车产业的从业人员中，研发人员的知识结构变化最大，需要补充新增知识板块。

如图 2-1-1 所示，新能源汽车产业的主要参与方可分为两大类：一是传

统整车及零部件企业；二是能源公司，如电池、电机公司等。两类企业共同打造新能源汽车并形成了业务交叉，其所需能力主要包括以下三个部分，分别对应不同的人才需求。

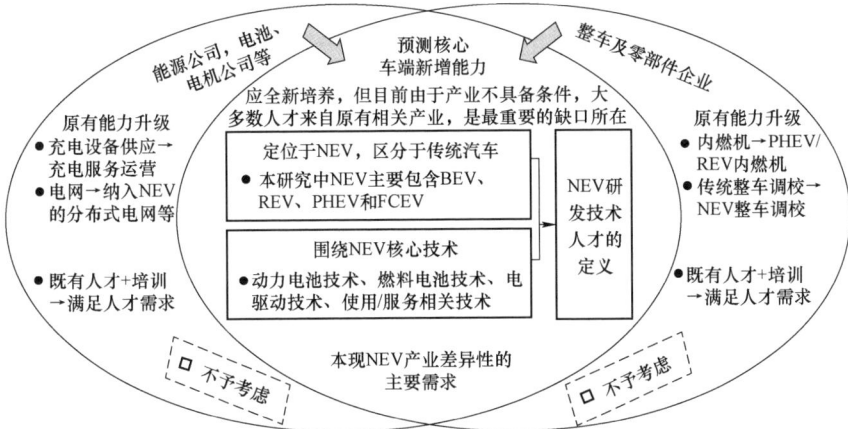

图 2-1-1　新能源汽车研发人员范围的确定

一是整车及零部件企业原有能力升级。例如，从开发燃油汽车的内燃机到开发插电式混合动力汽车（含增程式）中的内燃机，从传统整车的调校到新能源汽车调校等。对于这部分工作，燃油汽车原有开发人员在经过相应培训，实现自身能力提升后即可胜任。所以，这部分人员不列入本书研究范畴。

二是能源公司和电池、电机公司原有能力升级。例如，从充电设备供应到充电服务运营，从电网到纳入新能源汽车的分布式电网等。这些内容本就不属于本次研究对象，这部分产业和人员均不列入本书范畴。

三是两类企业形成交集的车端新增能力。对此有两条界定原则，第一条是定位于新能源汽车，区分于燃油汽车。本书中的新能源汽车包括纯电动汽车、插电式混合动力（含增程式）汽车、燃料电池汽车。第二条是围绕新能源汽车的核心技术，如动力电池技术、燃料电池技术、电驱动技术、使用/服务技术（车载电源）等。这些新增内容所需的人员都应经过全新培养而成。而由于产业尚不具备条件，目前这部分人员有部分直接来自原有相关产业，不得不勉为其难地开展工作，这也是新能源汽车产业最重要的人才缺口所在。从这个意义上讲，专家将预测范围聚焦于新能源汽车核心

技术是合理的。

综上所述，整车及零部件企业和能源公司以及电池、电机公司各自的原有能力升级部分，对应的人才属于既有人才的存量"更新"，不属于本书预测的范畴；而两类企业形成交集的车端新增能力部分，对应的人才属于未来需要的人才增量，是本书预测的核心。

2. 学历分布

猎聘大数据显示，新能源汽车产业研发人员中，本科及以上学历占85.1%，本科学历人数占比最高，为58.6%，其次为硕士（图2-1-2）。

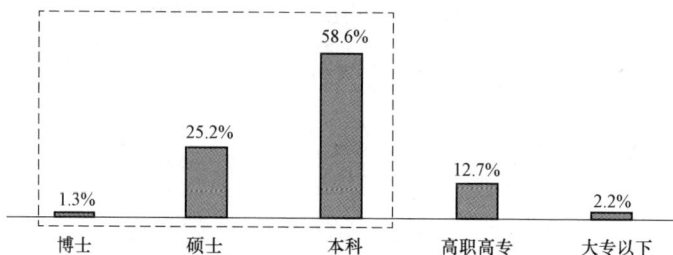

图 2-1-2 新能源汽车产业研发人员学历分布

3. 年龄和性别结构

新能源汽车产业作为众多新技术融合的新兴产业，对于年轻人才有巨大的吸引力。猎聘大数据显示，新能源汽车产业研发人员中，35岁以下人员占比最高，达到58.8%，年龄小于45岁人员占比接近95%，研发人员呈现年轻化趋势。

猎聘大数据显示，新能源汽车产业研发人员中男性居多，占研发人员总数的80.7%。

4. 工作年限分布

猎聘大数据显示，新能源汽车产业研发人员工作年限分布较为均衡。其中工作年限5~10年的人员占比最高，为31.3%，工作年限在5~15年的研发人员占比超过60%。

5. 区域分布

猎聘大数据显示，新能源汽车产业研发人员和岗位分布集中度高，华东地区拥揽半数人才。

（二）技能人才画像

1. 学历分布

企业调查数据显示，新能源汽车产业技能人员高职高专及以上学历占比 33.0%，本科学历占比 10.0%。企业深访表明，随着新势力造车企业涌入新能源汽车产业，对技能人员学历要求越来越高，部分岗位如研发辅助、销售类等岗位需要普通本科学历。

2. 年龄和性别结构

企业调查数据显示，新能源汽车产业技能人员以 30 岁及以下人员为主，占比 66.0%，新能源汽车产业技能人员中男性居多，占技能人员总数的 78.0%。

3. 工作年限分布

企业调查数据显示，新能源汽车产业技能人员工作年限 1～5 年的人员占比最高，为 31.0%，工作年限 10 年以下的技能人员占比 74.0%。

4. 区域分布

技能人员的区域分布特点与我国新能源汽车产销基地布局强相关。根据企业调查数据分析，中南地区技能人员占比最高，为 25.0%，其次是华东地区，占比 24.0%，华北、西南地区占比均为 17.0%。

第二节　新能源汽车人才需求特征

我国新能源汽车产业人才主要表现出如下两个方面的需求特征。

一、结构上的需求特征

传统汽车产业主要分为前市场（设计、测试、制造）和后市场（销售、运行、维修以及二手车等服务）。纵观新能源汽车产业链，依照汽车产品的研发设计、生产制造、销售及售后技术服务的四个过程，总体上新能源汽车需要以下四类人才：

一是新能源汽车整车及关键零部件的研究和技术开发人才。这是汽车产业链的最前端，也是新能源人才队伍中技术水平和学历层次要求最高的。

其中有从事整车各功能系统的设计验证与样车试制工作的，主要就职于国内各大汽车研究院，还有从事新能源汽车"电池、电机和电控"（简称"三电"）关键零部件的研发设计与样件试制开发工作，主要就职于国内新能源汽车的三电厂家。该类人才不仅需要较扎实的专业理论基础知识与创新能力，同时为确保设计出的产品具有量产条件，他们还应具备丰富的汽车生产制造经验。

二是整车、"三电"及新开发零部件的试制、试验、测试人才。这部分人才不仅需要一定的整车、零部件设计知识，能够准确查阅数模、图纸进行问题验证，同时还需要很强的问题分析与反馈能力，能够基于试验结果、问题检证结果分析出问题的原因，并且能准确反馈给设计人员进行初步设计闭环，将整车及零部件问题扼杀在量产试制前。此外，他们还应具备很强的车辆及零部件拆装能力，能够在发现问题的第一时间进行拆解检测。这部分人才经常奔波在国内各大汽车试验中心，需要进行三高（高寒、高海拔、高温）试验、耐久试验等，需要极强的意志力与全面的专业能力。

三是新能源汽车整车生产制造人才，这部分人才主要就职于各大主机厂和关键零部件生产基地。这类人才主要包括从事"冲压、焊装、涂装、总装"汽车四大工艺的生产工艺类人才，从事"零部件、整车、品质技术、市场品质"的质量管理人员，还有从事零部件采购、物流管理、产品技术（主要对接汽车研究院）的生产辅助人员。由于面对汽车量产环节，该类人员的专业对口性较强，此外还需具备很强的心理抗压能力，在碰到量产问题和生产停线风险时要临危不乱。

四是新能源汽车销售及售后技术服务人才。该类人才主要就职汽车 4S 店及维修厂。首先是新能源汽车的市场策划、营销以及管理人员；其次是售后新能源汽车的网络监管、维护保养、诊断、零部件更换以及技术维修等人员，最后还包括新能源汽车能源的供给和维护等人员，如电动汽车的充电桩以及电池充电站的服务人员。他们对接的是汽车产品的客户，除了具备相关专业知识与技能外，还应具备良好的沟通、交际能力。

二、素质上的需求特征

随着汽车产业快速变革，新能源汽车行业的发展呈现电动化、智能化、

网联化、共享化的"四化"特点，新能源汽车人才的定义边界将越来越模糊，未来凡是从事于汽车以及汽车上的电化学、新材料、IT 等领域工作的技术人才都属新能源汽车人才的范畴。该行业的人才呈现出"跨行业、高融合、强创造"的特点，职业发展的"职业锚"趋于多元化。不论是属于哪个类型、哪个层次的新能源汽车人才，与传统燃油汽车行业相比，他们都具有独特的素质方面的优势。

一是知识储备涉及多学科、多专业。新能源汽车人才除了具备汽车类相关的车辆工程、机械制造及自动化、电子信息、材料工程等相关专业的基础知识外，还应具备与三电相关性较大的学科与专业知识，如电化学、应用材料（IGBT 高分子聚合物）、DSP 数字控制器、电机控制及算法、充电设备及其标准、能量回收策略等。与此同时，随着电动化与智能化的发展，新能源汽车专业人才还应对智能网联汽车的相关知识体系有一定了解，如智能驾驶涉及人机交互、视觉处理、智能决策、AI 算法和芯片等，传感器设计方面的毫米波雷达、激光雷达、MEMS 惯性导航等。

二是技能储备要求更加全面。相比知识体系的储备，对新能源汽车人才而言，技能储备的要求更高。传统的研发优于生产制造，生产制造优于售后服务的按照汽车产业链顺序区别人才队伍的观念将彻底被打破，越是具备全面技能的人才，越是站在人才队伍梯队的最顶端的方向发展。一名优秀的技能储备全面的新能源汽车人才，不仅能画设计结构图、电子架构与线路图，能编写程序进行传感器信号采集与处理、驱动执行机构工作，能进行拆、装关键零部件与整车，能进行整车及零部件试验、检测、维修，甚至能够利用新媒体方式销售产品与车辆。

三是具备终身学习的能力。新能源汽车行业对于人才的知识、技能储备有如此高的复合型、跨界的要求，因此保持终身学习的态度，是个人可持续发展的基本保障。所有的知识都会过时，如果不与时俱进地学习新知识、掌握新技能，那迟早会被行业淘汰。新能源汽车主要包括纯电动汽车（Blade Electric Vehicles，BEV）、混合动力汽车（Hybrid Electric Vehicle，HEV）和燃料电池汽车（Fuel Cell Electric Vehicle，FCEV），类型较多，节能的方式各异，从事该行业的人才必须有较强的可持续的学习能力，只有这样才能游刃有余、胜任岗位工作。

四是具备敢于创新的能力。科技创新是社会生产力发展的源泉，企业创新是现代经济中创新的基本构成部分，新能源汽车人才站在传统汽车和智能网联汽车的融合带上，技术发展日新月异，新能源汽车企业需要不断推出新的产品才能有市场，因此需要人才具备敢于创新和不断创新的能力，这样才能找到技术进步和企业盈利的突破口，才能带动一个产业的不断向前、向更好的方向发展。

第三节　新能源汽车人才保障能力分析

一、企业人才来源分析

（一）研发人员来源分析

企业调研结果显示，新能源汽车产业研发人员主要来自校园招聘、社会招聘、内部转岗和海外引进。新能源汽车零部件企业的社会招聘占比最高，为57.3%，新能源汽车整车企业的校园招聘占56.7%，这说明整车企业较零部件企业更重视人才梯度培养，而零部件企业出于招来即用的需求，人员大多来自社会招聘。整车企业中不同类型企业人才招聘政策又有不同，兼营新能源的传统车企以校园招聘为主，重视中长期人才培养；造车新势力多采用高薪招聘、即招即用的短平快人才政策。

数据分析显示，通过社会招聘加入新能源汽车产业研发队伍的研发人员来源占比中，燃油汽车企业研发人员向新能源汽车企业流动占比最高，为 46.8%，表明传统汽车企业内部人才转化比例较高；新能源企业之间人才流动占比约为 32.6%，说明了企业间对新能源人才的争夺战较为激烈；从互联网软件行业向新能源汽车产业流动的研发人员占比为4.7%，表明软件算法人才是新能源汽车产业研发人员的重要组成部分；其他行业（如电机、化工、机械等）向新能源汽车产业流动的研发人员占比为15.9%。

（二）技能人员来源分析

企业调研数据分析显示，新能源汽车产业技能人员来自校园招聘的比

例为 45.0%，来自社会招聘的比例为 44.0%，校园招聘的比例略高于社会招聘的比例。

从满足企业用人需求来看，校园招聘相对社会招聘具有以下优点。

一是职业院校对口专业学生掌握了更系统全面的新能源汽车专业基础知识，更易于在实际业务中理解学习，快速适应岗位需求。

二是许多企业与国内汽车专业有优势的学校合作开展"产教融合"，进行定向培养，匹配企业需求更精准。

三是应届毕业生基数大，企业可批量培养、输入，提高人才输入效率。

四是企业普遍认为应届毕业生可塑性好，具有培养潜力和更高的稳定性。

当然，校园招聘方式也存在一些不足，比如人才普遍实践能力薄弱、培养周期长、培养成本高等，这些都需要在职业院校新能源汽车相关专业的人才培养方案中进行改进。

相比之下，新能源汽车企业通过社会招聘方式引进技能人员，往往招聘难度大、效率低、投入成本高且人才稳定性低，但是，社会招聘的技能人员岗位适应性强。

传统整车企业或燃油汽车服务企业内部转岗的技能人员占比 11.0%。这部分技能人员在具备燃油汽车知识和业务技能的基础上，经过企业内部培训和自我学习，逐步完成了向新能源汽车产业技能人员的转换。

二、薪酬及离职原因分析

（一）研发人员薪酬及离职原因分析

1. 薪酬分析

猎聘大数据显示，研发人员年薪在 15 万～25 万元的占比最多，为 31.4%，接近 1/3；年薪在 25 万元以下的占比为 72.0%，这与年龄和工作年限偏低呈正相关。

中智咨询 2021 年汽车行业薪酬统计显示，新能源汽车企业各级别研发人员的薪酬均高于传统整车企业和汽车零部件企业研发人员，资深级别研发人员的薪酬比传统整车企业高出 18.0%。

专家选取高相关专业类或学科中的计算机科学与技术、电子信息工程、自动化、电气工程及其自动化、车辆工程、化学工程与工艺 6 个本科代表性专业，计算机科学与技术、软件工程、车辆工程、电气工程、材料科学与工程、应用化学 6 个硕士代表性学科进行薪酬对比分析。

（1）毕业三年后，从事新能源汽车研发工作的本科生平均月薪为 7 597 元，从事新能源汽车研发工作的研究生平均月薪为 10 889 元。计算机科学与技术专业、电子信息工程专业、自动化专业的本科生，从事新能源汽车研发工作的平均月薪高于其他专业从事新能源汽车研发工作本科生的平均月薪；计算机科学与技术专业和软件工程专业的研究生，从事新能源汽车研发工作的平均月薪高于其他专业从事新能源汽车研发工作的研究生平均月薪。

（2）毕业三年后，除软件工程外，其余专业毕业生从事新能源汽车研发工作的平均月薪均高于本专业毕业生的平均月薪，这说明新能源汽车领域研发人员更具薪酬优势。

（3）毕业三年后，应用化学专业的研究生，从事新能源汽车研发工作的平均月薪与本专业研究生的平均月薪相比，增幅最高，达到 28.5%；化学工程与工艺专业的本科生，从事新能源汽车研发工作的平均月薪与本专业本科生的平均月薪相比，增幅也达到 27.5%。化学类专业薪酬对比分析显示，新能源汽车对化学类专业毕业生具有很大的薪酬吸引力。

专家将车辆工程专业毕业生毕业三年从事新能源汽车研发工作的平均月薪和 2020 年《智能网联汽车产业人才需求预测报告》中从事智能网联汽车研发的毕业生的平均月薪进行了对比，发现从事智能网联汽车研发工作的毕业生的平均月薪高于从事新能源汽车研发的毕业生的平均月薪，原因在于智能网联汽车更多与互联网造车企业进行人才争夺战。根据国家统计局数据，信息传输、计算机服务和软件业人员的年平均薪酬在城镇单位就业人员年平均薪酬的各行业分布中最高，是制造业的 2.1 倍，因此智能网联工程师需要用更高的薪酬吸引人才。就新能源汽车产业而言，更多与电力、电工、材料、化工等行业争夺人才，这些行业都属于制造业，与这些行业相比，近年来爆发式增长的新能源汽车产业更具吸引力和薪酬优势。

2. 工作满意度和关注要素分析

专家对工作满意度也进行了对比分析，发现无论是本科生还是研究生，从事新能源汽车研发工作的毕业生的工作满意度均高于本专业平均水平。

在分析完薪酬和工作满意度后，再分析新能源汽车产业研发人员最关注的工作要素排名。数据显示，研发人员最关注的工作要素分布中，薪酬福利位于第一位，岗位设置、晋升空间和团队氛围也占比较高。

3. 离职原因和专业分析

企业调研显示，新能源汽车产业研发人员离职率接近 20%，高于汽车产业平均离职率（12%），说明新能源汽车产业研发人员流动更加活跃。

研发人员离职原因分布中，薪酬原因占比最高的是个人家庭和生活，缺乏学习机会也占比较高，说明企业不仅仅要考虑薪酬的因素，还需要形成全方位的人才保障体系。

进一步对各主要专业类人员的离职率进行分析，发现离职率较高的专业类是计算机类（离职率 52.9%）、电子信息类（离职率 51.4%）、电气类（离职率 43.1%）、能源动力类（离职率 32.4%）、机械类（离职率 29.5%）、材料类（离职率 26.0%）、自动化类（离职率 25.5%）、化工类（离职率 23.1%）。排在前两位的计算机类和电子信息类专业均具有 IT 背景知识，说明新能源汽车研发和智能网联汽车研发均需要的 IT 背景人才跳槽最为频繁，也体现了我国产业在向数字化转型的过程中，这类人才是最缺乏的。企业如果要留住人才，需要对上述专业背景人才给予特别关注。

薪酬仍是新能源汽车产业人才争夺战中的最重要因素。但由于企业成本控制等原因，用薪酬吸引人才空间有限，为了吸引更多的跨专业类或学科毕业生进入新能源汽车产业，以及在行业内保持人才竞争优势，需要建立全方位的保障条件，如较大的晋升空间、良好的团队氛围、弹性工作时间、良好的培训体系等。

（二）技能人员薪酬及离职原因分析

企业调研问卷分析显示，新能源汽车产业技能人员的平均月薪为 6 750 元，燃油汽车产业技能人员的平均月薪为 6 500 元，新能源汽车产业技能

人员的平均月薪略高于燃油汽车产业技能人员的平均月薪。

58 同城招聘研究院发布的就业大数据显示，就业城市平均月薪为 7 596 元，快递员平均月薪为 9 852 元，送餐员平均月薪为 10 216 元，销售代表平均月薪为 8 562 元，横向对比发现，新能源汽车产业技能人员的平均月薪要低于异业竞争岗位的平均月薪。

从以上数据可以看出，新能源汽车产业技能人员的平均月薪虽然比燃油汽车产业技能人员的平均月薪略高，但本质上没什么区别，均低于就业城市平均水平。同时，受房地产销售、房地产中介、外卖、快递等异业竞争岗位的影响，新能源汽车产业的技能岗位在薪酬上缺乏吸引力。

三、人才保障途径

目前新能源汽车产业发展需求和人才供应不均衡的情况，是行业的快速发展未能与相关教育体系形成联动效应的结果。高等教育和职业教育未能随着汽车行业的技术、技能需求设置对应的教学内容，在教育层面形成了复合知识技能需求的空缺。

针对此种情况，国家、行业、企业、高校等各个层面通过多种方式为新能源汽车产业培养人才，并逐渐形成上下联动局面。

在国家层面，以科技部为例，围绕能源动力、电驱系统、智能驾驶、车网融合、支撑技术、整车平台 6 个技术方向，按照基础前沿技术、共性关键技术、示范应用，启动 18 个项目，安排国家拨款 8.6 亿元。其中，围绕全固态金属锂电池技术方向，部署不超过 3 个青年科学家项目，安排国家拨款不超过 1 500 万元，每个项目 500 万元。这些项目的实施为新能源汽车领军人才的培养提供了有力的支撑。

在行业层面，2010 年在科技部支持下，由中国汽车工程学会牵头，联合行业产学研力量发起成立了电动汽车产业技术创新战略联盟，现有成员已达到 48 家。联盟整合行业产学研优势资源，组织承担了 1 项国家"863"项目、1 项国家科技支撑项目、1 项国家重点研发计划子课题和 1 项产业攻关项目。同时，联盟以国家项目为牵引，围绕电动化平台、动力系统、低能耗、整车集成和测试、无线充电、电池安全、高电压平台、高性能动力

电池、集中式电驱动、热泵空调、制动回收系统、轮毂电机等行业热点问题及关键技术，组织开展了 44 项共性技术课题研究，并通过组织成果分享、学术研讨、技术展览、走进企业等交流活动，将研究成果在联盟单位范围内进行了充分共享。在此过程中培养了大量的复合型研发人员，成长起一批领军人才。

在企业层面，为了解决目前复合型人才缺少的情况，企业优先选择社会招聘，用更高的薪资来吸引复合型人才。其次是培训，培训是提高工程师技术素养最直接有效的方法。企业结合不同的岗位，开设对应的课程，采取企业内部＋外部机构培训的方式，建立企业内部的培训及评价体系，为工程师提供自我提升或择岗的机会，并在培训合格后给予与岗位级别对应的薪资，或允许工程师转到公司需求岗位以填补空缺。另外，企业也有意识地建立紧缺岗位的人才梯队，从高校入手，选择与岗位需求接近的专业，为在校学生提供实习机会，一方面吸引学生进入企业了解企业情况，从而吸引其就业；另一方面也可以在实习过程中筛选适合的人选，同时有针对性地开展岗位技能培养，缩短其入职以后的适应期。

在高校层面，不论是综合性大学、地方应用型院校、职业院校还是行业特色学院，均在积极探索有效的新能源汽车人才培养改革方案。综合性大学倾向于对课程体系进行梳理，通过增加系列新能源选修课程或者在原有车辆工程专业下设新能源汽车方向，给学生补充新能源汽车领域相关知识，更加注重学生终身学习能力的培养。地方应用型高校更多以新设"新能源汽车"专业作为改革方向，新设专业根据产业需求设置课程，人才培养更具针对性，更好地服务于企业需求，改革的力度更大。职业院校注重技能人员的培养，通过教材改革、实习实训方面的调整满足企业对技能人员的需求。还有一些高校、职业院校为提升对接，建立产业学院与企业协同进行人才培养。

此外，在社会层面，中国汽车工程学会搭建的培训平台也是一种很好的尝试，它针对拟转岗研发人员，根据企业需求，开发了一系列新能源汽车课程，有效地补充了跨学科（专业）的知识，帮助研发人员更好地过渡到新的研发岗位。

第四节　新能源汽车人才职业岗位序列

一、职业岗位分布

（一）职业岗位情况分析

与传统汽车相同，我们可以按照技术研、产品开发、生产制造、销售、售后服务到回收再利用的汽车全生命周期，将智能网联汽车产业的从业者划分为领军人才、研发人员、工程技术人员、生产制造人员、销售服务人员和其他专业人才。

领军人才序列，主要职能是承担公司经营管理及技术管理工作，并负责公司总体运营发展及技术发展。领军人才在行业有较大影响力，负责引领企业乃至行业智能网联重要技术发展，带领团队进行重大技术难点攻关，对汽车以及数据、信息等产业的发展方向、技术进展、商业模式等的理解和把握能力要求更高。

研发人员序列，主要职责是运用专业技术知识和实践经验，对产品设计、开发、优化迭代进行全过程管理，跟踪并研究国内外 ICV 相关标准法规，为平台或产品开发提供相关的试验、测试技术支持。

工程技术人员序列，主要职能是解决生产现场制造一致性技术问题。汽车生产的特点，决定了传统汽车该部分人员在原有岗位上进行相关基础培训后即可胜任。

生产制造人员序列，主要职责是智能网联汽车及零部件的现场生产及制造任务。汽车生产的特点，决定了该部分人员主要通过对现有传统汽车行业或 ICT 行业人员在原有岗位上进行相关基础培训后即可胜任。

销售服务人员序列，主要职责是智能网联汽车及零部件的销售及售后服务、维修。我们目前还无法预判未来智能汽车的销售和售后服务模式，但可以肯定的是，在相当长的时期内，智能网联汽车的销售将与传统汽车并行。因此这部分人员将通过对现有传统汽车行业或 ICT 行业人员在原有岗位上进行相关基础培训后即可胜任。

其他专业人才的主要职责是：利用专业知识提高公司运营效率或保证公司正常运营，规避相关风险，如财务、人事、法务等岗位。该部分人才主要是对现有传统汽车行业或 ICT 行业人员在原有岗位上进行相关基础培训后即可胜任。

根据智能网联汽车当前所处的发展阶段和智能网联汽车相对传统汽车各岗位序列能力要求的变化程度，本课题岗位序列研究中主要关注研发人员序列。

智能网联汽车仍然保留着传统汽车的主要结构，包括底盘、动力总成和车身等，新增模块主要包括智能驾驶、车联网和智能座舱三大模块。围绕智能网联汽车的新增模块，结合整车及零部件企业的组织构架，专家将智能网联汽车研发人员分为六种不同类型，分别为整车架构工程师、系统/模块架构工程师、软件工程师、硬件工程师、算法工程师和测试工程师，归类为五大岗位族，即系统工程师（包含整车架构工程师、系统/模块架构工程师）、软件工程师、硬件工程师、算法工程师和测试工程师（表 2-4-1）。

表 2-4-1 岗位族名称及定义

岗位族名称	岗位族定义
系统工程师	负责智能网联汽车整车系统、零部件或子系统的整体功能定义架构设计，以及下级系统性能分解、整体进度管控和目标达成
软件工程师	根据项目要求进行软件部分的设计，主要工作为：需求获取、软件开发规划、需求分析和设计、编程实现、软件调试。需要说明的是，软件设计划分在系统工程师中
硬件工程师	负责智能网联汽车相关零部件的产品和技术等的规范和需求，包括：零部件的软硬件性能、软硬件接口、功能实现方式；按照智能驾驶的规划要求，在和功能系统部门合作的基础上，与供应商一起制定或商讨零部件未来的技术和产品规划
算法工程师	负责智能网联汽车算法开发（L0～L5）及大数据处理分析，包括预测、规划、多传感器融合、高精度定位、控制算法等领域方向，同时对现有算法进行优化或开发新算法，提高车辆控制性能
测试工程师	跟踪并研究国内外 ICV 相关标准或法规，根据相关标准或法规为系统或零部件进行测试、标定或提供相关法规与技术支持

（二）现有人才岗位族分布

专家调查发现：2019 年智能网联汽车五大岗位族中硬件工程师占比最

高，其次为软件工程师，主要原因是相比传统汽车，智能网联汽车搭载的电子电器件（如芯片、元器件、控制器等）以及对软件的需求呈现爆发式增长，因此硬件工程师及软件工程师进入智能网联汽车行业内相对较早，因而占比也排在前两位；系统工程师占比最低，主要原因是智能网联汽车发展时间短，而该部分人才需要对各系统/模块及相关环境件均有所了解，无论是思维、知识还是技能方面均有较高要求，因此这部分人才成长周期长，但是该部分人才对企业发展尤为重要。

通过对重点企业进行访谈及对网络招聘岗位爬虫搜索后发现，各类人才需求表现出以下特点：

第一，对于系统工程师，智能驾驶系统架构工程师、车联网系统工程师、智能座舱系统工程师等岗位成为当前各大整车企业和零部件企业的重点招聘对象。系统软件工程师，如软件架构工程师、操作系统工程师等细分领域的高级技术专家也非常稀缺。

第二，对于软件工程师，虽然目前人数占比较大，但是仍非常稀缺。未来，随着车联网的广泛应用，企业在制造端工作还在向服务端延伸，"制造＋服务"成为行业重点关注的发展方向，各类熟悉车辆软件架构的 App 应用开发工程师和嵌入式软件开发（偏芯片开发方向）工程师、车载 V2X 开发工程师等相关岗位人才将成为智能网联汽车研发人员的中坚力量，并因此成为招聘领域的热门岗位。

第三，对于硬件工程师，其工作领域既包含控制系统中的芯片、元器件和控制器集成，也包含智能网联汽车产业的线控执行机构。从企业调查的情况来看，当前对于硬件工程师的需求，主要集中于 T-Box、传感器、智能座舱及车联网硬件设备等的集成与应用；对于诸如芯片等核心硬件以及线控底盘等精密控制执行机构，虽然目前国内整车企业涉足较少，但随着智能网联汽车发展该领域也存在一定需求。

第四，对于算法工程师，主要集中在多传感器融合算法工程师、视觉算法工程师等岗位。

第五，对于测试工程师，因为当前智能网联汽车仍处于起步阶段，对于产品测试和验证数据的需求巨大，所以对各细分领域的测试人才需求很

大。这部分人才主要分成两大类：一类是能够掌握测试理论、建立测试方法、搭建测试平台的高级工程师，行业需求量较大但仍比较缺乏；另一类是具体执行的测试工程师，该类人员只需掌握基本的测试理论及方法，接受特定测试项目岗位培训，能够进行基本的测试数据整理及分析。通过走访调研发现，测试工程师是目前智能网联汽车中高职、中职等应用型人才主要集中的岗位。

二、职业岗位任职资格标准

专家通过企业问卷数据分析、企业探访及专家访谈，对研发人员的全部岗位（含紧缺度）从岗位职责、岗位任职资格标准和主要专业来源等三个方面进行梳理，得到研发人员全部岗位（含紧缺度）任职资格目录，即紧缺人才需求目录（表 2-4-2）；对技能人员从知识、技能、经验三个方面进行梳理，得到技能人员主要岗位任职资格标准。

表 2-4-2　紧缺人才需求目录（部分）

序号	岗位族名称	岗位（群）名称	职业分类	岗位（群）职责	岗位职责资格标准	主要专业来源	紧缺度（五星为最紧缺）
1	材料/工艺工程师	电芯材料工程师	汽车工程师	1. 负责正极/负极/电解液/辅材等材料机理方面的研究（一种材料即可）及性能开发 2. 负责动力电池先进材料（高镍、无钴、无金属正极/新型负极/新体系电解液等）的技术开发及机理研究 3. 负责车用动力电池材料级失效机理的研究	1. 硕士研究生及以上学历 2. 3 年以上相关行业工作经验 3. 具有较强的文献调研能力、实验能力 4. 对正极/负极/电解液/辅材等材料的发展方向有清晰的认识和理解，对原材料性能与电芯性能之间的对应关系有较为深刻地理解，对电芯失效、原材料失效有明确的分析方法和分析手段，并能提出相应的改善方向 5. 学习能力强，责任心强，工作踏实，性格开朗，有较强的沟通和协作能力	化学、电化学、材料等相关专业	★★★

序号	岗位族名称	岗位（群）名称	职业分类	岗位（群）职责	岗位职责资格标准	主要专业来源	紧缺度（五星为最紧缺）
2	材料/工艺工程师	电芯工艺工程师	汽车工程师	1. 负责工序工艺优化、工艺改善，提升过程控制 CPK 和工序的 FPY 2. 电芯端量产前、后的工艺标准制定 3. 电芯端新工艺开发、验证、导入 4. 协助子公司电芯端现场工艺优化改善项目	1. 本科及以上学历 2. 3 年以上工作经验，有新能源动力电池行业经验者优先 3. 熟悉 Office 等软件，能独立设计实验验证计划并完成产线验证，能够独立完成工艺文件的技术输出工作 4. 熟悉锂电池现场工艺，熟悉 APQP 体系	电化学、材料、化工类等相关专业	★★★
3	材料/工艺工程师	电池/PACK 工艺工程师	汽车工程师	1. 负责工艺开发各项流程标准的编制、维护与执行 2. 负责总装 MPD、FMEA 等工艺类文件的编制、维护及验证 3. 负责总装车间动力工具选型开发及确认 4. 负责与研究院衔接 BOM、特殊特性等相关工作的开展 5. 负责总装车间关键工艺及关键扭矩清单的输出及过程中相关问题的解决	1. 全日制本科及以上学历 2. 两年以上电池企业相关职位工作经验 3. 熟悉汽车电池 PACK 的生产工艺流程，熟悉汽车 PACK 产品结构 4. 良好的沟通协调能力，善于跨部门沟通，抗压能力强 5. 有责任心和创新意识，具有团队协作精神，执行力强 6. 熟练操作电脑 Office 办公软件，擅长 Excel 和 PPT 等工作报表制作，具有优秀的数据分析能力	电子、电气、机械、自动化、化工、材料或工艺设备等相关专业	★★★★
4	材料/工艺工程师	电池材料工程师	汽车工程师	1. 收集锂电行业内正负极主材的材料数据，掌握当前锂离子电池主材的技术发展趋势及评估方法 2. 根据公司项目开发产品特性及技术要求，支持项目开发工程师材料的选型工作 3. 负责已稳定量产电芯产品的替代供应商开发、材料性能分析等评估工作并记录	1. 本科及以上学历 2. 两年以上工作经验 3. 具有实验室的规划和建设经验，优秀的归纳分析能力 4. 掌握锂离子电池的材料合成、评估、应用相关理论，具备实际操作能力 5. 熟悉锂离子电池的特性及性能检测方法与数据处理及报告整理	材料学或化学等相关专业	★★★

续表

序号	岗位族名称	岗位（群）名称	职业分类	岗位（群）职责	岗位职责资格标准	主要专业来源	紧缺度（五星为最紧缺）
4	材料/工艺工程师	电池材料工程师	汽车工程师	4. 主导编制与维护常用材料测试规范及测量设备操作规程和注意事项 5. 对测试/测量结果进行评价和分析，并持续优化评估方法 6. 负责电芯产品项目开发以及供应商开发材料资料归档	6. 优秀的团队协作能力，工作积极主动，沟通能力强	材料学或化学等相关专业	★★★
5	材料/工艺工程师	电化学工程师	汽车工程师	1. 负责正极材料、负极材料、隔膜、电解液、导电剂、集流体、黏结剂等电极材料测评和选型 2. 负责电池化学体系开发和验证 3. 精通电池材料测试评价方法，熟悉 XRD、SEM、TEM、XPS、ICP 等仪器的使用方法，熟悉电化学站的使用方法 4. 负责电芯原材料技术要求制定 5. 开展电极材料研发工作，负责相关项目的立项、方案设计、项目实施、进度跟进及项目总结 6. 针对电池材料相关研究领域最新进展进行定期跟踪、调查，把握电极材料研究发展方向和趋势 7. 负责电芯材料体系分析、电芯应用问题点的理论分析等 8. 协助解决生产现场相关电极材料品质异常问题 9. 熟练掌握扣式电池的制作和测评	1. 硕士及以上学历或 3 年以上研发岗本科生 2. 从事锂电材料研发相关工作 3 年以上 3. 熟悉锂电芯正负极、电解质（含固态）、隔膜等材料开发评估流程，了解锂电芯的设计、生产流程和测试方法 4. 具备扎实的材料理论基础知识，熟悉材料的特性、性能及检测方法 5. 具备优秀的科研能力和创新思维，有较强的实验数据分析、整理和归纳总结能力	材料化学、电化学、材料物理、粉末冶金等相关专业	★★★

三、岗位矩阵及紧缺度和紧缺人才需求

当前新能源汽车产业进入了蓬勃发展期，企业对人才的竞争也进入了

白热化的程度。大数据分析和企业探访结果显示，部分岗位招聘难度大，市场人才供给不能满足当前企业发展的需要。专家通过企业调研数据和大数据分析，对岗位出现频次加权计算，得到了 64 个研发岗位（表 2-4-3）和 11 个技能人员紧缺岗位（表 2-4-4）。在紧缺度方面采用五星级模式评价，星级越高代表紧缺度越高，在此基础上形成了当前紧缺人才需求。

表 2-4-3 新能源汽车产业岗位矩阵及紧缺度（研发人员）

技术领域岗位族	材料/工艺工程师	架构/硬件开发工程师	软件/算法开发工程师（性能开发工程师）	系统集成工程师	仿真和测试工程师	运维工程师（车辆）
动力电池	1. 电芯材料工程师★★★ 2. 电芯工艺工程师★★★ 3. 电池/PACK工艺工程师★★★ 4. 电池材料工程师★★★ 5. 电化学工程师★★★	13. 电池结构工程师★★★ 14. BMS硬件工程师★★★ 15. 电池电气工程师（含配电）★★★★ 16. BMS电气工程师★★★	27. BMS策略工程师★★★★ 28. BMS算法工程师★★★★★ 29. BMS软件工程师★★	38. 电池系统集成工程师★★★★	46. 材料仿真、测试工程师（选型、配比）★★★ 47. 电芯仿真、测试工程师（含寿命、热管理、电化学、电流密度）★★★★ 48. PACK仿真、测试工程师（含寿命、热管理、结构）★★★★★	57. 电池大数据工程师★★★ 58. 电池回收利用工程师★★★ 59. 换电开发工程师★★★ 60. 换电电气工程师★★
燃料电池	6. 燃料电池电堆工艺工程师★★ 7. 燃料电池系统工艺工程师★★★ 8. 燃料电池工艺工程师★★	17. 燃料电池电堆结构工程师★★★★ 18. 燃料电池系统结构工程师★★★★ 19. 燃料电池电气工程师★★★ 20. 燃料电池部件工程师（含水泵、空压机、氢气循环泵等）★★★	30. 燃料电池控制策略工程师（含控制算法）★★★★ 31. 燃料电池软件工程师★★★★	40. 燃料电池系统工程师（含集成、架构、设计等）★★★★ 41. 燃料电池系统性能工程师（含水热管理、EMC、功能安全）★★	49. 燃料电池电堆仿真、测试工程师★★ 50. 燃料电池系统仿真、测试工程师★★ 51. 车载氢系统仿真、测试工程师★★★	
电驱动系统	9. 电机控制器材料/工艺工程师★★★	21. 电机控制器结构/硬件工程师★★★ 22. 电机结构/硬件工程师★★★	32. 电机控制器策略工程师★★★★ 33. 电机控制器算法工程师★★★★★	42. 电驱动系统集成工程师（结构）★★★	52. 电驱动系统仿真、测试工程师★★★ 53. 电机仿真、测试工程师★★★★	

技术领域岗位族	材料/工艺工程师	架构/硬件开发工程师	软件/算法开发工程师（性能开发工程师）	系统集成工程师	仿真和测试工程师	运维工程师（车辆）
电驱动系统	10. 电机材料/工艺工程师★★	23. 功率器件工程师（含芯片、模块）★★★★ 24. 减速器结构工程师★★★	34. 电机控制器软件工程师★★★★	43. 电驱动性能开发工程师（含热管理、EMC、NVH、高压安全、功能安全）★★	54. 电控仿真、测试工程师★★★★ 55. 减速器仿真、测试工程师★★★	
使用/服务（车载电源）	11. DC-DC转换器材料/工艺工程师★★★ 12. OBC车载充电器材料/工艺工程师★	25. DC-DC转换器结构/硬件工程师★★★★ 26. OBC车载充电器结构/硬件工程师★★★	35. OBC车载充电器策略工程师★★★ 36. OBC车载充电器算法工程师★★★★ 37. OBC车载充电器软件工程师★★★★	44. 车载电源系统集成工程师★★★ 45. 车载电源性能开发工程师（含热管理、EMC、高压安全、功能安全）★★★★	56. 车载电源仿真、测试工程师★★★	61. 充电开发工程师★★★★ 62. 充电电器工程师★★★ 63. 充电匹配工程师★★★ 64. V2G工程师★★

表2-4-4　新能源汽车产业紧缺岗位（技能人员）

技术领域	紧缺岗位				
研发辅助	1. 试制、试验★				
整车制造	2. 汽车装调★★★★	3. 质检★★★	4. 下线返修★★★	5. 工艺管理★★★	6. 生产线操作★
修理与维护	7. 机电维修★★★★	8. 售后服务接待★★★★★	9. ★★★★★	10. 喷涂维修★★	
销售与服务	11. 销售★★★★★				

第五节　新能源汽车人才培养存在的问题

一、产业发展的迅猛与人才需求数量之间的矛盾

2018年1至11月，中国新能源汽车产销分别为105.35万辆和102.98万辆同比增长63.63%和68%。中国新能源汽车产销量均首次突破百万大关，

连续 4 年排名全球第一。与之相对应的是人才需求的数量与日俱增，据教育部、人社部、工信部三部委联合发布的《制造业人才发展规划指南》，新能源汽车产业 2015 年人才总量 17 万人，预计到 2025 年该产业人才总量达 120 万人，缺口达 103 万人，每个时期的人才缺口率都将近达到 50%，新能源汽车人才的紧缺程度不言而喻。

可见，我国目前新能源汽车的总体人才数量缺口大，存量人才无法满足行业发展的需要。

二、高校专业的定位与人才需求结构之间的矛盾

目前新能源汽车企业的技术人员年纪普遍较年轻，其中 35 岁以下的技术人员占 90%；另一方面是职称普遍较低，54% 的技术人员是初级职称，可见高校是新能源汽车产业人才的主要来源。技术人员主要来源于重点高校、普通高校、高等职业教育和中等职业教育等两种类型（学科类和职业类）四个层次的教育。

从宏观层面上各层次的教育要坚持有所侧重，因为生源的基础千差万别；要根据产业未来的需求结构，确定合理的比例，并对不同的学生给予不同的培养侧重和全新的培养内容。据教育部相关部门统计，2019 年全国高等职业院校新增新能源汽车技术专业的有 126 所，全国开设此专业的有 415 所，可见，新能源汽车技术专业是近年来新增专业规模最大的专业之一。但据作者了解，415 所学校中近 80% 的高职院校将人才培养定位在新能源汽车后市场的营销与技术服务上，只是将原有传统汽车后市场专业群上的简单重建。据有关专家称：对于新能源汽车后市场所需服务的技术技能人才要下降 30%，而且技术性的工作将下降 50% 以上，一般性的技术服务中等职业教育完全能够胜任。目前三百多所高职院校的培养定位急需改变，不然会与数以万计的职业高级中学、技工学校以及学院培养定位重叠，造成人才供给不合理。

从各高校内部分析，高校要紧贴市场的需求培养人才，产业越复杂就需要学校有更清晰的定位，不然会造成培养出来的人才与企业需求不匹配，企业紧缺用人但用不上，学生急于就业却面临失业。学科教育不可能包罗

万象，各学校要根据各校的学科特点以及相关专业群的优势，侧重培养某一岗位人才，特别是高校更应培养学生形成自我学习的动力与能力，同时强化创新思维的培养，这远比知识本身的传授更为重要。

三、产学对接的困难与人才需求质量之间的矛盾

2017 年国务院出台了《国务院办公厅关于深化产教融合的若干意见》国办发〔2017〕95 号文，旨在积极推动产教融合、校企合作、工学结合、知行合一的共同育人机制。但目前校企合作还仍然存在"剃头挑子一头热""两张皮"的现象。新能源汽车技术人才的培养缺少行业、企业的支持，学校几乎寸步难行，特别是职业教育，更需要校企协同育人。目前高职院校的新能源汽车技术专业大多"摸着石头过河"，一是按照传统汽车相关专业进行定位，缺少应有企业的调研和支撑；二是教学课程体系基本上是从学校到学校，人才培养方案缺少行业和企业的论证；三是实训场地和实训设备跟不上产业快速发展的步伐，就如高职院校全国新能源汽车技能大赛使用的车型是吉利 EV300，但实际上这款车企业已经停产一年多，退出新能源汽车市场了；四是企业对专业核心技术的保密，新技术、新工艺、新规范无法纳入教学标准和教学内容，遑论《国务院办公厅关于深化产教融合的若干意见》提到的"四个对接"；五是新能源汽车专业师资队伍建设更是步履维艰，如师资引进，势必要与高薪的企业竞争，学校不具优势；现有师资培训和下企业锻炼，更离不开企业的支持。想聘任来自企业的兼职教师，没有深度的校企合作显然是行不通的。所以，如要培养出该专业高素质技术技能人才，必须通过产教融合、校企合作和工学结合，不然都是纸上谈兵。

四、人才市场的竞争与精英人才培养之间的矛盾

根据近 2017—2019 年中国汽车人才研究会行业对标数据统计，车企人才之间的竞争日益激烈，汽车行业离职率呈逐年递增的态势，研发岗位的离职率 2016 年比 2014 年增加 15%，销售岗位增加 30%。由于汽车产业尤其是新能源汽车这样的前沿领域，是技术密集型的行业，精英人才必须有

工匠精神，需要通过几年以上的工作积累，才能独当一面，为企业创造更多的价值，为新能源汽车技术提供更多的才智。目前新能源汽车行业年轻人占比较大，换岗频繁，极不有利于精英人才的培养。故急需建立"振兴中国汽车精神"，对标中国"高铁人""航天人"的精神，只有这样才能使我国真正实现从汽车大国迈向汽车强国。

第三章
新能源汽车人才培养的课程设置

本章的主要内容为新能源汽车人才培养的课程设置，详细论述了新能源汽车人才培养课程设置的目的，新能源汽车人才培养课程设置的原则，新能源汽车人才培养课程设置的方法，新能源汽车人才培养课程设置的内容，新能源汽车人才培养课程设置的评价。

第一节　新能源汽车人才培养课程设置的目的

新能源汽车专业课程设置要遵照工学结合、校企合作的原则，以新能源汽车职业岗位为导向，按照岗位对人才知识、素质和技能要求，从而设置本专业的课程。课程设置的目的主要是服务于新能源汽车的企业、行业以及事业单位。这类人才既能在新能源汽车服务、生产一线从事维修、管理、检测工作，还能从事新能源汽车的鉴定、理赔、评估、事故查勤等工作。同时，课程设置还要注重培养学生良好的职业道德素质，他们除了具有独立学习与职业相关的新知识、新技术的能力之外，还要对企业、客户和社会有强烈的责任意识。因此，新能源汽车专业课程设置最终的目的是培养具有职业生涯发展基础的应用型高技能专门人才。

一、符合不同职业导向的课程设置目的

新能源汽车人才培养教育在一定程度上而言，是以职业为导向的技术教育，它实施课程设置的宗旨在于，帮助学生取得或提升从事新能源汽车相关工作时所需要的各种技术、知识、素质和技能，而不同的工作范畴具

备不同特征，对应用型人才的要求规格也千差万别。古语都曾言：三百六十行、隔行如隔山，这说明了不同的职业，存在非常大的差别，即使是相同的职业，也存在不可忽视的差异[①]。因此，新能源汽车人才培养课程设置需避免均一、同质的模式，时刻关注新能源汽车产业的实际需求，从相应职业群或职业特征出发，进行课程内容的取舍和选择，对课程的结构与类型进行合理化设置。这样就要求新能源汽车课程设置必须符合不同职业导向。

二、培养需求人才的课程设置目的

新能源汽车人才培养课程设置目的需要满足新能源汽车区域发展需要，为区域培养服务、管理、生产一线的应用技术型人才，这也是我国大部分新能源汽车人才培养学校得以发展和生存的基础。而一个区域往往由于其文化背景、资源条件、历史传统或地理位置不同，总是拥有自己独特的新能源汽车产业类型。而且，它在中国甚至在世界新能源汽车产业链中，所处的位置也不同。所有这些都导致了每个新能源汽车区域所需的应用型人才存在差异。因此，为了满足各个区域所需的人才类型，新能源汽车人才培养的课程设置就必须要显示出多样化的特色。尤其是在全球经济一体化的浪潮中，新能源汽车产业的各个区域都在全球化的大生产循环中负责一定的角色，所以新能源汽车人才培养更加要保证培养的人才符合需求。这样，就要求新能源汽车人才培养课程设置目的必须是培养需求的人才。

三、形成个性化新能源汽车人才培养学校的课程设置目标

新能源汽车人才培养的课程设置应坚持"一招鲜"或是"多招鲜"，因为这种方式能够提升学校自身的竞争力。特别是自从我国加入世界贸易组织（WTO）以后，学生用人单位以及家长对新能源汽车人才培养学校的选择权越来越大。学校想要脱颖而出，赢得学生和用人单位的青睐，就必须形成自己独特的课程设置。这种特色会因为学校的不同而存在差别，可能是强化某一职业的特长和关键技能，树立"人人过关"的理念，从而使它

---

① 周华丽，顾志良. 论高职教育课程设置的多样化 [J]. 北京联合大学学报（自然科学报），2003（04）：56-60.

成为新能源汽车人才培养学校的"品牌标志"；或者是强调团队合作精神与能力，培养学生优秀的敬业精神和职业道德；又或者是课程设置和管理以学生为中心进行，培养复合型和综合型的人才；再或是博采每个学生家长特长，对学校外部已有的"品牌"课程及时展开引进、吸收转化与优化组合的计划。最后，学校还应将国家理解教育加强，提高学生适应交流与就业的国际化趋势，将学校的国际竞争与合作能力加强。总而言之，新能源汽车人才培养学校的课程设置就是形成自己的个性，即其他学校没有的课程，我们就开设；其他学校已有的课程，我们就加强；其他学校较强的课程，我们就创新。

第二节　新能源汽车人才培养课程设置的原则

一、统一性原则

课程的核心是学生，课程设置应该以服务学生为导向。因此，课程设置应该关注学生的发展和学习需求，旨在促进学生的个人成长和全面发展。新能源汽车人才培养的课程设置，除了要考虑所有新能源汽车专业学生的发展，还要考虑学生文化素养的培养，从而使他们的专业素养与文化素养统一发展，并达到高等教育的要求。其中专业理论课程的设置，其目的是使学生了解并掌握新能源汽车学科的基础知识，从而为更深入地学习打下坚实的基础[1]；文化素养的培养主要是通过设置相应的通识教育课程而实现的。此外，为了符合现代化教育理念要求的全面发展，新能源汽车人才培养应该开设选修课，从而促使学生的个性得以全面发展。因此，新能源汽车人才培养的课程设置需要体现统一性原则，具体表现在以下两个方面。

第一，将学生的兴趣与课程设置统一。世界上没有两名完全相同的学生，他们的兴趣也千差万别，因此，课程设置应该考虑学生的爱好。实现这一点可以从新能源汽车人才培养的课程结构方面着手，例如，开设多样化的课程，以供学生根据自己的兴趣自由选择学哪个科目，但是值得注意

---

① 戴娇娇. 高等职业院校学前教育专业课程设置研究［D］. 西安：陕西师范大学，2012.

的是新能源汽车方面的核心课程要求所有学生必须学习且掌握，因此，这类课程的呈现方式是必修课。

第二，课程设置的稳定性与弹性相统一。新能源汽车专业在设置课程时，既要有相对稳定性，又要有足够弹性，主要是因为课程设置若没有相对稳定性，新能源汽车专业就无法为实施课程准备充分的主客观条件，同时，还会对教育的质量产生一定程度的负面影响，从而造成教学效率低下，最终影响学生提高综合素质。当然，课程设置必然不能一成不变，一成不变的课程设置会对教学造成不利影响，此外新能源汽车专业培养的人才是直接面向管理、服务、生产一线的，而对这类人才的培养，很多因素会导致课程设置不断改变，例如，政治制度、心理学、教育学、科学技术、师资等因素，以上这些因素的变化都会制约和影响新能源汽车人才培养课程的设置。

二、实践性原则

新能源汽车专业将培养学生的职业能力作为首要目标，所以新能源汽车人才培养课程设置的主线是培养学生的能力，且整个课程体系的设置都应与学生能力的培养相关。但是值得注意的是，不能将能力片面地理解为新能源汽车岗位能力，还应该将职业能力也包括在其中，例如：适应能力、组织能力、处理及解决问题能力等。

新能源汽车专业的课程设置除了要体现职业岗位所需的实践能力外，还要将符合职业所需的实践内容体现。主要原因是学生将来面临的新能源汽车方面的工作对操作能力要求较高。同时，许多关于新能源汽车人才培养课程设置的理论都认为课程结构应分为专业课、实践课和公共课，所以在课程设置时，应该加大实践课的课时比例，其比例应不少于总课时的 1/3；还需根据新能源汽车产业未来所需人才类型，尽量设置与其相关的实践课程。除去学校内部的实践课程，新能源汽车人才培养还需安排学生进入企业进行全面实习。学校对人才的培养应在实践教学方面形成一个体系，该体系包括两个方面：第一方面是充分利用直观教学、案例教学、模拟教学以及现代化技术，第二方面是加强对人才培养的管理，以防止实践课程最后都演变成形式主义。由此说明，新能源汽车人才培养的课程设置必须遵循实践性原则。

三、先进性原则

新能源汽车人才培养课程设置的先进性原则是指要紧跟时代脚步，体现时代精神，顺应现今社会对新能源汽车教育改革的要求和发展趋势。随着我国新能源汽车产业社会经济的不断发展，科学技术的不断进步，新方法、新理论的不断涌现，新能源汽车人才培养的课程设置必须与时俱进，因为课程设置主要是为了学生学业结束后能找到理想的工作而服务的，而学生学习的知识将成为其工作的理论支持。因此，新能源汽车人才培养的课程设置应该具备先进性原则，主要体现以下几个方面。首先，学校在课程设置前应了解和选择目前国内外新能源汽车方面最先进的科研成果，换而言之即要求新能源汽车人才培养在设置课程时，能够及时了解新能源汽车产业发展的最新研究成果，从而分析其所用理论知识，最终引进新能源汽车专业课程体系。其次，学校要及时了解国内外关于新能源汽车的新方法、新技术，从而进行合理、科学地选取，最终将其编写进课程体系中。此外，新能源汽车人才培养应该注重更新和开发课程内容。那么应该如何保持课程的先进性呢？常用的方法有以下几种：定期进行社会调查、加强与新能源汽车企业的交流与合作、随时关注新能源汽车的经济发展等。通过这些方法，学校新能源汽车人才培养能够获取到大量最新信息，将这些信息进行归纳、总结、整理和分析，能够以此为基础对课程的设置与内容进行修改和补充，也只有这样才能使新能源汽车人才培养的课程设置与时俱进。

四、主体性原则

新能源汽车人才培养课程设置遵循主体性原则主要是指培养以及提高学生的综合能力与素质，其综合能力与素质包括学习能力、创新能力、解决问题能力、适应能力、职业能力等[①]。

为了培养学生所需的能力以及促进他们的终身发展，新能源汽车人才

---

① 戴娇娇. 高等职业院校学前教育专业课程设置研究［D］. 西安：陕西师范大学，2012.

培养课程设置内容不仅要体现"授人以鱼"的思想，更要重视"授人以渔"的理念，因为这样能够让学生在学会知识的同时，掌握学习方法，从而为他们将来的发展奠定良好基础。新能源汽车人才培养的各项技能养成都建立在与其对应的文化基础之上，因此其文化基础课程的设置应以专业、学生、学科体系需求为出发点。同时，现代教育强调培养学生的创新能力，因此，为了适应21世纪的发展与生存，新能源汽车人才培养的课程设置必须与创新有关，或是在一些课程之中将其融入，从而促使学生形成创新意识，提高创新能力。此外，新能源汽车人才培养的课程设置还应关注学生学习能力、解决问题能力以及适应能力的培养和提高。在课程内容的设置上，充分体现出新颖性、知识性、应用性，以达到培养目标。

五、整体性原则

系统论重要定律之一为整体大于部分之和，新能源汽车人才培养课程对培养人才所起的作用，并非单个课程的结果，也不是多个课程机械累积的结果，而是各个课程之间相互配合、相互联系的结果。完美的课程设置，绝对不会只重视单个课程的优化，而是从整体效果的角度进行优化，主要是因为课程体系是一种系统结构，而且这个系统除了包括部分之外，还包括部分与部分之间联系的种种关系。所以新能源汽车人才培养的课程设置既要关注每个部分自身的功能，还要注意课程体系中各部分之间的组合、联系和关系，以及它们之间形成的结构功能。

对于课程设置而言，每门学科的功能和结构都非常重要，但是学科与学科之间产生的联系、功能和总体结构更为重要。新能源汽车人才培养课程结构的设置应挑选出多种课程要素，并进行合理组织，这样多种要素才能在实施课程的过程中产生一种合力，更有效地将课程目标实现。因此，新能源汽车人才培养在设置课程时，应注重各学科之间的内在联系，并将其整合成一个整体，从而将课程设置效用提高[1]。例如，实践课程的设置既能够使学生在实践中加深对理论知识的认识，也能够使学生在实践中总结

---

① 王海燕. 五年一贯制学前教育专业课程设 [D]. 长春：东北师范大学，2007.

出新的理论，最终使理论得以内化，从而将整个课程体系优化[1]。同时，新能源汽车人才培养还应侧重隐性课程与显性课程、选修课程与必修课程的整体优化，在注重显性课程之时，也不忘关注隐性课程，例如，新能源汽车人才培养专业的制度，实训室、宿舍的规章以及教师、学生的素质等。总体来说，新能源汽车人才培养的课程设置需遵循整体性原则。

六、科学性原则

新能源汽车人才培养课程设置的科学性原则包括两方面。其一，是课程组织的科学性。为了防止盲目情况的发生，在开发新专业以及制定教学计划之前，学校一定要做大量相关方面的调查。例如，新能源汽车人才培养新近开发的新能源汽车管理专业，除了最初所做的大量研究，还应先后召集学校骨干展开多次研讨会，确定该专业教学计划的初步形成；随后，学校参与了该行业的专业研讨会，收集了许多资料，从而根据这些资料将之前制定的初稿加以修订，最后，学校又邀请了其他实训基地、教育科研部门以及产业部门的权威人士，对该教学计划进行了专业论证，最后定稿。其二，是课程设置的科学性。如何在有限的时间内实现教学目标；如何使学生既有职业适应性、又有岗位针对性，既有很强的动手能力、又有良好的综合素质，这就要求学校能够对现有的课程，按照不同专业以及培养目标进行科学地整合、取舍，将各个课程之间的衔接完美处理，将每门课程之间的比例关系合理划分，将课时量科学分配，以避免课时浪费和教学内容重复。

七、适应性原则

新能源汽车人才培养的课程设置不仅要强调培养学生的职业岗位技能，还应注重培养学生的可持续发展能力与整体素质。新能源汽车人才培养人才的职业能力不代表动手或操作能力，而是代表一种职称性、综合性的就业能力，它包括技能、知识、态度、经验等，而在实际的工作岗位上这些能力不可缺少，此外，还包括公关、合作、心理承受力、应变等非技

---

[1] 戴娇娇. 高等职业院校学前教育专业课程设置研究［D］. 西安：陕西师范大学，2012.

术职业素质的要求。现如今，新能源汽车产业迅速发展，从而导致职业流动和产业结构调整不断加快，对劳动者的职业能力要求已经转变，从满足单一的上岗技能变化为适应社会发展和市场变化的综合素质要求，新能源汽车专业学生除了要面对职业岗位需求，还需考虑自我的职业生涯。因此，学校设置的课程应能开发学生可持续发展的潜能，教学过程、专业设置、教学理论除了满足目前职业岗位的需求外，还必须充分注重在职业岗位变动之时，学生也能具备良好的就业弹性以及适应性。为此，学校首先应将基础打牢，对基础模块给予十分的重视，对新能源汽车专业来说，要加强外语、高等数学、工程制图基础、汽车构造基础的教学；其次，应建立"以生为本"的现代教育观，将隐性课程融入课程设置中来促进学生的全面发展，如让学生参与实训室管理、允许学生利用课余时间去新能源企业勤工俭学、组织学生参与新能源汽车设计大赛（先由学生运用所学知识进行构思和设计，再由教师指导）、开展各类文娱活动：举办多样化的主题班会等。以上这些隐性课程的开展，能使学生的综合素质更好地培养与提升。

新能源汽车人才培养的课程设置强调适应性，重视加强基础知识，并不意味着不对基础知识进行精选以及优化组合。设置基础理论课程时，学校应该强调其实用性与针对性，以够用为标准，突出"精"这一字，且这些基础理论应能讲清分析问题的方法和思路以及基本概念。例如，高等数学的设置，教师在讲解时，不应该拘束于教材的框架之内，应该根据专业对数学程度的要求，设置电子数学、工程数学、经济数学等不同课程，同时，应减少高等数学中的积分、求导等运算内容，从而腾出更多的时间以用于训练数学建模能力，因为这方面技能在实际工作中运用较多。

八、灵活性原则

新能源汽车人才培养课程设置的灵活性原则主要体现在三个方面，分别为设置灵活、选择灵活以及安排灵活。

第一，设置灵活。"活模块"是新能源汽车人才培养各专业课程结构灵活性的主要体现形式，它是一组系列模块，能够根据不同的功能分为许多相对来说较为独立但是在某些方面却有些许联系的模块。这些"活模块"可以自由组合拆分，同时教师利用"活模块"来实战教学，不仅能使教育

资源得到充分利用，使教学效益达到最高，还能根据新能源汽车产业、企业以及市场的变化情况来调整某个（些）模块，从而使模块更新，以保持课程的时代性与先进性，最终将新能源汽车人培养的市场适应能力提高。目前，各学校新能源汽车人才培养专业已经成立了一套较为灵活的课程反馈机制，按照专业发展趋势，以两年一次的频率对课程设置做大范围的调整最为合适。除去某些稳定性高的课程，其他专业课程（包括前沿类、交叉类、拓展类）的课程调整比例为20%～30%。

第二，选择灵活。新能源汽车人才培养可以逐渐将选修课的比例加大，例如，与现代科学技术密切相关的课程，以及环境、资源、社交、管理、人口等方面的课程；同时，还可以多开展一些专题讲座等等。按照相关方面的规定，新能源汽车人才培养开设的选修课比例应为总学时的 10%～15%。

第三，安排灵活。学校新能源汽车人才培养在讲课形式、时间安排、讲课内容以及实践和理论比例、隐性课程和显性课程相互配合等方面都给予充分的重视；但是在灵活性上还能进行进一步的探索，例如基础汉语、公共外语等课程的设置；高等数学以"实用、够用、适用"为度；根据学生的基础调整专业需求的知识模块；加大开发综合教材的力度，从而实现分层次教学等。

第三节　新能源汽车人才培养课程设置的方法

新能源汽车人才培养在进行课程设置时，应该从以下几个方面入手，包括课程目标、课程内容、课程类型、课程结构模式、课程评价，从而形成独具特色和多样化的课程。

一、设置多样化的新能源汽车人才培养课程目标

对课程目标的内容方面进行分析，新能源汽车人才培养的课程设置在该方面必须满足 3 个目标，分别为素质、知识以及能力目标。对课程目标的学历层次方面进行分析，目前我国新能源汽车人才培养的主流学历为专科层次，但经过分析国外的实践经验，发现新能源汽车人才培养的课程教

育还能够包括本科与研究生层次。从课程的功能角度进行分析，新能源汽车人才培养的功能性质分为多个方面，例如，职业发展与准备、学术链接、职业转换等。对特定专业展开研究，其课程目标需要对不同类型的应用技术型人才的培养要求进行具体分析。所以在进行新能源汽车人才培养的课程设置时，应当重视该课程目标的多样性特点，对课程体系进行合理规划，从而使其能互相沟通、各具特色。

二、设置多样化新能源汽车人才培养的课程内容

中国著名的钟启泉教授是比较课程论与教学论的权威人物，亦是我国教育部基础教育课程改革工作者的专家，在日本多所大学（大阪市立大学、京都大学、横滨国立大学）的客座教授。他认为：在大体上"学校知识"应包括 3 个方面：其一是作为认识事物与现象的结果之结果的"实质性知识"，也常称为知识技能；其二是掌握信息与知识的"方法论知识"，也称为学习方法；其三是为什么而学习的"价值性知识"[①]。

现如今新能源汽车人才培养十分重视"实质性知识"，因为这些知识技能对于就业考量来说占有很重。目前，新能源汽车人才培养对其展开了一系列的探索与研究，从中取得了一定的成绩。但是"价值性知识"和"方法论知识"两方面，尚未被某些学校的新能源汽车人才培养所重视，因此，学校需要在课程建设中强化并落实职业与技术理解、自我管理和技术方法论等方面的教育。例如，加拿大哥伦比亚理工大学（BCIT）分别在计算机系统技能、工业机械与制造、新能源汽车等多个专业课程设置的内容中，增设了"调查研究方法""提高学习能力""自我管理"等课程。再如美国许多州也在积极推行由世界职业教育联合会（ITEA）制、的《技术理解能力标准》（2000 版），该书中囊括了社会各技术关系梳理、技术本质剖析、设计分析、技术社会所需能力学习等很多理解教育方面的内容。

三、设置多样化新能源汽车人才培养的课程类型

对新能源汽车人才培养的教育方式而言，曾经将反对学科理论课程、

---

① 周华丽，顾志良. 论高职教育课程设置的多样化 [J]. 北京联合大学学报（自然科学版），2003（04）：56-60.

提倡实习式实践教学，作为新课程改革的标志方向，甚至在某些时候达到了"重实践可一俊遮百丑、言学科即非我族类"的程度，现在来看，这类口号和做法仅仅是形式主义①。对于学科课程，新能源汽车人才培养的课程设置不应该将其完全排斥，但是要注意避免过于单一的课程形式出现，学校应根据学生的特点、课程内容、目标的性质，设置多样化的课程类型，主要分为以下几种类型。

第一，分科型课程。指各学科之间并行排列、相互独立的课程，它们的逻辑组织课程内容与固有的知识系统差别很大，在新能源汽车人才培养的课程设置中，比较适用于物理、高等数学等基础价值高、逻辑性强的"收束类型"课程。

第二，综合型（统合型）课程。指为了防止原始学科的局限性，将学科原本的框架打破，对各学科内容重新进行组合和取舍，根据一定的体系和指导思想综合而成的新类型学科。根据综合程度的差异，又能进一步分为融合课程、相关课程、核心课程及广域课程四种。

第三，活动（经验）课程。指以培训者的主体性活动经验为中心组织的课程，其目标是将人与环境之间的相互作用提高。活动课程善于发现客观事物之间本来就存在的相互关联性，将学习者将要或正在面对的社会主题与生活现实作为课程的主要内容，并以此作为线索，将学科领域与多门学科进行整合。例如，新能源汽车人才培养中提倡的项目式课程、中心课程等。

四、设置多样化新能源汽车人才培养的课程结构模式

新能源汽车人才培养的课程结构模式具有多样化特征，例如集群式、网络式、分段式以及轮作式等，下文将对这些常见的模式进行逐一分析：

第一，集群式课程结构模式。该课程结构模式是面对固定职业群的不同职业方向，分析并提取出该职业群所需的技能与知识，从而作为该职业的通用部分，设立专业通用教育与基础教育模块，在此基础之上，按照多种职业的不同要求，设计出每个职业方面都适用的课程模块。学生在结束

① 周华丽，顾志良. 论高职教育课程设置的多样化 [J]. 北京联合大学学报（自然科学版），2003（04）：56-60.

通用模块的学习之后，可以按照自己的兴趣，选择一个专门职业模块进行学习。例如，加拿大哥伦比亚理工大学就采用了集群式结构模式，第一学年学生需完成专业通用课程、商务课程以及基础课程的学习。第二学年学生学习了剩余的专业通用课程之后，还能够在客户服务器、应用人工智能、数据通信和互联网、数据库管理、信息系统和技术编程、决策支持系统等多种课程体系中任选一组，从而实现术业专攻的目标。

第二，网络式课程结构模式。该课程结构模式的理念是"能力本位"，"以人为本"和"终身学习"。在特定的技术或职业领域内，它旨在构建一个多层级的新能源汽车人才培养体系，为学生提供自主选择学习路径的机会，并以个人的能力和需求为基础，培养出合格的人才。并且这个路径图是网络状的，学生可以随意选择入口和出口，但是其主体必须稳定不变，称为学历教育。此外，学校还应该将与该技术领域或职业群相关的职业资格证书引进，从而形成能够彼此沟通的课程路径网络。

第三，分段式课程结构模式。指将新能源汽车相同职业群内的多种岗位根据能力与知识划分层级，按照不同的层级来安排课程进程、设计课程模块[①]。待学生掌握基础能力模块后，就可以从事该领域的基层岗位工作；如果学生愿意继续学习，则可以接受下个模块的课程，从而掌握更高级的能力与知识，待学习完成之后，学生就能够从事该领域高一层级的工作，依此类推。学生可以根据自我的情况，在就业与继续学习之间进行自由的选择。分段式课程结构模式的设计，主要是科学地分析相应职业，从而确定这类岗位对人才能力、知识的需求，最终引进课程的层级结构中。这种课程结构模式多应用于先进成熟的技术培训中，当然学历教育中的专业课程部分也能够借鉴。

第四，对比轮作式课程结构模式。是指把内容相对独立，但是功能相近的一类课程，组合为同一个课程模块，并定期将这一模块进行循环开设，使学生可以从该模块的任意课程开始或结束学习。曾有人将其形象地称为BUS 课程模式。例如，将 Microsoft Word 等系列的软件课程组成为一个课程模块，在一个学期内循环开设，学生不管从哪个软件开始参与学习，都

---

① 周华丽，顾志良. 论高职教育课程设置的多样化 [J]. 北京联合大学学报（自然科学版），2003.

能将该模块完整地掌握，新能源汽车人才培养的一些基础教育课程亦能够引进这种课程结构方式，有利于更好地培育学生。

五、设置多样化新能源汽车人才培养的课程评价

新能源汽车人才培养的课程设置应重视课程评价的多样化，应将教育自身单一评价的误区冲破，从而形成由学校自我评价、行业评价、教育主管部门评价、第三方评价、学生评价等有机结合的多元化的新能源汽车课程评价体系。同时，采用多样化的评价手段（包括实操、观察、任务解决、测试等），将学历证明、行业认可、技术等级证书、学生选修、职业资格证书等多样化的评价认定方式引入新能源汽车人才培养的课程评价体系中。

第四节 新能源汽车人才培养课程设置的内容

新能源汽车人才培养各专业的课程设置由教务处全权负责规划，各系根据教务处的规划，对照本专业特点，由资深教师与产业人士对本专业课程设置进行详细的安排和规划。一般情况下，新能源汽车人才培养的课程设置分为公共课程、专业课程（包括专业理论课与专业技能课）和教育实践课程三大类。

一、公共课程

任何专业的学生都必须进修的课程称为公共课。公共课不一定会与所学专业有必然的联系，但是它是培养学生德、智、体、美、劳全面发展的基础，所以新能源汽车人才培养必须开设公共课，以促使学生的全面发展。[1]公共课程主要包括以下几种类型：思想道德修养与法律基础、国防教育与训练、形势与政策、毛泽东思想和中国特色社会主义理论体系概论、高等数学、大学英语、体育与健康、行业英语、计算机应用基础、心理健康教育、职业生涯规划与就业指导等。

---

[1] 戴娇娇. 高等职业院校学前教育专业课程设置研究 [D]. 西安：陕西师范大学，2012.

二、专业课程

新能源汽车人才培养的专业课程分为两大类，分别为专业理论课与专业技能课。下文将具体分析这两大类课程。

（一）专业理论课程

与专业技能和知识直接关联的理论性课程称为专业理论课程。它的作用是为学生提供专业方面的知识，能够保障学生的职业化与专业化，为学生专业能力的培养与提高提供牢靠的基础。新能源汽车人才培养的专业理论课程包括工程制图、汽车构造、电工与电子技术基础、汽车服务工程基础、汽车市场营销、汽车电子控制原理与技术应用、汽车运用与维修工程、汽车商务概论、经济管理基础、汽车检测与诊断技术、汽车保险与公估、二手车交易与评估、新能源汽车新技术、质量管理与认证、汽车服务企业经营管理、汽车贸易理论、汽车再生工程。

1. 工程制图

学生在这门课程中主要学习工程制图投影法，掌握几种投影法的基本理论及其应用；培养对三维形状及相关位置的空间逻辑思维和形象思维能力；初步学习相关的工程制图国家标准，并掌握查阅标准结构、标准零件、公差与配合等国家或部门颁布的标准能力；培养徒手绘制草图的基本能力；培养应用计算机绘制工程图样的基本能力；阅读工程图样的基本能力。工程制图是学生设计新能源汽车的基本技能，并且学生在以后的学习中都需要这项基本能力。

2. 汽车构造

学生在这门课程中主要学习发动机基本知识、曲柄连杆机构、配气机构、汽油机燃料供给系统、柴油机燃料供给系统、发动机润滑系统、发动机冷却系统、传动系统、行驶系统、转向系统和制动系统等内容，以了解并熟悉新能源汽车的构造。

3. 汽车电子控制原理与技术应用

学生在这门课程中主要学习现代汽车应用电子技术，其内容涵盖了电子控制燃油喷射系统、自动变速器电控系统、制动防抱死系统、电子控制悬架系统、巡航控制系统、动力转向系统等，培养学生的汽车电子控制原理与技术的应用能力。

4. 汽车运用与维修工程

学生在这门课中主要学习汽车维修企业的生产过程，具备初步的企业生产经验；能够分析和解决本专业的一般技术问题（如诊断、检测等），具备初步计划、组织、实施和评估工作的能力；能够借助工具书阅读一般的专业外文技术资料；养成良好的人际交流能力、团队合作精神和客户服务意识；掌握安全生产、环境保护以及汽车维修等法规的相关知识[1]。

5. 新能源汽车新技术

学生在这门课中主要学习新能源汽车动力电池、电机和电控标准。新能源汽车安全标准，新能源汽车性能试验标准等内容，掌握新能源汽车新技术，具备设计新能源汽车的基础能力。

6. 汽车服务企业经营管理

学生在这门课程中主要学习汽车服务企业管理概论、汽车服务企业生产管理、汽车服务企业质量管理、汽车服务企业人力资源管理、汽车服务企业设备和配件管理、汽车服务企业财务管理、汽车售后服务管理、汽车服务企业信息管理和企业文化、企业形象等知识。

7. 汽车再生工程

学生在这门课中主要学习汽车再生工程概论、汽车可回收利用性、废旧汽车回收、废旧汽车拆解、废旧汽车回收利用、汽车总成及零部件再制造、汽车可再生资源利用技术经济分析和汽车可再生资源利用管理等知识。

（二）专业技能课程

与专业技能和知识相关的技能课程称为专业技能课。新能源汽车人才培养的专业技能课包括基础技能实训、专业技能实训、企业实地考察、基地内部生产性实训。

---

[1] 查恒效. 高职院校汽修专业课程改革设计［J］. 东方企业文化，2012（14）：252.

1. 基础技能实训

基础技能实训课组织学生在实训室进行各项基础技能实训，然后通过教师指导，加深学生运用基本理论知识。例如，计算机应用技术、工程制图、灵活运用高等数学、规划自己的职业规划、思想品德报告等。

2. 专业技能实训

新能源汽车人才培养的专业技能实训主要包括新能源汽车设计、制造、开发、售后检测、技术维修以及销售等方面的实训，以便学生将学习的理论知识运用在实训中，熟练运用专业知识与技能，提高其实际操作能力。

3. 企业实地考察

学校带领学生进入企业的生产车间以及流水线进行实地考察，由该专业的主任组织，教师负责。在外出考察之前各专业领导开设讲座，其内容主要是为学生讲解考察企业的基本概况、在考察过程中需遵守的规则，以及路途与考察期间的安全事宜。学生在进入企业之后，由企业的权威人士负责带领学生参观，给学生讲解新能源汽车从研发到生产以及出售的全过程，包括流水线作业、各项仪器设备以及科研成果等。

4. 学校内部生产性实训

学校内部的生产性实训内容主要包括：学生拆装整车、发动机拆装、故障诊断与排除和汽车设计项目，此外，还包括新能源汽车整车或零部件的设计与生产。所有学生按组分配成多个团队，然后每个团队生产一件新能源汽车的零部件，最终组成完整的新能源汽车。

三、教育实践课程

实践环节在教育中扮演着至关重要的角色。其主要目的是帮助学生将所学的专业知识应用到实际工作中，以提高他们的实践能力和知识应用技能。实践环节不仅是理论与实践相结合的基本方式，也是学生向职业角色转变的关键过程。通过实践，学生能够更加深入地理解和掌握所学内容，并将其应用于真实场景中，培养出实际解决问题和应对挑战的能力。新能源汽车人才培养的教育实践课程包括军训、入学教育、顶岗实习、毕业教育（毕业设计与答辩）、公益劳动。

下面将对几门主要课程进行介绍。

（一）顶岗实习

学生在将专业理论知识掌握到一定程度之后，将去与学校合作的新能源汽车企业或相关企业参加工作岗位的实习，以加深与巩固专业知识，并在工作岗位上积极学习岗位专业素质与技能。顶岗实习是学生在毕业之前对技能、知识进行全方位坚持的综合实际锻炼阶段[①]。深入新能源汽车企业及相关单位，学生能够直接参与和专业相关的新能源汽车设计、研发、生产、销售、售后检测实践，并且在企业团队中，学生能够更加深刻地体会到新能源汽车的研发与生产是团队每个人分工协作的结果。因此，顶岗实习主要目的是培养学生的综合岗位能力以及团队协作意识。

（二）毕业教育（毕业设计与答辩）

学校在学生毕业前夕会安排学生开展毕业实习，实习形式主要是分散式与集中式相结合，其中以集中式为主，分散式为辅。学生在实习过程中，应该不断探讨经验、岗位需求、总结专业特点，最终分析该专业岗位的发展规律，整理成册，完成毕业设计或论文[②]。

第五节　新能源汽车人才培养课程设置的评价

一、对新能源汽车人才培养的课程结构进行评价

新能源汽车人才培养的课程设置分为 3 大部分，即公共课、专业课和教育实践课程，这与职业教育相关理论中的教育课程分类相符。公共课的开设对学生的未来发展有利，虽然公开课不一定与所学专业有必然的联系，但还是能够为学生德、智、体、美、劳的发展打好基础，因此，公开课是学生必须接触与学习的课程。顾名思义，专业课的主要内容与学生所学专业紧密相关，它的作用主要是为学生今后的深造和工作打好扎实的基础，

---

① 王梦. 高等职业院校学前教育专业课程设置问题研究 [D]. 呼和浩特：内蒙古师范大学，2014.
② 戴娇娇. 高等职业院校学前教育专业课程设置研究 [D]. 西安：陕西师范大学，2012.

给学生提供专业技能与知识，且专业课是学生职业化、专业化的前提条件。教育实践课是为了使学生将所学的专业知识充分运用到实际工作之中，提高学生的实践与应用技能，并且实践课程是新能源汽车人才培养将理论与实际相关联的基本方式，亦是学生角色转换的关键，例如向教师、职工、管理者转变。新能源汽车人才培养的课程以此种结构进行设置，比较合理，因为关注了学生各方面素质的培养，例如德育素质、智育素质、职业素质、实践能力、专业素养等。这种结构的课程设置能够促使学生全面发展，符合现代教育理念，且其培养的人才符合新能源企业、行业的需求，相应地能够增加学校的就业率，同时为社会输送越来越多的高级应用型人才。

二、对新能源汽车人才培养的专业理论课与专业技能课所占比例进行评价

根据数据分析，新能源汽车人才培养的专业课程设置中，专业理论课程的学时占总学时的 40.3%，专业技能课与教育实践课程的学时约占总学时的 38.6%[①]。因此，可以明显看出专业理论课与专业技能课的学时比例相差不大，这也说明了新能源汽车人才培养对专业技能课的重视程度较高，与我国现阶段职业教育的发展现状相符，同时，也符合许多教育专家提出的加强我国实践教育的思想。但是，本书认为专业理论课程的比例还可以适当提高，因为专业理论课是实践和专业技能课程的基础，对它们有着重要的指导作用，学生只有具备扎实的理论基础，才能更好进行实践锻炼[②]。学习专业理论课程能够加快学生职业化、专业化的进程，也能保障学生专业能力的形成。若专业理论课程的学时比例不够，那么将会影响学生提高专业理论素养的速度，也将不利于学生可持续发展能力的养成。就像建房子一样，只有打牢地基，上面的建筑才能建得又快又稳。新能源汽车产业是一个新兴行业，对该领域人才的培养目前还处于不断摸索的阶段，学校培养的人才与新能源汽车产业的需求比较相符，但是还需不

---

① 赵珊珊. 高职院校研学导师胜任力评价与培养研究 [D]. 沈阳：沈阳师范大学，2022.

② 戴娇娇. 高等职业院校学前教育专业课程设置研究 [D]. 陕西师范大学，2012.

断探索、不断创新、不断进步，力争使新能源汽车人才培养的课程设置能走向成熟。

三、对新能源汽车人才培养的课程类型进行评价

新能源汽车人才培养课程设置的内容中缺乏选修课，选修课是课程设置中的重要部分，它能够调动学生的主动性，让学生的知识面扩宽、社会适应能力增强。同时，选修课是对必修课的延伸和补充，对发展学生的特长起到非常重要的作用。每个学生都是独特的个体，他们都具备自己的个性，新能源汽车人才培养应该对学生实施发展个性、尊重个性的教育，尽可能将每一位学生的潜能挖掘出来，将学生塑造成为优秀的社会成员。新能源汽车人才培养目前的课程设置，是不能自由选择的教育，这种教育模式是不重视个性的教育，甚至可以称之为一种规范的"训练"。因此，为了满足学生多方面的兴趣、爱好、培养适合学生的特长、促使他们符合社会多方面的需求，新能源汽车人才培养应该增设一些能够扩大就业面和专业面的选择性课程，即选修课。此外，学校规定要学习的课程，它的内容是有限的，在知识的广度和深度上都受到一定程度限制，而选修课则能够弥补必修课的不足，它一方面能够在内容上对必修课进行充实和扩展，另一方面，又能够发展学生的特长、技能。选修课将学校的课程种类进行了拓展，使学校充满活力、生机勃勃。因此，新能源汽车人才培养的课程设置需增设选修课部分。

在美国的新能源汽车人才培养的课程设置中，选修课的学分占总学分的 42%，必修课比例比较小，因为他们将许多必修课也划入选修课的范畴，因此，学生实际能自由选择的课程大约为 80%[①]。在这种课程设置模式下学生能够以自己的学习兴趣、学习能力作为依据来安排学习进度。为了使课程设置的灵活性凸显，仅仅依靠必修课是不能实现的，只有通过选修课才能够实现。但是也不能完全不设置必修课，因为若直接忽视必修课，学生将无法很好地将专业知识掌握，无法成为社会需求的人才。只有使必修课与选修课合理设置、动态平衡、优势互补，才能将各种课程的显性与潜在

---

① 王冲. 产业人才供给与行业大学发展改革研究［D］. 济南：山东大学，2017.

功能完全释放，充分将每一个学生的智慧发挥出来，培养的人才才是社会需要的。目前新能源汽车人才培养的课程设置过度强调统一、稳定，不能合理地因材施教，此外，课程类型中没有开设选修课程，这样就不能将学生的爱好满足，他们的特长也无法发挥，同时也会影响学生学习的热情，对职业能力的提高也不利。

第四章

新能源汽车人才培养实训基地共建模式

本章的主要内容为新能源汽车人才培养实训基地共建模式，具体介绍了新能源汽车人才培养实训基地建设概述，新能源汽车人才培养实训基地建设路径，新能源汽车人才培养基地可持续发展机制。

第一节　新能源汽车人才培养实训基地建设概述

一、新能源汽车人才培养实训基地建设的理论基础和可行性分析

随着 21 世纪的到来，不可再生能源逐渐减少的问题引起社会各界广泛关注，许多消耗传统能源的设备被新能源设备置换，传统能源汽车也逐渐被取代。目前，新能源汽车在市场上占有比例越来越高，各国就新能源汽车推广和使用提出了自己的规划和发展战略，积极并勇敢地面对挑战，所以新能源汽车人才培养变得非常重要。为了培养更多优秀人才，满足社会需求，建立科学合理的教学体系，新能源汽车人才培养应相应增设人才培养实训基地。

（一）新能源汽车人才培养实训基地建立的理论基础

新能源汽车人才培养基地顺利建立的保障和理论基础。而新能源汽车

人才培养基地主要是培养应用型人才的平台，因此，在提出建立人才培养基地之前，必须确立技术开发和人才培养方面的核心思想。其一，在建立新能源汽车人才培养基地时，应对市场进行深度调研，整理用人单位所需的人才类型，再制定合理的建立方案，人才培养基地必须具有以下特点：先进性、针对性、科学的实训项目、合理的实训课程①。其二，新能源汽车人才培养基地的建立目标是为企业、学生服务，人才培养基地培养的新能源汽车人才应该既符合企业生产的需求和发展，也符合学生自我人生职业规划，促使新能源汽车人才最终找到满意工作。其三，建立新能源汽车人才培养基地应该以培养全面发展的人才为目标，因为新能源汽车人才培养不仅需要关注其技术实践能力，同时也要关注其职业道德、社会责任感、知识素养的培养。建立人才培养实训基地只有遵循以上三个指导思想，才能够做到与社会发展共进退，才能够培养出实用型新能源汽车人才。

建立新能源人才培养基地除了理论指导思想之外，还需要确立明确的建设目标。新能源汽车涉及领域非常广泛，其学科包括新能源汽车设计、制造、测试试验、工程设计、产品质量控制等，给建立新能源汽车人才培养基地提出了新挑战和要求，同时时代也赋予了其新使命。由此，人才培养基地在建设过程中，应根据新能源汽车人才培养需要，设置仿真实训室、构建电控教室、开发适用的教学教材。现如今，新能源汽车在两个方面发展最为迅速，一方面是新能源汽车制造，另一方面是新能源汽车维修技术。只有抢先建立科学、全面、优质的人才培养基地，才能为学生及时掌握新知识、新技术提供保障，并促使他们成为具有创业精神、创新意识、团队协作和竞争精神、优秀的外语使用能力的人才。

（二）新能源汽车人才培养实训基地建立的可行性分析

新能源汽车人才培养基地建立的可行性主要体现在 3 个方面。

第一，社会持续发展和新能源汽车技术发展的需要。我国新能源汽车的生产和研发经过许多年努力，目前已建立比较完善的体系，且已拥有自主研发能力，其在驱动电机、动力电池、系统集成和电子控制等关键领域

---

① 马云贵. 新能源汽车实训基地的建设标准初探[J]. 黑龙江教育学院学报，2015，34（02）：77-79.

均取得显著进步，总技术水平在世界各国中处于领先地位。除此之外，我国交通也飞速发展，汽车使用量急剧增加，城市大气遭到了严重的污染。新能源汽车的推广及使用不仅能够缓解能源危机还能够保护城市大气环境，国家 2012 年发布的《节约与新能源汽车产业发展规划》一文，预计到 2020 年，插电式混合动力汽车与纯电动汽车的使用量将达到 200 万台，这预示着新能源汽车市场发展需求空间很大[①]。

第二，新能源汽车人才的需求。目前社会上大量缺少以下几类人才：新能源汽车开发者、研究者、生产制造者、售后检测者、技术维修者等。这些人才的稀缺导致新能源汽车行业发展受到制约。新能源汽车人才培养实训基地能在一定程度上缓解人才稀缺问题。因此，为了解决这方面问题，新能源汽车人才培养实训基地培养这类人才时应该顺应市场和企业的需要，加快各类人才培养速度。

第三，新能源汽车专业建设与技术的需要。虽然新能源汽车发展的前景非常可观，但是目前新能源汽车人才培养实训基地建设的确非常薄弱，有些区域甚至没有设立人才培养基地。为了培养相关方面人才，人才培养基地除了要更新教学模式和重新设计教学方法之外，还需根据汽车专业的教学需求做一些具体调整。例如：针对新能源汽车检测和维修专业，人才培养基地应做到以引入新能源汽车为前提，增设新型实训设备，根据市场具体走向，建立汽车仿真实训室和整合检测实训室，同时根据实训期间需求的变化，相应地重新编排教材；针对汽车营销专业，人才培养基地应新增对外培训、技能鉴定及社会服务中心等部门，还应将社会企业引进实训基地，为学生提供专业社会实践机会，同时还应加大和兄弟人才培养基地的交流与和合作，以达到资源共享，取长补短的目的。

以烟台汽车工程职业学院为例，分析新能源汽车人才培养基地建立的可行性。根据查阅资料分析得知，烟台汽车工程职业技术学院为公办高等职业技术学院，主要培养汽车产业人才，与汽车技术相关的专业开设达 30 个以上，同时该学校还是国家指定汽车维修与运用专业等人才培养的实训基地，其汽车专业教职工也是省内最为优秀的团队，在传统汽车技术上，

---

① 王万君，周华英. 高职院校新能源汽车实训基地建设探索——以烟台汽车工程职业学院为例[J]. 产业与科技论坛，2015.14（15）：176-177.

该学校已经具备良好的知识系统和实践基础。目前，为顺应社会的需要和时代的发展，烟台汽车工程职业学院已经建立新能源汽车人才培养基地，经过不懈的尝试和探索之后，其在新能源汽车技术领域取得了明显的进步。现如今烟台汽车工程职业技术学院新能源人才培养基地已成为多功能生产性实训基地，包括生产、科研和教学三方面，拥有 3.2 万平方米的建筑面积，4 031 万元的设备总投资，同时还有汽车综合检测线、数控机床、加工中心等先进的实训设备。其中，设立有众多实训室，例如汽车检测实训室、电控发动机实训室、钣金与涂装实训室、发动机构造与维修实训室、汽车电控综合实训室等。在新能源汽车人才培养方案方面，学院通过对企业和市场进行调研，制定了新的课程标准；在教学经验方面，学院采取教学过程累积法，同时要求教师熟悉各类新能源汽车设备的使用后根据学生的实际情况进行有针对性的教学。

二、新能源汽车人才培养实训基地建立的作用

（一）促进理论与实践相结合

建立新能源汽车人才培养基地能够促使学生的实际操作技能得到提高。在新课程教学要求方面，教学计划的完成和教学质量的保证与实践性教学环节分不开，其不仅可以培养新能源汽车专业学生分析并解决问题的能力，还能够提升学生实际操作技能。在新能源汽车人才培养基地，学生能够作为一名生产者直接参与新能源汽车设计、生产，还能直接接触汽车营销一系列过程，同时，对汽车售后维修有兴趣的学生还可以参与维修工作。在以上这些环节中，学生能够将课堂上学到的理论知识应用于实际生产，同时快速掌握各类专业技能和熟悉使用各种基本技能。新能源人才培养基地给学生提供真实的岗位，这些岗位能够有效强化新能源汽车专业学生的各项技能，完善他们的知识结构；也使学生了解并感受到他们未来的职业性质。人才培养基地除了能够为企业和社会提供合乎要求的毕业生之外，也促使学生形成自我职业生涯规划。

建立新能源汽车人才培养基地能够促进校外活动组织的进行，将基地外部实践质量提高。现代企业的核心是追求利益，他们对接收新能源汽车

专业实习生进行实践不感兴趣。因此，怎样组织学生去校外进行实践和统一有效管理实践学生，变成一大难题困扰着实训基地。现如今，很多学生毕业实践的单位和企业都是自己联系的，但是这些实践很难得到质量保证，因为可能存在实践岗位与专业不对口、在实践期间缺少老师进行专业指导、实践时间得不到有效保障等情况[①]。除此之外，学生实践地点不确定，非常分散，造成实训基地在实践管理和监控等方面存在很大难度。但是如果实训基地建立专门的新能源汽车人才培养基地，他们可以联系基地外部企业，经过协商后和企业签订友好的合作协议，新能源汽车人才培养实训基地就可以推荐学生到指定的企业去进行毕业前实践，以上问题都可以得到很好的解决。

　　建立新能源汽车人才培养基地能够提高就业质量和就业率。目前，我国普遍存在就业率低，就业难的情况，当然新能源汽车专业人才也不例外，但是调查数据显示，汽车企业对人才的需求并不处于饱和状态，他们也普遍处于人才稀缺状态，这里说明了教育机构培养的汽车专业人才与社会需要人才不相符，供与需的关系严重脱节。新能源汽车人才培养基地的建立能够提供给学生进入企业实践学习的机会，也可以促使学生对企业基本情况进行深入了解，同时，汽车企业也可以对参与实践的学生作出合理、科学的评价，考查他们的综合水平和实践能力。除此之外，新能源人才培养基地为学生和企业之间构建了一座良好沟通的桥梁，整个实践期间学生将在人才培养基地企业工作、学习和生活，汽车企业有充足的时间对这些学生进行了解，主要包括工作能力、个人特长、专业知识、技能水平等方面。同时，学生对企业也可以进行全面认识，主要包括企业的管理模式、生产经营状况、职工待遇、企业文化等方面。新能源汽车专业学生在企业实践之后，如果企业愿意接收他们，并且他们愿意留在该企业继续工作，学生就能在实践企业实现就业。另外，新能源汽车专业学生通过在专业对口的企业实践，可以与很多业内专业人士接触，促使他们更加了解新能源汽车行业以及其他企业缺少的人才类型，从而调整自身，寻找合适岗位去应聘，增加就业机会。很显然，新能源汽车人才培养基地实现了该专业学生就业

---

① 吴心平，陈东照. 高校汽车专业校外实践基地建设研究［J］. 汽车实用技术，2013（09）：78-82.

和实践的零过渡。

（二）促进"产学研"相结合

建立新能源汽车人才培养基地能提高设备使用率，增加经济收益。企业通过和人才培养基地的合作，可以为新能源汽车人才提供学生实践需要的设备，而人才培养基地可以提供技术资源和场地，这能够为新能源汽车专业学生实践提供良好的硬件条件，同时也提高了企业设备使用率。另一方面，汽车企业在技术方面需要实训基地提供支持，企业引进的新设备和新技术也需要实训基地帮助消化吸收。除此之外，新能源人才培养实训基地为企业输送了大量高新人才，能够提高企业在汽车市场上的竞争力，增加企业经济效益。而新能源人才培养基地与企业的合作，通过参与企业的汽车设计、生产、营销和维修等工作，可及时了解和掌握最新技术。实训基地也可以分析汽车产业和经济的发展趋势，购买超前的新高、尖设备以用于技术研究，这样做不仅可以为教学服务，还可以为企业或者其他新能源汽车行业开展技术服务，促使实训基地改变传统的纯教育投入模式，转型为产出化投入模式，同时也增加了经济效益。

新能源汽车人才培养基地的建立能够培养高素质教师团队。现在新能源汽车专业教师主要为中青年教师，这些教师大多为硕士或者博士，毫无疑问这些教师的理论知识很好，但却缺少实际操作能力，而基地内部的实训基地却很难满足他们这方面的培训要求。而基地外部的实训基地能够为教师提高实践技能水平提供途径，例如实训基地可以合作的企业共同推出研究课题，研究课题必须能够发挥出企业的设备优势、经验优势和学校理论基础知识优势、人才优势；研究主要形式为指派教师团队或者是教师带学生团队去企业进修和学习。在进入企业进修过程中，团队应该和企业员工进行深度接触和交流，主动参与到企业生产营销等一系列活动中去。课题的意义在于不仅能够提高教师实践能力和学术水平，还可以帮助企业解决实际生产中存在的技术难题，同时教师的教学和学术科研水平也得到提高。因此，新能源人才培养基地的建设不仅对社会有利、对学生有利，而且长期与企业合作还能够培养出高素质的教师团队。

（三）实现人才培养基地、企业、学生的共赢

新能源汽车人才培养基地的建立对学生、企业和基地都有利，实现了三者之间的共赢。首先，对企业收益进行分析。新能源汽车企业可以使用比较合理的薪资聘请高素质的学生，并且在工作过程中多关注那些有潜力的学生并将其培养为正式员工。同时，新能源汽车企业还能够接触到更多的学生和实训基地，为学习教学提供帮助，从而为企业树立良好形象。此外，企业参与到办学与教学过程中，能够优先获取更多高品质人才，可提高企业竞争力，促进企业快速发展。其次，对新能源汽车人才培养实训基地收益进行分析。基地的建设除了解决了学生实践困难和实践管理的问题，还促进了实训基地与企业之间的合作关系，学校通过合作深入了解到社会和企业的发展趋势和真实状态，有利于实训基地开展各项科研工作，提升教师教学水平。最后，对学生收益进行分析。新能源汽车人才培养基地使学生有机会到汽车企业中实践，促使学生在学校期间就能熟悉企业工作环境，熟悉各个相关岗位的工作内容，那么学生在毕业之后，人生职业规划就有了明确的方向。同时，新能源人才培养基地还有效地融合了学生理论知识和实际操作，为学生在毕业后的就业提高了市场竞争力。

三、新能源汽车人才培训实训基地建设的现状分析

（一）国内人才培养基地人才培养模式现状分析

近年来，新能源汽车被大力推行，我国新能源汽车保有量逐年增加，对于新能源汽车人才培养基地的建设，各相关学校对其都进行了一些研究和探索。新能源人才培养实训基地提出最具影响力的口号为"工学结合、校企合作"，这也是它们顺应社会发展、寻求自身发展、实现与市场接轨、提高人才素养的重要举措[①]。其目标是使学生在实训基地所获取的知识与企业实践有效结合，让企业和实训基地实现优势互补、资源共享。同时，实训基地可以根据企业需要，有针对性地培养人才，企业也可以为学生提供

[①] 陈焱. 中职校汽车运用与维修专业人才培养模式的改革与创新——基于××中等职业教育学校的个案［D］. 重庆：重庆理工大学，2014.

更多新能源汽车专业方面的工作岗位，以提高实训基地的就业率。这样能为社会培养更多高质量技能型人才，同时也充分体现了教育的实效性和针对性。目前，我国建设的新能源汽车人才培养基地对人才的培养主要有以下 3 种模式。

1. "订单式"人才培养模式

"订单式"人才培养模式指新能源汽车人才培养基地和用人单位相互合作以培养高素质人才的教育模式，其实质意思为"签订学生就业订单"。该模式主要的做法为：人才培养基地通过与用人单位沟通，确定用人单位缺少人才的类型，再和用人单位商定后制定合理的人才培养方案，同时在技术、师资、设备等资源上实现共享；学生毕业之后，如果愿意可以直接进入用人单位工作。这种"订单"，不仅是用人单位需求的预定，而且在整个教育人才培养过程中都发挥作用，充分体现了实训基地、企业在新能源汽车产业中的主体地位，为我国新能源人才培养教育注入新的血液。

"订单式"人才培养模式为新能源汽车产业和教育资源的共享提供了可能，并且为高等院校新能源汽车教育的发展提供了新方向，促使企业、学生、实训基地多方共赢。首先，实训基地可以倚靠企业了解最新的新能源汽车行业标准，然后相应的创建实践环境和工程教育，形成招生、培养、就业为一体化的教育模式，为学生打造更加宽广的就业途径，促使高等院校传授的知识和技能更加符合行业需求。同时，实训基地能够帮助学校突破以下困境，包括后续发展乏力、招生困难、政府部门投入少、生源素质差等。其次，企业可以根据自身需要自主选择具有相应实力的实训基地，通过与其合作，提出符合需求的人才类型的培养计划。最后，学生可以通过研究企业与实训基地的培养计划，评估自我能力、知识基础，在参考爱好后选择合适方向，而后学好专业知识，熟练掌握专业技能，从而顺利就业，实现人生价值。

只有实现企业和实训基地双方的紧密合作、互相信任，企业才能深程度参与实训基地教学工作，为学生提供明确就业导向，"订单式"人才培养模式才能最大限度调动企业、学生和实训基地的积极性，使培养的人才具有实用性和针对性。其最终目的就是使人才培养基地培养的人才能够为新能源汽车企业所用、被企业接纳，创造社会价值。

2. "工学结合"人才培养模式

"工学结合"培养模式指实际工作与新能源汽车人才培养实训基地相结合，其主要目的是把学生的知识体系引导为工作体系，从而实现学生在实训基地获取的抽象知识转化为实用性的岗位技能。同时，学生在实际工作中能够真实感受到职业氛围和企业文化，这能帮助学生形成职业素养和职业道德。

"工学结合"人才培养模式包括两个方面，即"学"和"工"，学生通过学习来实习，再在实习中总结知识以学习，循环交替，学和工才能相互促进，彼此之间补充和完善[①]。但值得注意的是，学和工之间的内容应是具有相关联性的，为学而工，为工而学，整个新能源汽车人才培养的过程中，都应贯穿有学和工。"工学结合"人才培养模式能够充分利用企业和实训基地两者的环境和资源，既能发挥实训基地优势，又能发挥企业优势，同时，还把学校课堂传授的理论知识、在企业受到教育而获取的能力和实际经验进行有机结合，让新能源汽车人才培养实训基地培养的新能源汽车人才完全符合企业需求的要求。"工学结合"人才培养模式的目标是培养具有社会实用性、具有岗位针对性的高技能人才。除此之外，该种模式在新能源汽车人才培养的过程中充分展现了职业性、开放性和实践性等特点，符合高等院校教育本质，顺应了社会经济发展潮流。

"工学结合"人才培养模式为学生带来了许多收获，主要有以下几个方面。第一，为学生提供将课堂上学习到的理论知识应用于实际工作中的机会，促使其将两者融会贯通，从而使学生对所学专业的认识进一步加深。第二，在工作实习中，学生能够明确了解自己所学专业与实际工作之间的区别和联系，从而提高学习理论知识的兴趣，提高学习的主动性和积极性。第三，让学生早日步入真正的社会，增加其与各类工作类型人才的接触机会，加深学生对人类和社会的认识，使其体会到工作中与同事合作的重要性，对培养学生的团队精神有帮助。第四，学生进入企业参加实际工作，不仅提高的实践能力，还锻炼适应环境的能力。第五，学生经过实际岗位的锻炼，其自我判断能力与责任心得到显著提高。第六，由于学生的能力

---

① 陈薇. 中职校汽车运用与维修专业人才培养模式的改革与创新［D］. 重庆理工大学，2014.

得到提升，个人素质也得到培养，相对于那些没有经过新能源汽车人才基地培养的学生，他们被企业聘用的概率更高，就业机会更大。

3."顶岗实习"人才培养模式

"顶岗实习"人才培养模式为现阶段新能源人才培养模式改革提供了有效途径，是培养学生职业素质、职业能力、职业道德的关键教学模式。"顶岗实习"顾名思义即为学生在实训基地期间与企业提供专业对口的岗位进行零距离接触，从而在实际生产中熟练运用学校学习的专业知识。"顶岗实习"能够快速帮助学生形成优秀的职业道德、树立合适的职业理想、锻造熟练的职业技能，从根本上缓解学生就业压力，提高新能源汽车人才质量，从而促使学生从学习者转型为职业者。

在新能源汽车专业学生毕业之前，人才培养基地应为学生提供合适的工作岗位，使学生进入正式企业进行锻炼，在实习期间，主动接受企业对其的考评。"顶岗实习"人才培养模式既存在优点，也有缺点，其中优点在于学生在企业中进行顶岗实习，边学边练，其岗位工作能力能得到快速提高；缺点在于有些企业可能考虑到顶岗的是未毕业生，就有意识地放宽对他们的要求及降低标准，甚至有个别企业出现不让学生接触核心技术的情况，从而导致学生在企业难以练就真本领。

（二）国内人才培养基地建设所取得的成效

我国中央财政在 2004 年拨款 1.1 亿元，用于 9 个省市开展新能源汽车人才培养实训基地的建设工作，建设地点分别为上海、江苏、湖北、四川、吉林、浙江、黑龙江、江西和辽宁[①]。并且其中有一部分实训基地建设的布局综合考虑了地区新能源汽车产业的特色以及国家政策。

在我国，新能源汽车人才实训基地的运行模式主要可以分为两种，分别为生产型新能源汽车人才实训基地与教学型新能源汽车人才培养实训基地。生产型实训基地的建立及正常运营具有多元化的资金来源，目前在我国的投资形式主要分为以下几个类型：政府、企业和学校共同投资，学校、个人和企业筹资，校企共同投资。生产型实训基地的侧重点在于培养新能

---

① 刘友祝. 区域共享型实训基地建设研究［D］. 长沙：湖南师范大学，2009.

源人才的生产性，它有效地结合了实训基地的实训功能和生产功能，让学生在实训过程中能够进入企业感受生产活动，掌握新能源汽车所需求的综合操作技能，培养学生顶岗实习技能，最终成为能够为新能源产业服务的人才。此外，生产型新能源汽车人才培养实训基地在自身的发展过程中能够获取到一定资金，为自身的发展减轻了负担，因此，其在一定程度上缓解了我国实训基地建设遭遇的资金短缺问题。

教学型新能源人才培养实训基地的建设及正常运营的资金来源主要是政府投资，实训基地的资源基本全面开放共享，它是由实训基地、政府相关部门以及企业三方共同管理的。基地的建设模式完全服务于培训和教学，其出发点为实践教学，教学着重点为培养学生的职业素质，但是为了保证人才培养的质量，其课程方案是根据新能源汽车产业市场需求和岗位核心能力制定的。目前，我国在建设教学型新能源人才培养实训基地方面还未全面开展，已建设成立的实训基地也无法可持续发展，其主要原因是该实训基地的性质完全为培训和教学服务，是无偿性的运行方式，但是教学过程中要求实训基地的设备器材必须紧随新能源产业和科技的革新步伐，且其岗位设定必须符合市场需求，从而实训基地的正常运行需要非常高的成本，而我国现今的国情还难以给予实训基地足够经费。在下文中，将列举几个我国较为成功的新能源人才培养实训基地的例子。

我国新能源汽车人才培养基地办学模式比较有特色的为常州现代工业中心，它是集新能源汽车人才培养、社会服务及科技研发于一体的平台，具有社会性和公益性的特点。常州市新能源汽车人才培养实训基地是学校与政府合作成功的范例，该实训基地由常州市政府和江苏省教育厅共同建立，其管理体制为联合共建、统筹管理，其目标为实现资源共享。目前，常州新能源产业园区提倡资源共享，常州实训基地在资源共享的基础上创建了新的运行机制与管理体制，始创了"统筹管理、联合共建、向内开放、完全共享"新模式[1]。常州现代工业中心作为社会服务性平台，对职业学校、社会其他培训机构、企业以及科研部门全面开放，以实现以上几大行业资源的完全共享，也能使实训基地内的设备得到最大限度的使用，最终促使

---

① 孙杰. 区域性职业教育实训基地的运行与管理机制研究［J］. 无锡职业技术学院学报，2012.

新能源汽车教育与其产业经济发展形成良性循环。此外，现代工业中心不仅对常州市开放，也对其他省市的新能源汽车产业开放。常州现代工业中心的理事会是最高管理机构，而其日常的运行则由实训基地进行统筹规划，其发展方式主要采取市场化运作形式，即除了开展职业培训，培养新能源汽车人才之外，还提供社会服务、生产产品。

湖南省铁道职业技术学院建立的新能源汽车人才培养实训基地是得到教育部批准的项目，由企业、学院、政府共同投资建立。该实训基地占地面积为 4.93 万 m^2，总斥资 6 240 万元，其资料完善、功能齐全、设备先进、资源共享、特色鲜明。为了使实训基地培养的新能源汽车人才符合产业需求，基地制订了完善的管理体制以将实训基地的各项功能充分发挥出来，因为只有在此条件下才能实现实训效益提升、人才质量提高、运行成本降低、合理利用资源。湖南铁道职业技术学院对新能源人才培养实训基地的管理主要分为两个模块，其内部的管理实施企业化策略、外部的管理实施市场化策略，这种管理方式将多方的利益进行了融合，而且充分体现了共享共赢、联合共建、多方合作的初衷。实训基地主要分为八大中心，分别根据功能和专业的侧重程度来建立，但是接收学生实践，以及分配学习任务则由机电工程系负责[①]。同时，实训基地根据实际情况，制定了完善的规章制度，包括综合性的基地制度，管理学生和教师的制度，管理实训教学的制度，管理实训工具器材、设备的制度，实训车间方面的安全制度，管理实训室的制度，且针对不同的实训车间和实训室还有具体的职责要求与管理细则等。除此之外，实训基地还积极与企业、政府和学校沟通，建立三者之间的信息网站，以实时发布各类培训动态和资料，实现资源共享。实训基地只有正常的运作与发展，才能为新能源汽车产业培养多方面优秀的人才，如新能源汽车的开发、研究、生产制造、售后检测、技术维修等人才。

我国正在大力发展新能源汽车产业。因此，培养该方面人才的实训基地也应大力建设，我国投入了大量财力用于实训基地，其目的是改善培训条件、提高培训质量、培养社会需求人才。在国家的大力倡导以及财政的

---

① 刘友祝. 区域共享型实训基地建设研究 [D]. 湖南师范大学，2009.

支持下，我国建立了"电工电子与自动化"与"数控技术"两个与新能源汽车产业相关的国家级实训基地。此外，我国正在探索建设多功能、高水平、高标准且具有辐射性和示范性的集约型、实用型的实训基地。学校在企业、政府以及新能源汽车市场的引导下，将会打造适应新能源企业需求的专业，为社会提供全面的、高质量的人才，从而促进新能源汽车产业的快速发展。

不同地区的新能源产业发展程度不同，从而对其人才需求就不同，最终导致培训教育发展方式也不尽相同。宁夏新能源汽车人才培养实训基地位于西北，它是西北地区建立的最具代表性的实训基地。宁夏新能源人才培养实训基地是宁夏工商职业技术学院通过借鉴与学习发达地区的实训基地，而后融入宁夏新能源汽车产业发展的特点，因地制宜，由学校、企业、政府共同合作建设而成，且该实训基地在西北地区规模最大。宁夏新能源人才培养实训基地建设重视专业设置、注重培养实用型人才、力争实现资源共享，但是实训基地的持续发展，还需科学地规划各项事宜以及培养具有针对性的人才。宁夏实训基地建设有 4 个中心，且在各个中心下设立相关专业的实训室，例如，综合性能检测实训室、发动机构造与维修实训车间等；此外，还开展流水线生产的相关活动，设置公司型实训室，使学生了解公司的运作流程；基地设有仿真模拟实训室，能够使学生快速掌握以及熟练操作方法。

四、新能源汽车人才培养实训基地建设的内容

新能源汽车人才培养基地建设的内容主要是企业与基地合作，其形式包括基地内部实训基地与基地外部实训基地。其中，企业与基地合作包括实训基地与学校两者，此组织形式的目的是追求共同利益、谋求共同发展，同时，也是实训基地改革机制体制，探索多元培养人才模式的必经之路。实训基地为了培养新能源汽车技能型人才，必须贯彻实施企业与基地合作，以企业需求和市场发展为起点和终点[①]。此外，基地还要通过创新人才培养体制和机制，保障顺利开展新能源汽车专业工作的建设，以确保该专业更

---

① 陈焱. 中职校汽车运用与维修专业人才培养模式的改革与创新——基于××中等职业教育学校的个案 [D]. 重庆：重庆理工大学，2014.

完善，更适用于学生。且企业与基地合作能使企业与实训基地的交流进一步加强，促使学生走入企业进行实践、专业教师进入企业进行进修、企业专家步入基地展开教学，最终使实训基地和企业两者的实现互通，达到企业、基地、社会、学生四赢的目标。因此，人才培养基地的建设是培养新能源产业建设、生产、服务和管理一线人才的主要模式。

（一）基地内部实训基地建设

基地内部实训基地建设在参考教育部的各项政策之余，应再结合新能源汽车专业方向、人才培养规模、基地办学规格，建立完善的基地内部实训基地。

第一，确定该实训基地适用范围。其为新能源汽车专业人才培养基地内部实训基地。第二，选定人才培养基地的设备。其设备的功能要求、数量单位、装备规格应参考新能源汽车产业对工作岗位类型的相应要求和地理位置，同时，相应设备的选择，其质量应符合行业标准或国家标准。第三，建设良好的人才培养基地环境。人才培养基地场地的使用面积，应根据具体实训内容和全体师生安全、健康来确定，同时与国家各项规章制度相符。参照教育部发布的新能源汽车专业设备仪器标准等相关文书，以确定人才培养基地的电气安装、通风、照明、采光、安全卫生及防火工作，且各类设备的放置与安装应均符合相关行业标准和国家标准。第四，建立科学的人才培养基地架构。基地架构主要由实训室组成，新能源汽车实训室主要包括以下类型：综合性能检测、整车、涂装、信息资料应用、发动机构造与维修、电气构造与维修、仿真模拟、柴油发动机构造与维修、底盘构造与维修、钣金、空调维修等。在建设新能源汽车人才培养基地时，除了考虑上述内容，还需要充分考虑教育部和职成厅的要求，以及学校新能源汽车专业部的基本情况和教学要求。以下简要描述人才培养基地架构中某些实训室的具体情况。

首先，新能源汽车整车实训室。该实训室主要适用于培养学生诊断故障、底盘拆卸、维护等方面能力。其中应配置 10 台整车设备，其主要用途是对新能源汽车进行保养维护和诊断故障；7 台剪式举升机和 1 台龙门举升机，其主要用途是举升新能源汽车；1 台车轮动平衡仪，其主要用途是

试验车轮平衡；1 台车轮拆胎机，其主要用途是轮胎拆装；1 台车轮扩胎机，其主要用途是轮胎辅助修补；1 台车轮硫化机，其主要用途是热补车轮；3 台接油机，其主要用途是回收废机油；1 台灯光检测仪，其主要用途为汽车灯光的检测；3 台启动充电机，其主要用途是为蓄电池进行充电；1 台汽车免拆清洗机，其主要用途是对汽油路进行清洗。

其次，新能源汽车底盘实训室。该实训室主要适用于培养学生拆卸底盘、诊断底盘故障、维护底盘等方面能力。其中应配置 3 台变速器，其主要用途是拆装变速器；4 台制动系训练台，其主要用途是拆装制动系；3 台主减速器，其主要用途是拆装主减速器；4 台离合器训练台，其主要用途是试验离合器的运行；3 台转向系训练台，其主要用途是拆装转向系；3 台变速器换挡训练台：其主要用途是实验变速器的换挡；4 台解放轻卡，其主要用途是拆装底盘。

最后，新能源汽车发动机实训室。该实训室主要适用于培养学生发动机拆卸、诊断故障、维护等方面能力。其中应配置 15 台发动机，其主要用途是让学生练习组装；2 台启动充电机，其主要用途是对蓄电池进行充电；2 台化油器发动机带变速器运行台架和 2 台电喷发动机带变速器运行台架，其主要用途是学习保养维护和诊断故障；2 台汽油电喷发动机带变速器解压剂运行台架，其主要用途是让学生熟知发动机的工作原理。

（二）基地外部实训基地建设

培养学生职业素质和实践能力的主要场所为基地外部实训基地，同时，这也是教师锻炼实践能力，增强教学能力的主要场所。为满足新能源汽车产业实际的人才需要，基地外部实训基地建设的导向为专业需要、本位为能力、目的为就业、宗旨为服务，坚持教、学、产三者结合的模式，其培养目标为增强学生的职业能力、实践能力、就业能力[1]。基地还需加强与企业和行业的联系，以建立稳定的基地外部实训基地，同时，为学生提供更多的企业顶岗实习机会。除此之外，对于那些与实训基地签订了合作的企业，学校应该真诚邀请其中的新能源汽车企业专家参加学校开展的教学活

---

[1] 陈焱. 中职校汽车运用与维修专业人才培养模式的改革与创新——基于××中等职业教育学校的个案 [D]. 重庆：重庆理工大学，2014.

动，主要包括实践教学和开发项目课程两方面。

基地外部实训基地建设的内容主要包括以下几个方面。

第一，确定该人才培养基地适用范围。其为新能源汽车人才培养专业基地外部实训基地。第二，确定基地外部实训基地入选的要求。要求主要包括 3 个条件：（1）选择的新能源汽车企业应具备国家规定的教学资质。（2）新能源汽车专业设备总值在 1 000 万元以上。（3）选择的企业能够为学生提供不少于 10 个专业岗位，能提供不少于 20 个学生实践教学的场地。第三，建设良好的基地外部实训基地环境。基地外部人才培养实训企业的选择，应根据具体实训内容和全体师生安全、健康确定，同时与国家各项规章制度相符。同时，参照教育部发布的新能源汽车专业设备仪器标准等相关文书，以确定企业生产实训场地的电气安装、通风、照明、采光、安全卫生及防火，符合国家标准和企业生产标准。第四，基地外部实训基地应具有的功能主要为以下几个：教学实习、教学见习、教学改革、顶岗实习、教学科研。

基地外部实训基地建设策略和途径，分别包括四个方面，以下进行详细分析：

首先，培养模式采用订单合作方式。企业和学校分工合作，学校负责招生工作、制定教学计划和传授理论知识，企业根据岗位空缺确定各专业需要人数、提供实习场地、开展实践教学，从而形成学生在学校学习理论，到基地外部实训基地进行实践，最后去实习企业就业的生态链。

其次，基地建设资金来源于股份制企业。基地外部实训基地的资金来源方式主要是多方筹集，来源企业为集团化股份有限公司。

再者，为了建立一个完善的基地外部实训基地招生体系，新能源汽车专业部可以通过与外部实训基地密切合作，准确而全面地了解新能源汽车产业的需求。在此基础上，专业部应当加倍注重学校所处地区对各类新能源汽车人才的潜在或现实需求。通过这样的方式，可以拓展和加大招生渠道，并优化生源结构。与此同时，实训基地的招生体系也可以与基地外部实训基地有机结合，从而更好地满足实践和培训的需求。基地要根据新能源汽车产业需求及时调整招生计划和专业设置，从而使新能源汽车专业规划与其产业发展实现无缝对接，确保招生人数基本符合该产业需求。

最后，对新能源汽车专业教学进行改革。基地外部实训基地的建设与企业联系紧密，企业许多新能源汽车技术骨干和专家等都会参与学校教学活动，他们能协助实训基地调整课程设置，使新能源汽车专业课程更具针对性和时代性。除此之外，部分课程需与实际项目相结合，因此这些课程被改革为项目课程，并且在基地外部实训基地实施教学，促使学生在实训中学习、在学习中实训，从而使学生的职业能力得到有效提高。

五、新能源汽车人才实训培养基地建设的标准

新能源汽车仪器设备的功能和配备、师资建设、教学资料这三方面都是人才培养基地建设的标准。下文将对这三个方面进行具体介绍。

（一）人才培养基地建设的仪器设备标准

目前，市场上主要有纯电动力汽车、燃料电池动力汽车、油电混合动力汽车 3 种类型的新能源汽车，市场上这 3 种类型新能源汽车所占比例非常大，而醇醚动力汽车以及氢动力汽车所占市场比例则非常小[①]。由此，新能源汽车人才培养基地以培养前三种人才类型为主。因此，人才培养基地建设的仪器设备标准主要与这 3 种新能源汽车类型相关，具体设备配置情况如下。

以下设备配置均为 1 台：型号为丰田普锐斯 1.5 L 的油电混合动力发动机训练台；型号为 FXB-X01001 的混合动力汽车在线检测训练设备；型号为 FXB-X02001 的纯电动汽车在线检测训练设备。以下设备配置均为 1 套：型号为 FXB-X03001 的汽车油电混合动力系统示教板；型号为 FXB-X03002 的汽车电动动力系统示教板；型号为 FXB-X03003 的汽车燃料电池系统示教板；型号为 FXB-X03004 的纯电动汽车电池组实训台；型号为丰田 GTS 的油电混合动力汽车专用检测仪；型号为 BYD-ED400 的电动汽车专用检测仪。

新能源汽车人才培养实训基地通过配合使用各类型应用和实训平台，就能够模拟新能源汽车的操作方法、保养维护、动力原理等，既可以满足学生

---

① 马云贵. 新能源汽车实训基地的建设标准初探［J］. 黑龙江教育学院学报，2015，34（02）：77-79.

在各种实训课程中的实践需求，又可以为新能源产业提供所需的人才类型。

对油电混合汽车实训例子进行分析，首先使用教学向学生展示油电混合动力汽车动力操控系统的理论知识，且对该汽车的启动、行驶速度（低速、全速、减速）、停车等工作状况的能量流动方向，以及发电机、发动机、电动机的运行状态进行模拟；其次在实训台上直观完成操控发动机的实验。本书中实训台的选用标准可完成以下操作：电子传动桥和发动机的增减速、启动和停止，能够对油电混合动力汽车的工作详情进行全方位的展示，能完全满足此类汽车的实践教学需求，因此，实训台的选用标准广泛适用于新能源汽车实训教学。

综上所述，专业化配置人才培养基地的仪器设备，能够充分培养学生在新能源汽车检测、制造、维修、销售及服务等方面的能力，同时也顺应了新能源汽车产业的发展现状，因此，此类标准是当前高等学院中新能源汽车人才培养基地建设仪器设备方面最常规的配置。

（二）人才培养基地建设的师资队伍标准

人才培养基地建设的目的是有效提高教学，因此，除了上文所述的设备配置标准之外，还需打造一支高素质师资队伍，因为这是促使实训基地教学水平得到全面提升的重要因素，同时，也是科学建立人才培养基地的重要标准之一。根据实训基地要求的教学水平，其师资队伍必须达到以下3点要求。

其一，人才培养基地要保障每一位学生在实训过程中都能够得到教师的专业指导，因此，对授课教师提出要求，每次实训课程应根据学生人数安排教师，保证每15个学生有一名教师进行指导。此外，对教师的学历也有要求，教导本科学生的教师学历必须在博士以上，教导高职生的教师学历必须在本科以上，同时，这些教师还应该具有相关的资格证书，且资格证书的等级不低于中级。

其二，为了保证人才培养基地教学的高质量，对教师职称水平也有要求，中级及以上职称的教师不能低于总体教师的百分六十，高级及以上职称的教师必须在百分之十以上。

其三，为了确保新能源汽车专业实践课程的有效开展，人才培养基地的教师团队应该熟知各项设备仪器的原理并熟练使用。同时，教师团队应积极主动参与校外实训，在新能源汽车企业积累更多的实践经验，汲取最新的产业知识与新能源汽车技术，了解企业需求的人才类型。

（三）人才培养基地建设的教学资料标准

现如今，高等院校培养的新能源汽车人才，基本不符合其产业需求，其中很大一个因素是教学资料陈旧，因此，为了使人才培养基地实训教学能够得到有效开展必须更新教学资料，同时，还需充分使用多媒体和数字网络等多种手段。其教学资料的更新需与实训基地资源和新能源汽车产业发展走向相结合，以建立一个科学、完善的教学资料库。教学资源库具体的分类与标准如下。

教学资源库主要分为 3 大模块，第一为新能源汽车技术资料类别，资源库的建立方向主要为新能源汽车技术类资料，其内容主要包括新能源汽车领域相关的图册、书籍和光盘等，以供学生掌握新能源汽车技术方面知识。第二为教学管理类别，教学管理分为 3 个方面，首先为新能源汽车专业教学计划，其内容主要是根据不同的专业方向（新能源汽车营销、检测、服务、维修等专业）制定相对应的教学计划；其次为教学大纲，其内容主要是根据不同的课程安排（新能源汽车构造学、电控学、销售学等课程）制订相对应的教学大纲；最后为实施教学计划，其内容主要是科学、合理地规划教学进度，其包括阶段性设备使用安排、实验课程安排等①。第三为选用相关资料和选择相关标准，其内容主要包括教科书的确定、评分标准的制订、指导用书的选定等。

第二节　新能源汽车人才培养实训基地建设路径

一、建设思路

新能源汽车高水平实训基地建设应根据学校实际情况，遵循整体规划、

---

① 马云贵. 新能源汽车实训基地的建设标准初探［J］. 黑龙江教育学院学报，2015，34（02）：77-19.

重点突出、特色鲜明、适度超前，紧跟新能源汽车发展步伐适当动态调整建设内容的原则，打造"五位一体"的新能源汽车高水平职业实训教育实训基地。

（1）实训教学是高水平实训基地的基本内容和核心功能，实训基地建设可联合校企合作企业统筹学校现有汽车专业群实训室，按照功能与技能等级划分，完善基础技能、专项技能实训设施，改进综合技能实训设备，新增拓展技能中心，突出新能源汽车实训教学功能和技能提升功能，满足高水平教学要求。

（2）职业技能竞赛是高水平实训基地的重要功能，实训基地通过资源建设，打造优质平台，承办汽车专业群各级各类专业技能竞赛，以实训基地资源为依托，积极组建师生参赛团队，参与各级各类竞赛，培养学生能力，提升教师技能水平。

（3）职业技能培训与鉴定是高水平实训基地的服务功能，实训基地结合自身的优质实训资源，积极开展校内外的各类职业技能培训，组织职业技能等级培训及考证、1+X证书制度的职业能力提升培训及考核认证等，服务在校学生和企业技术人员。

（4）学生创新创业是高水平实训基地的拓展功能，旨在将学生的职业技能与实践相结合，培养学生理论知识和实训技能的实际应用能力，引导和培育学生创新创业，打造优质创新创业团队。

（5）技术技能创新与推广是高水平基地的创新功能，实训基地以自身推广中心为平台，开展技术技能创新和推广，服务当地产业经济，提升专业群在行业企业中的影响力。

二、校企共建新能源汽车高水平实训基地

校企共建、共享、共管新能源汽车实训基地才是应有之举。首先，校企共享，可以提高实训基地的使用率；其次，与企业共用共享，将提升实训基地的先进性和真实性，并且还能得到及时维护和更新。最重要的是还能拓展社会服务功能，一是可提供信息服务、职业培训、技能鉴定和行业比赛等服务功能；二是拓展技术研发功能，为区域企业特别是中小微企业的技术研发和产品升级。

（一）协同创新中心

为了解决制约行业企业尤其是中小微企业发展的关键技术、核心工艺和共性问题，为企业发展创造新的效益增长点。学校要依据核心课程标准，结合企业需求和学院实际，基于新能源汽车技术专业群优势，与当地有实力、有技术的新能源汽车企业共建新能源汽车协同发展中心，建成具有实践教学、社会培训和技术服务综合功能的智能网联汽车创新中心。

1. 建设五大区块

依托新能源汽车协同创新中心，根据新能源汽车"三纵三横"的布局要求，整合汽车、电子、电控、电机四大教学内容，一是建设以电机为主的动力装置区；二是建设以电动汽车电池为载体的能源装置区；三是集成新能源汽车内部的电子控制元件，将元件组装成电控装置区；四是以总装试制线为平台，打造整车的总装、试制和测试区。

2. 实现四大功能

校企共同建成新能源汽车培训中心，对接区域新能源汽车制造主流企业、汽车销售企业、汽车网销企业和品牌连锁综合修理企业，整合学校资源，搭建集企业员工培训、学生教学实训、职业资格技能鉴定和为区域企业技术服务等四大功能于一身的协同创新中心。

（二）工程教学中心

工程教学中心可围绕模块化课程建设需要，打破二级分院资源壁垒，高效整合各个专业群的教学科研资源，为学生开展基础理论实验、规范性操作、项目实施、综合性科研创新提供一体化、全流程的实践教学平台，提升学生系统性、综合性分析问题和解决问题的能力。建设工程教学中心为区域内中小微企业的创新发展培养输送了工程技术型实用人才，促进了中小微企业工艺优化、产品提质和技术升级。

（三）学生创新中心

为承载师生创意孵化和转化应用，向区域内中小微企业提供小批量、创意性、多品种的创意设计和产品，学校和企业可共同建设汽车创意中心学生创新中心，为师生的创新设计、反哺基础教育、实践作业、技能大赛、劳动教育、挑战杯竞赛等提供支持，通过课程培训、实验指导、制作产品、分享过程，帮助有创意的师生实现创意变现，制作创意产品并对接中小微企业需求，开展成果应用，积极促进师生作品向产品转化。

三、依托市公共实训基地建设区域共享型实训基地

学校可依托市公共实训基地汽车维修实训中心、新能源汽车研究院和新能源汽车培训中心，建成融教学实训、职业培训、技能鉴定、技术服务于一体的新能源汽车国家级高技能人才实训基地。高技能人才实训基地建成后，可同时容纳大量学生进行新能源汽车研发、检测、维修、装配、营销实训，完全满足专业教学要求。

区域共享型实训基地的运作模式采取了"资源共享、成本分摊"的共建共享运行机制，资源共享是协作各方在设备、师资、技术上实行共享，采取开放式办学模式，既对合作各方开放，也对其他职业院校、企业和社会个人开放，满足多种形式职业教育和培训的需要，提高实训基地的利用率，利用各方资源，完成相应的实训、技术开发、培训等工作。实训基地建成以后作为一个公共服务平台向全社会开放，提供技术服务和员工培训。基地利用区域相应配套资源实行共享：一是与已建立的产学研合作单位实行资源共享，利用基地先进的仪器设备和管理手段与企事业单位联合进行产品开发，新技术、新工艺的传授，不断增强其资源效应和辐射效应；二是与相关院校组成资源联合体，共享师资、设备、考证等优势资源；三是与项目相关行业、企业达成合作，将企业作为实训基地的延伸，不断吸收企业的新技术和新工艺，同时为企业提供职业技能培训服务。

新能源汽车技术专业传统职业教育分为两个阶段，首先是学生在校学习专业理论知识，掌握新能源汽车技术的整个过程，后期去企业实习锻炼、顶岗实习，接受企业的岗位技能培训。这种培养方式造成理论知识与技能实操环节脱节，难以培养出高技术技能人才。早在 2014 年 6 月 23 日至 24 日，国务院召开全国职业教育工作会议，特别强调在办学模式上要坚持产教融合、校企合作，坚持工学结合、知行合一。基于国家教育大背景的支持，新能源汽车专业要统筹学校和企业在人力、生产、实训等方面的资源

优势，形成校企共建共享机制。

依托市公共实训基地建设新能源汽车技术实训基地可整合政府、学校、行业企业三方优质资源，在市财政的经费支持基础上，深化产教融合，通过服务换取企业支持，通过校企合作吸引企业投入，不断更新基地实训设备和新建专业实训室，有效满足了产业升级和技术更新的需要，持续保持基地的先进性。

为保证实训基地的正常运转，在资源共享时应对共享单位和个人收取适当费用，收费标准以基地使用成本计算。在严控教学管理、设备管理、工具管理、材料管理以及学生管理，确保实训教学优质高效的前提下，按市场价格收费，用于保证实训基地的可持续发展。区域共享型实训基地所具有的功能与效用，受到了在实训基地工作和培训过的广大教师、学生、企业员工的好评。

四、校外生产性实训基地建设

校外实训基地以与职业学校有合作关系的企业或社会资源为依托，由企业提供实习和见习场所，通过实习等方式培养学生的职业技能和综合素质。因此，为了满足实践教学的需求，学校对实训基地的建设也提出了严格的要求，即实训基地要具备真实的生产环境、良好的开放性与通用性、先进的技术理念等。

（一）校外生产性实训基地的功能

校外生产性实训基地是中职教育实践教学的一个有效载体，它通过真实的工业环境，培养学生的职业意识、责任感，以及生产相关的质量、安全理念意识，将真实的生产环境融入教学过程。因此，新能源汽车技术专业校外生产性实训基地具有以下功能：

1. 教学实训功能

新能源汽车技术专业的目的是培养适应企业发展需要的技能型人才，因此专业实践教学功能作为实训基地的基本功能，能使学生在学习课本知识的同时，接触到新能源汽车行业的先进技术、技能。实训基地为学生提供真实的生产场景，学生可以通过实际动手操作，掌握先进的生产技术、熟练设备的操作和使用、了解现代化的生产流程、生产工艺等相关知识。同时，生产实践过程还培养了学生良好的责任感、团队合作意识、企业文化等方面职业素养，为学生毕业后走向工作岗位打下了良好的基础，使学生完成了由"有所知"到"有所为"的转变。

2. 生产服务功能

校外生产性实训基地的建设通过企业与学校合作，由企业出资，建设实训场所，并提供先进的生产设备，既满足了学生走入企业的实习需要，同时也给企业带来了新生的力量。在生产实训的过程中，学生作为企业的一员，完成企业下达的生产要求，为企业的产值收益也创造了不菲的经济效益，在一定程度上也减轻了企业的人力成本压力。同时，学生在实习过程中，熟悉了企业的生产流程、生产工艺、管理制度、工作环境，为企业的人才储备和选拔提供了不可或缺的资源，真正实现了学校与企业的"无缝对接"。

3. 技能培训功能

根据国家劳动部门的规定，各种工种职业岗位实行持证上岗的制度。因此，职业学生拥有职业资格证书已经成为其就业的一项必备条件。校企合作方式下的校外生产性实训基地，在学生进入基地前和实训过程中对学生开展了相关职业培训，使其掌握更多的技能，完成企业生产的任务。目前，部分劳动企业与职业资格鉴定部门已建立了合作关系，对企业内部的特殊技能人才进行职业资格的培训和考核。在这种情况下，校外实训基地具备了职业资格技能培训的能力，也充分发挥了职业技能的鉴定功能，为学生毕业走向社会提供了资格保证。

4. 教学补充功能

在企业实训基地工作的学生要完成定岗实习的实训教学任务，同时，企业也会提供更为丰富的培训课程。针对职业学生的不同工作岗位，企业会定期组织符合生产需求的培训课程，这些课程更贴近生产实际，学生可以在学校教学的理论基础上，结合实践补充更为有实效性的相关理论知识。

为更好地适应人才市场、职业岗位的需求，学校必须积极推行与生产过程相结合的教学模式，实施具有实践性、开放性和职业性的教学，将教学课堂搬到生产基地，聘请企业有能力的生产人员担任教学实践课教师，建立校企共同参与的社会综合考核评价系统和管理体系。同时，由于新能源汽车技术专业面向生产、检测等专业技术性强的岗位，由企业兼职教师讲授可大大提高教学质量。因此，学校要改革人才培养模式，坚持以校企合作为主体，创建并实施以学生职业素质与职业能力养成为主线，以培养高素质技能型新能源汽车技术专业和岗位人才为目标，校企共管的人才培养模式。

第1阶段（第一、二学期）：专业基础能力培养阶段。该阶段以课堂教学为主，校内实验实训室、企业见习、社会实践、讲座等多种教学形式为辅助。学校要完成基础课程和部分专业基础课程的教学，组织基本技能训练，并通过组织学生参与社会实践，使学生形成职业发展所需的基本技能和职业认知。

第2阶段（第三、四学期）：专业核心能力培养阶段。该阶段以课堂教学、校内实训基地技能训练为主，通过对专业核心课程的学习，使学生掌握扎实的理论知识和过硬的专业核心技能。

第3阶段（第五学期）：岗位职业能力培养阶段。按照顶岗实训计划，在企业兼职教师的指导下，学生在各电池、电机、电控、装调等岗位上，完成相应工作任务。轮岗实训结束后，以企业兼职教师为主、校内双师素质教师为辅助，共同完成对学生的生产实训考核。通过真实工作环境中基本技能和专业技能的系统化训练，培养学生的岗位职业能力，使学生的专业素质得到全面提高。

第4阶段（第六学期）：综合职业能力培养阶段，同时也是社会及用人单位对人才培养质量评价的阶段。学生进入校外实训基地或预就业单位进行为期一学期的顶岗实习，以员工身份独立完成企业工作任务，由企业指导教师与校内双师素质教师按照校企共同制订的顶岗实习指导、考核与管理办法进行实习指导与考核。学生最后完成论文撰写和顶岗实训总结，最终完成由学生到职业岗位人的角色转换。

（二）校外生产性实践基地的运行机制

1. 建立校企双方互利互惠、合作双赢的驱动机制

高职院校的校外实训基地大多为校企共建模式，校企共建校外生产性

实训基地在建成后发挥着很重要的作用。校企合作的基础是共赢，但企业生产则以实现经济效益最大化为目标，而学校和企业是两个性质不同的实体，基地平台主要由企业承载，由此可以看出两者之间的利益目标并不一致。学校以实现培养高技能人才的社会效益为最高目标，设立校外实践活动的最根本目的仍然是学习，这种利益目标的不一致性决定了追求目标的不同。但企业在合作中的目的是实现利润最大化，实训基地大多数是生产单位，这就产生了基地生产性与学校教育性之间的矛盾。因此要建立校外实训基地运行机制，最大限度地发挥双方共建的积极性，实现合作共赢。一方面，基地依托单位利用自身各类资源协助学校开展实践教学活动，以此作为校外实训基地有效运行的前提，且在此过程中要有健全的动力机制，教师利用自己的专业知识、科研成果，寻求学校与基地单位的有效契合点和兴趣点，以达到教学目的；另一方面，学校帮助企业开发新产品并提供技术服务，发挥院校科技研发等方面的优势，在完成人才培养目标的基础上，为企业创造新的利润增长点。

2. 建立有效的基地运行管理机制

校企共建新能源汽车技术专业生产性校外实训基地需要进行有效管控，如成立委员会进行管理，管理委员会由领导机构和办事机构组成，在此过程中要确定实训组织方式。落实基地实训条件。管理委员会成员需要分工明确，如领导机构成员主要负责宏观调控，专业教师和企业管理人员则需要保障学生在实训基地有适宜的学习和生活环境，而合作负责人则需要协调校企双方利益等，明确双方的责、权、利，使各项事务规范化。

3. 建立完善的实践教学保障机制

学校要建立适合"工学结合"的教学质量监控与评价体系，制订能够量化和可操作的评价考核办法，同时融入激励机制，这样既能提高校外生产性实训基地的管理水平，又能保障生产性实训的教学质量。一方面，坚持以企业为主、学校为辅的原则，对学生的职业素养、技能操作水平、创新能力等方面进行综合考核，最终形成生产性实训成绩；另一方面，通过学生评教、企业评教、企业评学等方式评价考核实践指导教师。

第三节 新能源汽车人才培养实训基地可持续发展机制

高职校内外实训基地可持续发展运行机制的总体设计如下。一是建立实训基地教学与管理人才培养机制，通过提高实训教师的专业实践能力来促进实训项目的可持续发展；通过对实训管理人员进行分类培养、分工协作，来打造高素质的实训管理团队，从而促进实训基地管理水平的提高。二是创新可持续发展的实训基地管理机制，通过改进和健全管理制度、管理模式以及绩效评估机制等措施，来促进实训基地的管理走向科学化和规范化。三是创新可持续发展的运营机制，通过深化校企合作，改革运营方式，来增强实训基地的"造血功能"，为实训基地的可持续发展提供资金保障（图4-3-1）。

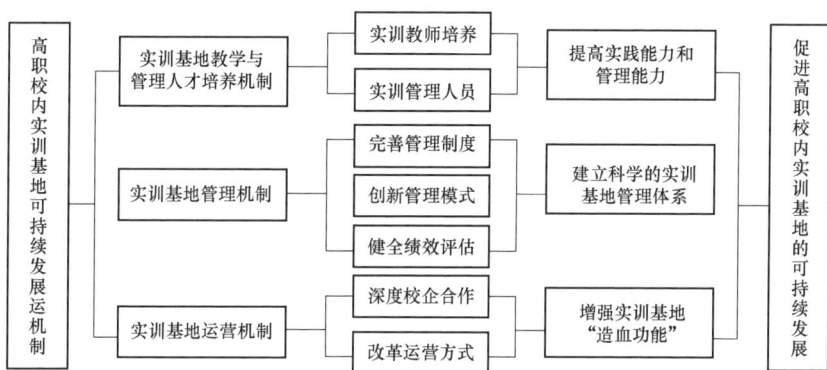

图 4-3-1 高职校内实训基地可持续发展运行机制设计

职业院校通过持续构建教育课程体系，提升师资队伍水平，创新管理机制等措施，能够促进高职院校校内外实训基地走向可持续发展之路。

一、以岗位任务为导向，构建新能源汽车专业课程体系

该机制以企业为主体、学校为主导的原则，对照企业职业岗位，按照工作领域、工作任务和职业能力三个层级进行细化划分，明确新能源汽车技术专业的核心课程，以企业的生产实际引领人才培养与教学，形成科学

合理的新能源汽车专业的高职教育课程体系。

（一）紧跟产业，实现专业与产业、职业岗位对接

学校培养新能源汽车技术技能人才，主要面向新能源汽车产业链，通过校企合作模式，与新能源汽车公司成立协同创新中心，学校为企业提供专门场地建设，企业提供设备和相关专业人才进行指导，双方共同筹建新能源汽车协同创新中心委员会，为保证专业与产业、职业岗位紧密对接在一起，每年固定对课程体系进行研讨，实现专业与产业、职业岗位无缝对接。

（二）深耕技术，实现专业课程内容与职业标准对接

课程体系以新能源汽车产业链为主线，紧扣新能源汽车的制造和技术服务两个方向开设课程，制订职业岗位标准，整合汽车、电子、电控、电机四大教学内容，以核心课程建设为主要任务。完善课程标准，推行任务驱动、项目导向，改革教学方法手段，使专业核心课程标准化，职业岗位课程动态化，构建科学合理、工学同步、能力递进的课程体系。

（三）联通岗位，实现教学过程与生产过程对接

将生产实践过程与教学过程相连接，通过学校内的学习，将课程从普通的专业课，逐步推向岗位课程，以企业生产需要为核心，结合学生成长的需要，采取一对一的导师带徒模式，开设工艺质量、试装测试、技术支持 3 条学习路线，根据学生兴趣爱好、职业规划确定前往集团所属子公司进行一线实践学习，将生产现场作为教学实践场地，在实践过程学以致用，确保毕业生的专业技能娴熟，能较快地融入企业生产作业管理的过程中。

二、以现代信息技术为支撑，建设共享优质教学资源

学校要以现代信息技术为支撑，以企业岗位及专业技能为标准，以微课、慕课等形式为载体，按校企联合、共建共享、边建边用的原则，引领新能源汽车技术专业教学资源库平台建设，深入开展课堂教学创新改革，落实"小班化"和"分层培养"教学。

（一）建设专业云教学平台

学校要结合现代教育理念，充分运用云计算和大数据的汇集与整合的信息化技术，推动教学资源与教育大数据的汇聚和整合。在资源建设上，由重视教师教学的资源建设转向重视支持学生个性化学习的资源；在教学模式上，推动学校教学由封闭走向开放，由单一的课堂教学向多元化开放式教学模式发展，适应于以学生为主体的翻转式课堂教育、混合式课程教育和开放式教育等教学模式和方法（图4-3-2）。

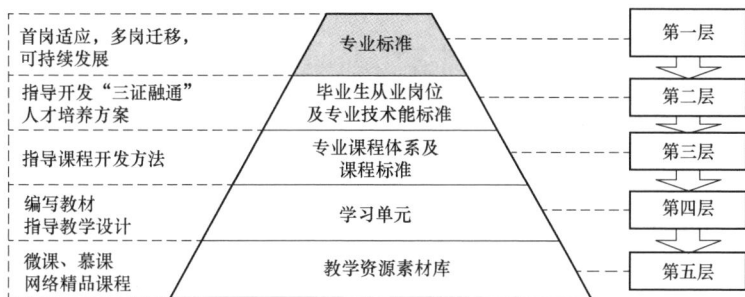

图 4-3-2 共享型专业教学资源库

（二）校企共建优质课程

学校要通过校企共同开发企业员工培训课程，开发现代学徒制人才培养的岗位课程，并引入国内外优质课程，如国家级共享型课程、慕课课程、国外公开的优秀资源共享等，拓展课程资源，丰富专业教学。

三、加强师资建设，培养"双师型"教师队伍

技术型人才和科研型人才处在两条平行线上，优秀教师团队的应有素质既包含理论知识也包含实践能力，必须采取请进来走出去措施。

学校要建立一支优秀人才队伍，要采取多途径方法引进人才，鼓励在职教师提高学历，通过上岗培训、导师带徒制、下厂实习等方式，提高一线青年教师的职业素养；并且加大高学历、高素质的技能型教师引进力度；大量引进具有一线工作经验、丰富实践经验和理论知识的高级技术人员加入学校师资队伍；聘请有企业经验的"双师型"专业教师。同时，高职院

校也可以引进企业优秀的工程师，他们大多是理论知识和实践知识丰富的专业性人才，学院可以聘请他们作为学科带头人；还可以聘请外校新能源汽车技术专业兼职教师承担对学生实践操作的指导任务，扩充师资实力，为高职院校汽车类专业教学实训基地注入新鲜血液，弥补高职院校"双师型"教师比例偏低的不足，以此培养出适用于社会需求的学生。

学院要全面提升青年教师的实践动手能力，对自己现有的教师进行积极培训，尽可能塑造他们成为"双师型"人才。实践教学改革的物质基础是教学实训基地条件建设，核心是教师实践能力的提升，新能源汽车技术专业教学实训基地教师队伍是实践教学改革的关键，高职院校可以根据自身情况，定期或不定期举行各种有针对性的专业培训班活动，培训班采用集中讲授、实地观摩考察等形式，全面提升青年教师的综合能力，促进他们的理论知识素养与实践操作能力有机结合。

四、加强设备管理，完善相关政策规划制度

实训设备管理主要是设备的购买、使用、检查、保养、维修之类的工作，国家应成立新能源汽车技术专业管理部门，尽快完善管理制度。为了职业教育能适应社会的发展，教育部对教育的改革，需要充分发挥汽车类专业教学实训基地在教学实践中作用。根据教育部管理条规，新能源汽车技术专业教学实训基地管理部门应制订符合学院教学计划的教学实训基地管理条例。随着职业教育发展和学校的扩招，汽车类专业学生数量急剧上升，汽车类专业教学实训基地投资少则几百万，多则几千万，这样一笔庞大金额要合理使用，否则将造成很大程度的资金浪费。从整体上说，教学实训基地的建设和设备采购，是否考虑到了场地和设备的前瞻性，是否有根据学院每年招生数量决定投入资金比例，有没有管理部门的科学规划等问题制约了实训基地的发展；从局部上说，教学设备的使用维护和保养水平决定了设备的使用寿命。

教学实训基地设备得不到正常合理的保养，这对设备也是一种浪费，新能源汽车技术专业教学实训基地设备在学校处于核心状态，设备管理好，有助于激发学生学习兴趣。我们可以借鉴美国"专业委员会"的方式，制订出符合我国高职院校的管理体制，通过汽车类专业教学实训基地管理部

门不断完善教学实训基地相关政策规章制度，协调统筹规划新能源汽车技术专业教学实训基地的布局，逐步解决汽车类专业教学实训基地在运作中遇到的所有问题，确保新能源汽车技术专业教学实训基地正常运作，以培养高素质，实践技术水平超前的优秀人才，引导学院综合发展。

五、明确政府职责，加大政策扶持力度

高职教育和企业的发展密不可分，相互依赖、相互促进。因此，政府应该牵头引导相关企业和高职院校共同建设好的教学实训基地。

上级教育管理部门应出台建设高职院校新能源汽车技术专业制度，保证新能源汽车技术专业教学实训基地实践设备达到最低要求；同时加强监管，国家出台相关税收或其他形式的优惠政策，吸引企业的关注，鼓励企业或者其他社会机构来参与对高职院校教学实训基地的投资；或者宣传企业的社会责任感，引导企业投资，从国家发展趋势上针对企业制订在高职院校的相关强制性投资条例，鼓励企业对高职院校建立教学实训基地进行多样化投资，鼓励地方政府参与，鼓励相关企业投资。从目前长远发展局势上看，政府更应该宣传新能源汽车技术专业的重要性，在未来政府工作规划上，鼓励地方政府重视汽车行业的发展，同时这也可以当作是中央政府对地方政府的考核指标。

各级地方政府应根据自身的条件，积极响应中央政府的号召，把高职院校的教学实训基地的建设看成重中之重，制订合理有序、符合地方发展特色的政策条例来帮助高职院校建设教学实训基地；对高校教学实训基地建设、对教学资源和基地资源信息合理进行项目评估管理，强化基地服务功能；对汽车类专业相关的企业进行走访，帮助企业和学校进行沟通，更应该在校企合作中担任关键的中间人。虽然地方政府资金有限，每次只能投入小部分，但地方政府应响应国家要求，制订法规条例，要求省级财政厅，办学单位以及学院分别拿出投入资金，达到"众人拾柴火焰高"的效果，齐心建立起点高，定位新的新能源汽车技术专业教学实训基地。同时，地方政府应该担任起催化剂的作用，保证教学新能源汽车技术专业教学实训基地的建设达到更高的水平。

第五章
新能源汽车人才培养产教融合协调模式

本章的主要内容为新能源汽车人才培养产教融合协调模式，详细论述了产教融合的理论基础，我国产教融合的发展，构建产教融合生态圈的创新研究，完善新能源汽车产教融合协同模式。

第一节 产教融合的理论基础

2017年12月，国务院办公厅颁布实施了《国务院办公厅关于深化产教融合的若干意见》，明确了我国当前职业教育发展的重要政策。具体而言，产教融合不仅是一种职业教育的有效途径，还是一种推进人才实践的有效手段，可以说是独具教育特色的。鉴于此，高职院校的办学之路始终紧密地与当地产业进行联系并与其协同发展。因此，当前摆在高职教育各办学主体面前的主要新课题便是如何实现区域经济产业与当地职业教育的同步发展，如何实现高职院校的产教融合，如何使高职院校人才培养能力得到逐步提升，如何确保高职院校学生在毕业时能够拥有与当地经济产业持续发展需要相吻合的技术技能等，这些也成为当前推进高职院校教育发展所面临的重点问题。当前，我国广大高职院校已重视这一问题，并逐步加强与行业企业的密切联系，为形成强大的联合优势，已纷纷通过有效整合行业企业、学校、政府主管部门等主体的各自优势，形成了产教融合的办学发展新模式。这种模式不仅使高职院校办学潜力最大限度地得到激发，同

时也促使高职院校在更广阔的发展空间内与更多有实力主体相互合作，进而通过合作的方式为社会培养出更多的可用人才。当然，这对于企业的研发能力的提升以及社会发展具有很好的促进作用。因此，高职院校需要转变以往的人才培养方式以及培养理念，积极主动地与行业企业联合，双向并力，产教融合，保证社会人才的有效供给。此外，开展产教融合教学不能仅停留于表面，而是要发挥出行业企业在人才培养与教育方面的优势，弥补学校教育在人才培养方面的不足，这样才能真正发挥产教融合的实际效用与具体效果。高职院校要顺应当今社会的发展步伐，加快教学改革与创新发展，为社会补充新鲜血液，进而更好地为推动社会变革和中华民族伟大复兴方面贡献自己的力量。

一、相关构想界定

（一）产教融合

1. 产教融合的含义

产教融合作为一个新出现的相关构想目前尚无统一的定义，通过调研发现，在我国最先提出产教融合的是江苏无锡市技工学校，该学校是高职教育的典型代表。产教融合最早由高等职业院校提出，并且是高等职业院校根据其人才培养特点提出的，现在已经扩展到各个层次的教育之中。江苏无锡市技工学校之所以提出产教融合与其自身的发展探索密不可分，他们在办学过程中结合高职人才培养的特殊性和时效性对已有的教学方案和人才培养进行了专门的改革，该学校通过不断地改革与探索提出了一个重要的论断："千方百计寻求与生产实习紧密结合的产品，以提高学生的产教融合的水平意识、产品意识、时间观念及动手能力。"上面所提到的产品就是学生实习，虽然从范围和层次上来说这个相关构想所涉及的面比较狭窄，但这毕竟是中国职业教育第一次提出了产教融合这一全新的相关构想，产教融合非常符合时代发展要求和人才培养要求，已经逐渐成为各个层次人才培养中的重要环节。

在江苏无锡市技工学校提出产教融合这一相关构想之后，《中国职业技术教育》《中国劳动保障报》和教育报刊先后在不同版面中引用了产教融合这一说法，当时只是觉得这一说法比较具有前瞻性，但也未能明确其定义。从此开始，产教融合逐渐引起了教育界的关注，大家也纷纷探究到底该如何给产教融合进行完整地诠释。教育部曾在 2011 年的《关于加快发展面向农村的职业教育的意见》中提出一个要求，就是要促进产教深度合作，这个时候产教融合才开始逐渐被中华人民共和国教育部门所重视。在随后的教育改革和发展中，产教融合逐渐成为大家所关注的重点。产教融合的相关构想是一个从无到有、从模糊到具体的过程，这符合事物发展的一般规律，更加符合教育发展的规律。我国的一些学者对产教融合进行了专门的整理和研究，但是由于缺乏一手材料，所以研究所取得的成果非常有限，仅仅是从时间的顺序对产教融合的发展进行了简单的梳理。在我国教育体系中，产教融合的两个主体是学校与产业行业，产学研一体化的深度合作，可以提高人才培养的产教融合的水平，从而实现双赢。传统的人才培养中学校也非常重视校企之间的合作与协同培养，但是校企合作的层次有限，无法实现深度的人才培养和发展。产教融合与校企合作的最大区别主要还是在于双方合作的程度，产教融合的形式多种多样，最核心的就是双方要形成稳定、高效、深层次的合作关系，通过提升人才培养的产教融合的水平促进企业发展和办学实力的提升。在教学实践中有的产教融合助推校企双方建立新的实体创新人才培养模式，也有的产教融合侧重研发和学术升级，不论哪种形式的产教融合最终都会提升学生的个人素养和就业能力，企业也因此获得了更多宝贵的人才，缩短了人才与企业之间的磨合期。最终所能产生的连锁效应会不断助推区域经济向前发展，从而实现共赢。产教融合让越来越多的用人单位和学校看到了机会和希望，也非常愿意参与其中，所以产教融合的发展也逐渐进入了快车道。

通过对历史资料、文献和调查结果进行分析可以发现，当前的产教融合主要指的是职业院校层面的。但是，本书对这一相关构想进行了扩展，把高校也纳入其中。这是因为国家层面越来越重视产教融合的发展，已经出台了相关的政策进行支持和帮助。回到产教融合的相关构想上来，传统的产教融合指的是职业院校把所开设的专业进行社会主义市场经济产业化发展，把产业发展的经验和技术引入教学之中，通过产业与教学之间的融会贯通强化学校和企业之间的合作关系，从而优化传统的办学模式。越来

越多的高校也在探索产业引入专业，所以上述相关构想中的职业院校可以扩展为高等学校。但是职业院校和高等学校的产教融合又存在着比较大的差异，就是职业院校的产教融合进行得更加彻底和全面，也更容易获得企业的认同。高等学校在发展产教融合方面存在一定的弱势，这主要是不同层次的教育目标所导致的。

虽然职业院校在产教融合方面取得了比较好的成绩，但是不同地区、不同类型的职业院校存在着比较大的差异。经济发达地区的产教融合发展得非常深入和全面，对助推地方经济的发展也有着重要的助推价值。大家也摸索出了丰富的产教融合经验，这些经验具有比较强的地方性和产业性，要想大面积地复制和推广存在一定的困难。

产教融合对于学生、学校、产业和社会来说是一个多方共赢的机制，尤其是对于学生来说，既能够提升专业能力又能够为以后立足社会提供保障。传统的职业院校虽然给学生提供了实习的条件和场所，但是由于各种条件的限制导致了实习缺乏针对性和激励性。产教融合中有大量的实习、实践机会，而且这种实践是经过专门设计、有针对性地，与在校期间所学知识融会贯通的实践。传统的职业院校学生实践的一个很大弊端就是缺乏针对性，这导致了学生所学与所用之间无法实现无缝对接，而产教融合能够弥补传统实践存在的缺陷。

产教融合的学生实践就是把课堂所学到的知识应用到实践之中，在课程设计上就存在着对应性，这是一个非常好的现象。产教融合会涉及每一门课程，从专业培养目标入手，学校与企业在充分合作的基础上共同制定培养目标以及课程标准。所涉及的骨干课程均是理论与实践高度相结合的，这就可以让学生带着问题学知识，并且在实践中解决问题，形成一个遇到问题、解决问题的良性循环。通过产教融合培养出来的学生，在动手能力和解决问题的能力方面具有更强的优势，他们可以更加灵活地对问题进行分析并且选择合理的方式进行解决。这种人才培养模式的改变还在很大程度上改善了学生的三观，从而培养出更多能够为建设社会主义服务的优秀人才。不仅如此，产教融合还会激发出学生创造、创新的愿望和热情，激励他们在实践中不断探索、不断创新，而这种创新意识、创新能力、创新人才的培养正是我们职业教育的办学方向。

产教融合不仅可以让企业参与其中，而且有条件的学校也可以自己创办企业，以学生为主体进行发展；学生在整个过程中可以获得一定的报酬，这客观上也为学生工读结合、勤工俭学创造了条件，还能够解决贫困学生的学费和生活费用问题，为精准扶贫提供支持和保障。

产教融合在更大层面上能够为助推地方经济发展提供专门的服务，因为我国的职业院校多为地方性的，其最主要的作用就是服务于地方经济发展。我国当前的职业教育是以就业为导向的教育，在社会主义市场经济体制度之下主要以培养技能型人才为主要目标，技能型人才的特点非常明显，培养的是生产、建设、管理和服务第一线需要的高技能人才。这类人才具有鲜明的职业性、技能性、实用性等岗位特点，简单地说就是工作在第一线，懂技术、会操作、能管理的技术员。

产教融合的培养思路也正是在上述背景之下产生的，为了满足需求而改进相应的教育策略，这是我国教育不断改革、发展和完善的重要体现，也应当受到更加广泛的关注。产教融合的重要参与对象是企业，在融合的过程中要格外注重对企业需求的满足。只有充分调动企业的积极性和资源才能实现产教融合效果的最大化。当前进行产教融合的企业多数为生产制造型企业，这对学校提出了新的要求，学校也应针对企业所需的产品与技术进行开发，以实现学校培养人才、研发产品和技术服务的三大功能。为使企业需求与学校教学无缝衔接，与技术发展方向合拍，学校就必须依靠和吸收企业技术骨干、学者专家参与培养目标的研讨、教学计划的制订。产教融合的基础是"产"，即必须以真实的产品生产为前提，在这样的基础和氛围中进行专业实践教学，学生才能学到真本领，教师才能教出真水平。

目前已经有的产教融合主要是根据学校和企业的情况双方进行深度融合，正如前面所提到的，全社会还没有形成一套完整的、可以通用的经验。对已经完成的调研总结出当前教育界比较常用的一些做法。产教融合的发展实际上经历了一段时间的摸索，学校和企业在探索中寻求最佳的解决途径。在产教融合中学校和企业始终坚持"双赢"原则，实施责任共担，这就形成了一种具有约束力的制度保证。一些比较主流的做法就是引入社会上管理和技术较为先进的企业，企业愿意加盟校企合作，利用该校的设备

进行产品生产，在生产过程中引入教学内容，校企共同制订产教融合的实施性教学生产计划，让教师学到技术，让学生参与生产，让生产产生效益，学校和企业共同发展，共生共荣。

改革开放已有四十余年，我国的社会主义市场经济也取得了非常大的进步，经济的进步和发展对我国的高等职业教育产生了具有深远意义的影响，这种影响包括：为我国高等职业教育提供了很好的校企合作环境、为高校毕业生提供了工作和实习场所，也为高校培养了大量的双师型教师。当然，经济的进步对职业教育的影响远不止如此，实际上中国经济产教融合水平的提升就是依靠人才素质的不断提升实现的。

在经济发展的大背景之下，应用型本科也应运而生，并且加入了高等职业教育的大家庭。在实践型人力资源理念的指导下，培养合格师资的任务将会更加艰巨。应用型本科要想实现发展目标就要提升校企合作的产教融合的水平、增加校企合作的数量。经济的发展和社会的进步对教育提出了更高的要求，这种要求主要体现在对人才产教融合水平的要求不断提高上。应用型本科要能根据社会经济发展的需要灵活调整人才培养方案，提供可供经济社会发展需要的社会服务，并能开展科学技术研究，为相关行业提供前沿的技术指导，为社会经济的发展提供技术支持。总之，应用型高校要不断调整自身的发展适应经济发展的需要，并且争取成为经济发展的助推力量。正是基于此，在社会主义市场经济背景下，高等职业教育"产教融合"是一种产、学、研"三位一体"的融合模式，不仅具备教育和企业的多种功能，还具备随时应变产业结构调整和参与市场竞争的能力，是在学校、企业、行业以及社会相关部门的不同程度参与下形成的一种新的社会组织结构，肩负着助推高等职业教育改革和社会经济发展的重任。从这个角度来说，产教融合的发展在很大程度上会影响经济发展，进而也会影响两个一百年目标的实现。

2. **产教融合的特点**

产教融合在国内和国外经过了多年的发展取得了一些经验，在梳理国内外产教融合发展经验的基础上可以总结出所具有的一些特点。通过文献梳理和国际经验对比可以发现德国的双元制、美国的合作教育模式以及英国的工读交替模式都非常值得学习。我国在产教融合方面也取得了一些成绩，早期的产教融合以校企合作的形式存在，其中几个典型模式分别是"学院＋创业中心区""专业＋大型企业""专业＋龙头企业＋企业联盟""专业＋校办企业""专业＋行业协会"等。上述五种模式都是职业院校结合当地经济发展而创造出来的，具备了初步的产教融合特征。

（1）立体式融合

社会主义市场经济追求的是多元化，产教融合服务于社会主义市场经济，所以其发展的路径也必然要受到社会主义市场经济的影响。产教融合在发展中也更加注重立体式的融合。立体式融合区别于平面融合，从融合的层次来说校企合作属于层次比较低的融合，也就是平面融合。产教融合是高层次的融合，可以说是立体式的融合，它打破了原有单一合作或双向合作的局限，在产、学、研三方面进行全面、深入的合作，融合后的组织结合了生产、教学和科研的特点，不仅自身是生产的主体，具有企业创造经济效益的功能，而且能提供产业发展需要的专业技术人才，为产业的可持续发展提供源源不断的智力支持。通过对比产教融合培养出来的人才与传统模式培养出来的人才，就可以发现二者存在着比较大的差异，产教融合模式下培养出来的人才具备更强的可持续发展能力。这种立体式的融合对于经济发展和社会进步都有着非常重要的助推价值，反过来也促进了教育的发展和进步。

（2）社会主义市场经济产业化发展的融合

社会主义市场经济产业化发展是指某种产业在社会主义市场经济条件下，以行业和企业的真实需要为导向、以实现效益为目标、依靠专业服务和产教融合的水平管理形成的系列化和品牌化的经营方式和组织结构，其基本特点是：面向市场、具有行业优势、规模经营、专业分工、相关行业配合、龙头带动、市场化运作。对于不符合市场需求的项目，要遵循市场进退机制，及时终止不必要的投入，避免产教融合运作过程中机制的片面性。所以，社会主义市场经济产业化发展的产教融合是一种面向市场需求的融合，在产、学、研三方面做大做强，分工合作，强强联合，能创造出良好的市场发展前景，具备其他组织无法复制的竞争优势，形成自己的品牌，在市场中具备核心竞争力，并且能形成一定的规模，带动其他合作项目不断深入开展，严格按照市场规律来开展活动。

（3）以企业需求为出发点

教育是以培养人才为主要目标的，早期的教育在人才培养中不是十分注重与企业之间的对接，产教融合在培养目标方面领先于传统的教育，产教融合的出发点是企业的需求。企业参与人才培养的全过程之中，能够将自身的需求以最大化的形式表达出来，并且在课程设计中逐个满足。传统的高等职业教育产教融合实践过程中，搞形式、走过场、学校"一头热"的现象并不少见，每所高等职业教育院校在产教融合实践中都会遇到这种现象。通过分析可以发现，导致这种现象出现的原因很多，主要是双方在合作的早期并未找到能够让彼此共赢的路径。而很多企业迫于政策的压力或是学校的单方意愿，在没有找到双方合作的需求点时就盲目开展形式上的校企合作，合作之前双方缺乏严谨的调研。

这样的产教融合违背了社会主义市场经济的需求导向，不可能产生有益的效果。真正实现产教融合的组织，能够以企业、学校和相关合作部门的需求为前提，结合各种市场正在发生的变化，明确市场的供需状况，确定各自的实际需求，寻求利益结合点开展相关合作，在满足自身需求的同时，能为市场的供给和需求的均衡作出一定的贡献，并能根据供给和需求的均衡变化，调整自己的需求发展战略，这样不仅解决了合作的随意性、被迫性问题，也提高了合作双方的积极性与主动性。

（4）多主体管理的融合

产教融合就是一个重新确立组织主体地位的过程，也是在社会主义市场经济条件下产教融合活动获得法治保障的关键要素。以往很多的校企合作活动难以实现产教融合的关键原因，主要还是在于没有明确各个主体之间的权利和义务关系。关系的不明确导致了合作的问题，从而影响了校企合作的发展。产教融合的主体正在悄然之间发生着变化，已经从学校转移到了企业和行业，这种变化既与当前的社会发展有关，也与教育的进步有关。正是基于此，在有效的产教融合组织中，学校、企业、政府、行业协会等分工合作、共同管理，在开展任何活动之前，都应明确各自的权利和义务，并对其后果承担最终的法律责任。这样不仅可以增强企事业单位对此项工作的责任意识，发挥其主人翁地位，也可以让学校和合作单位在此项活动中的管理工作更为合法、有序，避免了产教融合管理工作的零乱性。

3. 产教融合的内涵

2014 年 6 月 23 日，习近平在对职业教育工作的指示中指出："坚持产教融合、校企合作，坚持工学结合、知行合一。"[①]在这个批示中，基本形成了一种对职业教育本质的认识，即"四合"。

产教融合，即将产业与教育两个不同部门相结合。产业和教育分别承担着不同的社会责任，其中产业指的是把生产物质等量转化为财富，以此来提高居民生活水平。教育主要是从事一些知识传授，为企业提供专业性人才。教育和产业两者之间属于相互依存的关系，所以二者融合是有内在动力的。

校企合作是学校与企业建立的一种合作模式，是高等职业教育院校为谋求自身发展，抓好教育质量，而采取与企业合作的方式，有针对性地为企业培养人才，注重学校与企业资源、信息共享的"双赢"。

工学结合是一种将学习与工作相结合的教育模式。工作与学习是交替进行的，这里的工作不是模拟性的工作，而是与普通职业人一样的有报酬的工作，因为只有这样，学生才能真正融入社会从而得到锻炼。学生的工作作为学校专业培养计划的一部分，除了接受企业的常规管理外，学校还有严格的过程管理和考核，并给予学生相应学分。工学结合教育模式可以追溯到百年前的英国，且持续不衰，主要归功于它切合实际的理念，那就是以职业为导向、以提高学生就业竞争能力为目的、以市场需求为运作平台。

知行合一，知是指良知，行是指人的实践，知与行的合一，既不是以知来吞并行，认为知便是行；也不是以行来吞并知，认为行便是知。应该认识事物的道理并在现实中运用此道理，将二者统一起来。

放在产教融合、校企合作的理论框架之下，强调的是要培养学生成为知行合一、德技并修的应用型人才。

"四合"的解释是职业教育理论顶天与实践立地的一种完整表述。可以说，这样一种表述既是适应时代发展的存在，又与经济社会发展、产业转型升级的大背景相契合，同时符合职业教育作为一种与经济产业发展最为

---

① 郭芳. 职业教育视角下都市区乡村人才振兴的路径分析 [J]. 天津经济，2023（02）：38-43.

紧密的教育类型的特征。

通过对我国职业教育产教融合的历史考察不难发现，真正意义上的产教融合至少需要两个条件：一是地方政府的统筹规划和推进；二是一定的产业发展基础条件，两者缺一不可。

首先，职业教育管理通常以属地管理和地方省市管理为主。无论是1996年的《中华人民共和国职业教育法》，还是2005年的《国务院关于大力发展职业教育的决定》、2016年的《国家教育事业发展"十三五"规划》，国家一直强调地方政府（地市级政府）对职业教育的统筹规划的主体责任。这就要求政府充分发挥自身功能，由"划桨者"转变为"掌舵者"，做好统筹与协调、规划与引导、支持与推动、评估与监督等工作。

其次，产教融合的关键在于契合区域经济发展需要。推动产教融合政策落地要因地制宜、有的放矢，不能跟风而上、追求时髦。区域经济发展的需要是根本，高等职业教育院校要在专业定位、课程设置、人才培养等方面着力，不仅要根据经济发展趋势构建相关有广阔市场前景的学科专业、优化人才培养体系、更新课程知识结构、转变教学方式，更应该成为引领区域经济发展的智库高地。

产教融合理论开辟了职业教育实践的新领域，主要包括以下几个方面。（1）在职业教育实践上，产教融合理论能够更好地促进知识学习与职业实践相结合，并成功向工作领域过渡。就本质而言，职业教育是关于如何实现人与职业相结合的教育，因而研究人与职业如何结合是其着重点。这种结合是以满足职业需求为目标的，是关于知识、技术、技能等方面的综合能力教育，与分门别类地进行人与知识结合、人与技术结合、人与技能结合的教育有着显著区别。（2）产教融合理论反映了职业教育系统的开放性特征和产教之间的运行规律。职业教育的教学是一个开放系统，而非封闭、孤立的系统，绝不能离开外部条件和外部支撑，自然需要研究到底是哪些外部条件。外部要素参与职业教育过程之中，这一领域的探索无疑将进一步丰富职业教育的内涵。（3）产教融合理论表达了职业教育"由产至教"的逻辑次序。职业教育的逻辑起点是职业，职业教育就是从职业出发的教育，将职业人才的发展与服务产业发展需求相结合，实现人的发展与生产发展相协调。这就需要在职业教育实践中始终坚持职业需求导向，理顺产教关系，赋予行业、企业、社会在职业教育中的发言权。

（二）实践型人力资源

实践型人力资源是根据社会发展的需要而出现的新生事物，实践型人力资源主要是指能将专业的技能和专业的知识应用于所从事工作的具有更强动手能力的人才。实践型人力资源需要熟练掌握企业工作所需要的基础知识和基本技能。实践型人力资源主要是指一线从事操作的专业技术人才，其具体内涵是随着高等教育历史的发展而不断发展的。总之，实践型人力资源是具有实际技能的人，是能把理论应用于实践的人才。实践型人力资源培养要以能力的培养为中心，突出培养每个学生的思考、掌握、应用知识的能力为主要方针，以让学生未来适应社会的需要、适应经济发展为主要目标。实践型人力资源的培养过程更强调与一线实践知识的传授的结合，更加重视实践性教学环节，如实验教学、生产实习等。学校通常将此作为学生贯通有关专业知识和结合有关专业技能的重要教学活动，而对于研究型人才培养模式中特别重视的毕业论文，一般就不会有过高的要求。实践型人力资源和其他人才相比，属于一种中间人才，既有一般人才应具有的理论知识，同时又必须有较强的理论技能，这样的要求是比较高的。

与其他类型人才培养模式相比较，实践型人力资源培养模式主要有以下特点。

第一，这种人才的知识结构是围绕着一线生产的实际需要加以设计的，在课程设置和教材建设等基本工作环节上，特别强调基础、成熟和适用的知识，而相对忽略对学科体系的强烈追求和对前沿性未知领域的高度关注。

第二，该模式要求学校构建出一套完善的人才知识、思维、能力、素质全面发展的结构，优化专业教学计划，整合学科教学内容，为我国培养出更多、更出众的一专多能型实践型人力资源。同时，不同层次的实践型人力资源在培养定位上也是不同的。

总之，实践型人力资源主要是应用知识而非科学发现和创造新知，社会对这种人才有着广泛的需求。在社会工业化乃至信息化的过程中，社会对这种人才的需求占有较大比重。此模式应该是大众化高等教育必须重视的人才培养模式，也正是这种巨大的人才需求，才为高等职业教育院校的发展提供了广阔的空间。这种人才同样需要经历一个复杂的培养过程，同样也能反映一所学校的办学水平。

（三）产教融合生态圈

产教融合生态圈是本书的一个创新之处，主要在于把产业、教育、社会发展等相关利益群体融合到一起，从而构建出一个全新的事物，即产教融合生态圈，这一生态圈的构建有利于助推整体教育水平的提升。

生态圈即生物圈，在整体生态中，不同物种在物质形态上以群体的形式共存于整体生态的大环境中，群体之间构成特定的关系链条，在这个圈内按一定的规划实现共同发展。产教融合生态圈是指高等院校以自身为主体，在地方政府的支持下，围绕地方产业经济发展，积极与地方工业园区开展深入的战略合作。生态圈具有可持续性、相对稳定性和自动平衡等特性。产教融合生态圈的构建有利于教育水平的进步，需要多个部门的协同参与。政府部门的统筹参与，一方面为高校进行校企合作搭建平台，另一方面为企业参与校企合作出台更多鼓励政策。在此过程中，学校为地方区域经济发展提供智力驱动，企业为区域经济发展提供经济驱动。通过校企合作，学校人才培养产教融合的水平得以提高，学校抓住市场的脉搏，办学形成特色，同时也使更多的社会资源转化为教学资源；企业急需的实践型人力资源缺口得到填补，企业经济效益得以提高；区域经济得到较好发展，地方政府经济实力得到较好提升；促使学校与企业开展更深入与全面的各种类型合作，构建一个稳定、持续和高效的合作关系，从而形成一个共生共赢的产教融合生态圈。

（四）产教融合的构建原则

产教融合的发展已经逐渐由萌芽发展成了一个成熟的制度，产教融合制度包括了教育、经济、产业和社会发展制度，这些制度只有协同发展才能发挥最大的效应。产教融合制度如果发展得当，将建立新型的政府、学校和社会之间的合作与成长关系。这种合作将促进政府对产教融合进行宏观管理，学校可以自主办学，社会广泛参与，推进职业教育各方面的发展。这样，社会、行业、企业可以通过提供资本、知识、技术和管理等要素参与职业教育项目中，建立高效、多元、充满活力的高职教育办学体制。同时，政府、行业、企业和学校等多方主体的协同发展，将促进校企互动，实现全过程培养人才的目标。根据产教融合特点，学校应该遵循以下原则来构建适合学生的产教融合模式。

1. 多主体原则

产教融合的成功需要多方合作参与，这一点已被证实是至关重要的。学校的产教融合是由政府、学校、行业与企业、学生、社会五方面共同参与的，这些主体在推进产业教育融合方面扮演不同的角色和职责。其中，双创教育也是一个关键的主体，产教融合需要双创教育的推动，促进其快速发展。我们需要通过宣传和鼓励创业，让整个社会的意识、思考方式、行为方式、生活习惯和价值观朝着更加积极向上的方向转变。此外，应当鼓励社会各界参与高等职业教育院校大学生双创教育的监督和评估工作中，以形成社会全面推进的合作力量。

社会力量推动校企一体化协同育人模式的发展，通过与学校合作，共同发挥双方的力量，推动产教融合的发展。政府需推动校企共建的就业前实践的专门基地建设机制的建立，为高职大学生提供必要的硬件设施，如资金、设备和场地等，以便让他们在还没有毕业时就能拥有在现代企业管理的真实环境中获得的实践经验，同时掌握社会主义市场经济运作的理念和技术。在职业技能培养的同时，培养学生的创业素质也十分重要。作为新时代的大学生，应该改变思维方式和观念，更好地认识到双创教育对个人成长、职业发展以及对社会经济发展的促进作用，并将这种认识转化为自觉行动。在实现高职教育产教融合的过程中，多主体原则体现在以下几方面。

第一，始终将政府作为产教融合的领导和管理主体。产教融合的成功与否，政府的支持和促进是关键。因此，国家在宏观层面上起到了极为重要的作用，在政策上引导，推动各类措施的落实，建立监管体系和服务机制，这些内容十分必要。政府要引导、支持和促进职业教育和行业企业深度融合，并发展职业院校的大学生创业教育，这需要制定相关法律、法规和政策来规范和引导。

第二，学校承担着产教融合的主要实施责任。学校在社会中扮演着重要的角色,其主要使命之一是培养和提供具备创新创业能力的人才。在产教融合发展中,学校更是承担着核心的角色和职责。

第三,产教融合的对接和受益主体是行业和企业。高端技能人才具备创业创新能力,这些人才能够有效地提高生产力,促进产业创新和转型升级,提高企业的竞争力和效益,从而推动行业和企业的发展和收益。

第四,学生是产教融合的学习主体和受益主体。

第五,社会是产教融合的参与主体和监督主体。

2. 自组织原则

产教融合的发展在探索时期主要依靠学校和企业的自组织发展,在这样的发展过程中,自组织原则渐渐成为一种共同的理解。自组织是指客观事物自身进行结构化、有机化、有序化和系统化的过程。职业院校的产教融合是由不同实施主体共同推进的。这种教育方式依靠自我组织和演变,具有自发性和自主性的特点。政府只有在逐渐意识到产教融合发展需要进行调控的时候,这种自组织原则才逐渐被打破。在高职教育产教融合的实践中,可以运用水平原则来评估人才培养计划的质量。这个原则包括符合性、适用性和经济性三个方面,应对人才培养计划进行全方位评估。利用符合性评估来测量人才培养与市场用工需求之间的适应度,检测是否匹配;通过适用性检验,评估人才是否具备胜任行业企业相应岗位所需的具体工作技能;通过经济评估来衡量人才对于经济效益的贡献。产教融合需要遵循自组织原则的原因有以下几点。

第一,职业院校的产教融合教育是一个复杂的过程,牵涉高校、行业和企业等不同的专业领域、产业类型、规模大小、技术要求和管理方式等多种因素。在教学、科研、生产、管理和市场等多个方面的资源相互作用下,各主体参与的教育过程,其复杂性和关联性不言而喻。因此,职业院校的产教融合教育机制需要采取不同的形式,做到分类组织、分类指导和分类实施。第二,产教融合高等职业教育呈现出自发性特征。产教融合教育不能独立于经济社会发展的宏观环境,这是一个动态开放的系统,它可以通过与外部环境的交流互动,获得自组织演化所需的多种资源和能量。通过内部各要素的相互交互作用,可以实现自组织演化的核心能力,最终产教融合教育机制得以自发调整,形成自我完善的机制。这种机制不断地

经过从稳定到不稳定，再到稳定的过程，是一种连续有序的发展。

3. 协同性原则

与自组织原则相对应的就是协同性原则，产教融合在探索阶段主要依靠的是自组织，随着发展的深入，各个利益群体需要进行协同发展，因此，协同性原则便应运而生。我们要借鉴协同教育理念，探索政府、行业与用人单位和学校之间整体与部分、各要素和子系统间的协同作用，增强职业院校的产教融合多主体协同性。协同开展产教融合的关键是协同五个主体尤其是政府、行业与企业开展产教融合的积极性、主动性。政府要完善法规政策，强化制度的约束力和系统的政策激励；学校要不断提升服务社会的能力，增强协同行业和企业全方位支持和参与其产教融合的吸引力，提供更多的合作桥梁和纽带；行业和企业要以人才培养为己任，突破仅限于学校主体资源要素利用的协同瓶颈，积极参与扶持校企协同、开展产教融合，为学校开展产教融合提供更多资源平台和合作空间；全社会都要强化对产教融合意义的宣传，提高全社会包括大学生对产教融合的认知度和参与度。各主体要协同目的、协同内容、协同资源、协同时间、协同各主体的责任和成果分担，从而构建政府有效宏观管理、行业与企业主动对接、社会广泛参与、学校主导、学生自行的职业院校的产教融合机制。

4. 共享性原则

现如今，社会经济发展离不开共享经济，其已经成为社会经济发展中非常重要的部分，同时，共享性原则也已经成为产教融合的一个至关重要的原则。学校通过产学融合、产学合作的方式，开展大学生教育，旨在培养高素质应用型人才。此举不仅有益于国家、学校和行业企业，也有助于学生个人成长发展。政府需要重视市场对资源配置的影响，同时建立政府激励、互惠互利、共生发展等机制，以实现各方责任共担、利益共享的目标，从而促进职业院校产教融合的顺利开展。现代职业教育的一个重要特点就是产教融合，这个制度对于现代职业教育的建设至关重要。从最初的"产学融合"转变为如今的"产教融合"，反映出我国产教融合正向更深层次和更广泛领域发展的趋势。这也为打造创新型职业院校和推动大学生职业教育机制的发展拓宽道路。

根据我国现有的有关职业教育法规，高等职业技术教育制度应当与社

会主义市场经济的发展需求相适应，因此市场导向已经成为高等职业教育不可或缺的属性。此外，将高职教育人才培养的"市场性"和符合市场发展需求的目的是否达成作为评价高职教育教学产教融合水平的标准，也是相当重要的。产教融合始终要将国家有关部门、行业协会、大型职业教育机构、企事业单位作为主体，让参与各方拥有参与管理的权利和责任；通过组织媒体宣传，宣扬国家在对产教融合建设方面予以支持的政策与措施，并推广产教融合教育典型，以形成全社会对创业的尊重和认同，鼓励更多人参与。我们建议学校在传统职业教育课程的基础上，加强产教融合的理念和内容的渗透，采用系统性的方法来培养学生综合职业能力和可持续发展能力。另外，我们建议将高职课程划分为基于工作过程和基于社会生活两大部分，以更好地满足学生的学习需求。学校与产业合作其实就是产教融合。融合离不开政府和市场，这两者是促进产教融合的两个主要推动力量。根据这个理由，要推动产教融合制度的发展，需要政府发挥主导作用，并且尊重市场引导在学校和企业合作发展的规律。在产教融合的推行方面，需要转变教育行政部门的管理模式，使其不再单一政府部门进行管理。可学习国家多个部委联合推进就业工作的领导体制，让行政部门之间的隔阂打破，让行业和政府部门投入支持，并在上级指导下建立产教融合的相关部门之间的协调联动机制。将专业教育和大学生创业教育相结合，是为了给学生提供综合素质教育。这种教育体系不仅包括知识教育，还包括培养学生的职业技能和创业素质。

只有将大学生的创新创业教育实践紧密结合在专业实践中，才能真正做到两种教育在实践中的融合。这意味着双创教育需要深植于专业实践之中，才能真正发挥其作用。为了实现产教融合并推动高等职业教育大学生双创教育，我们应该发挥市场调节的作用，让学校和企业发现共同的利益点，从而建立长期合作机制。这种合作模式将从情感共鸣向市场利益转变，逐渐使企业成为实施高等职业教育大学生双创教育的重要主体。

当前，校外专业实训平台需要更深入地融入高等职业教育大学生的双创教育。目前，很多高校都与企业签署了合作育人协议，建立了专门的实训基地，这类就业前实践场所和岗位实操场所作为合作的一部分，主要是为了让学生在短时间内接触与专业技能相关的实训。然而，在这种模式下，学生的创业实践很难得到真正有效的实践机会。在建立高等职业教育大学生双创教育实践教学体系时，需要打破传统的仅以高职第二课堂为主的实践教学模式，以产教融合和学校企业合作为基础，根据不同行业、专业和地域的特点，致力于培养具备坚实创业知识、出色创业实践能力以及具备创新创业意识的创新型技能人才。此外，需密切结合人才培养与社会服务及产品设计开发这三点，融合教学与项目实施过程，同时将学生专业实践和创业实践有机结合，进而构建"一线三平台"的学校企业协同式双创教育实践模式。

"一线"主要关注岗位职业能力，而"三平台"则提供了三个层面的支持，第一个是校内实训，第二个包括企业驻校研发中心和学生创业工作室等校内产学合作平台，第三个是校外实践平台，这为学生创建优质就业和创业提供了有力支持。在校内实训平台建设过程中，有必要重新思考原本的开设商业一条街和创业实践训练项目只放在学生专业实践上的做法。我们不能简单地将双创教育活动视为第二课堂活动，并且需要在第一课堂的专业实践教学中加快推进创业实践活动与学生各自专业教育相融合的深度和广度，以此将专业实践扩展到创业实践领域，并且开创新型的人才培养模式。学校应为有志创业的学生提供项目资源，并引导教师对其技术指导，还可以免费提供办公场所等，帮助他们建立创业工作室。这些工作室可按照公司模式运作，由学生独立经营。

除此之外，考虑到市场需求，高职教育产教融合始终应涉及高等职业教育院校与企业等多样化参与方之间资源的协同利用和相互依赖的过程。高等职业教育院校和行业企业要善于利用对方提供的自身缺乏的互补性的资源，建立起互惠互利的合作关系和机制，相互依赖和共同发展。在推行产教融合制度的过程中，政府应当采取宏观管理措施，促进专门基地建设机制的改革，打破创业孵化基地建设与高职就业前实践专门基地建设不融合、各自表面发展的局面，政府还要鼓励产业龙头企业将最先进的技术和设备投入合作的实训平台中，肩负起创业孵化的职责，为产业链企业和同类职业院校提供服务。要推动区域资源融合平台健康运营，政府既要鼓励企业改进技术、设备投资方式，又要通过适当的经费奖励，鼓励行业企业向实训平台投资，建立健全高端技能型人才的产教融合培养机制，促进学

生创新和创业素质的进一步发展。将产业和教育紧密结合，让学校和企业共同合作建立双创教育与专业教育融合的实践平台，这为高等职业教育学校进行大学生双创教育提供了重要保障。通过项目教学、案例教学以及工作过程导向教学等方式，激发学生的创新创业能力和专业技能。为了促进学校和企业全方位地培养人才，让实操方式得到革新，学校与企业在签订学生就业前实习合作协议时，校企应共同制定健全的培养计划，此外，应重视企业资源的利用，提升学生企业经营管理方面的知识与技能，在培养学生创业素质方面，要明确其路径和实施方法，要保证学生既能获取职业实践经验，又能有效地提升其创业能力。学校和企业应该联合起来建立各种机制，以确保工作任务或项目能够规范实施，包括实行监督和信息反馈与评价机制，以提升人才培养的模式实施的有效性。为了实现产教融合的高质量发展和提高产教合作关系的持久发展，企业等多方主体要充分利用学校提供的设备和学生等资源，反过来学校也要加强借助企业、商业协会和政府等相关部门的优势资源。例如，可以利用人力资源和社会保障局的统计数据，借助第三方机构分析劳动力市场人才需求情况，同时预测未来人才需求情况，通过科学数据的分析，帮助提高高等职业教育院校人才与市场需求之间的匹配度。这样可以促进产业、教育的共同发展。

当下，依托于创业中心，各地已经聚焦建设多个"高校学生科技创业实习基地"和大学生创业实习以及孵化基地。尽管高等职业教育院校已开始建立大学生创业实习或孵化基地，但目前仍处于初期阶段。大部分基地的建立主要依赖政府和学校投入的资金，缺乏行业和企业的参与，因此产教融合效果不高，基地辐射带动作用还未得到充分发挥。由于多种客观条件的制约，包括企业自身产品生产和社会服务方面的因素，以及政府相关政策法规的不完善，高职教育领域中的行业企业参与产教融合的积极性较低。

为了获得发展资金和吸引企业的参与，高等职业教育院校要发挥主观能动性，积极和行业企业建立紧密联系，提高自身人才培养产教融合水平。除此之外，高等职业教育院校还需要积极主动地争取企业参与产教融合的积极性和主动性，让参与的企业勇于承担合作发展中的风险、任务和职责。在政府方面，要提高经费投入，帮助高等职业教育院校的双创教育增强建设力度。学校应该建立学校和企业合作的专业和创业实践基地，为学生提供参与创业实践的重要保障，引进模拟实践软件和创业公司，以提高学生的实践能力和就业前景。

高职教育和产业经济之间存在密不可分的联系。正是因为经济社会发展的需要，才有了高职教育，反过来又为经济和社会的发展作出了贡献。目前，由于我国实行社会主义市场经济体制度，市场占据重要的引导配置作用，因此高职教育中的人才培养必须顺应市场环境。高职教育要始终注重保持其独特性和独立性，培养出具有创造价值的人才。不能简单地将毕业生视为普通的资源或商品。毕业生的市场适应能力、为企业贡献的能力与学生的被重视程度和培养模式联系紧密，为了产教融合的可持续发展也要提高其模式的优化。

二、产教融合理论来源

产教融合的理论来源可以概括为如下几个方面。

（一）马克思主义两种生产理论

产教融合虽然属于当今时代的研究课题，但是其理论来源可以追溯到马克思主义的两种生产理论。通过对比和研究马克思主义的两种生产理论和高职教育教学的作用可以发现，产教融合本身就是高职教育以及社会人才培养的内在要求。马克思在《1844 年经济学哲学手稿》中指出，"动物的生产是片面的，而人的生产是全面的"。之所以说动物的生产是片面的，主要是因为动物的生产仅包括其自身的生产，而人的生产则在自身生产的基础上，还要添加一项生产资料的生产。恩格斯在马克思两种生产理论的基础上，将人的自身生产作了进一步的细分，即人类种族的繁衍、人的智力的发展与再生产、人的社会关系的建立和再生产以及对人类自身生产的控制。可以说，恩格斯对人的自身生产的细分，将人的自身生产阐述得更为具体。按照马克思与恩格斯的理论，如果将高职教育的人才培养进行归类的话，它应当归属于人的自身生产中的人的智力的发展与再生产。因为教育是丰富与提高人类自身智力的过程，而且循环往复，绵延不断。马克思曾指出，人是社会的产物。这一观点同样适用于高等职业教育。高等职

业教育院校为社会服务，而不是仅仅为个人提升智力。它面向的是适龄青少年群体，服务于整个社会。从某种程度而言，高职教育本身就是一种合作教育，这里面既包含学生与学生之间的合作学习，又包括教师与学生之间以及教师与教师之间的合作教学。产教融合教学则是在高等职业教育教学的基础上融入行业企业教学，虽然二者看似属于两个独立的范畴，但是产教融合教学将这两个分别独立的社会体系进行有效结合，从而使"产"中有教，"教"中有产，发挥二者共同的作用，以为人类智力的培育与再生产服务。由此也可以看出，产教融合教育理论与马克思主义的两种生产理论不谋而合[①]。

（二）我国早期的职业教育思想

我国的教育思想发展已久，古有春秋战国时期的孔子、孟子等伟大教育家，近有黄炎培、陶行知等诸多教育学者，他们分别从不同的方面推动与发展着我国的教育思想。虽然在孔孟教育时代并未直接提出过产教融合的教育理念，但是孔子在教育学徒的过程中，并不是仅通过理论知识进行教学的，而是带领众多学生进行游历，边教学边与社会生活相衔接，包括他个人，也是在游历的过程中不断加深自身对于理论知识以及社会生活的认识的。《吕氏春秋》记载，孔子曾带领众弟子前往楚国，途经陈、蔡两地时，已是困饿交加，但是所剩食物已然无多。弟子颜回亲赴远地讨借粮食，并回来给孔子煮食。孔子闻到饭香，起身观看，正好看到颜回偷偷地将食物送往自己的口中。孔子见状十分生气，但是碍于面子，没有直接责骂颜回。当颜回将煮好的食物端到孔子面前时，孔子说刚才梦见了先祖，想先将食物祭祀祖先。实际上，祭祀先祖是假，反讽颜回是真。颜回直言不可，因为粥刚煮熟之时有烟灰落下，自己不想浪费米食所以直接抓起来吃掉了。孔子闻言，非常惭愧，并教育众弟子说："所信者目也而目犹不可信；恃者心也，而心犹不足恃。"从这个故事中我们可以发现，孔子自身在钻研学问的同时，也在和现实生活相联系，并且同样以联系实际生活的方式教育弟子。由此看来，春秋战国时期，孔子已然知晓学问并非孤立存在而是取材

---

① 张婉姝. 探析产教融合的内涵 [J]. 辽宁经济，2017（03）：56-57.

于生活的。虽然孔子并没有将教育与社会生产相衔接，但是其与产教融合的教育理念却是保持统一的。教育发展到近代，人们更是注重教育思想与社会生产之间的密切联系。民国时期，大教育家黄炎培先生曾在《中华职业教育社宣言书》中指出，职业教育的目的主要包含两个方面的内容：是增长人的智力以谋生，二是为助力社会生产。所以我们可以知道，教育是为个人以及社会服务的。那么反之，个人以及社会同样可以为教育服务。如果教育仅从知识理论角度出发，就不能切实提升我国的教育水平；果仅从农业、工商业等角度出发，也不能提升我国的教育水平，需要将二者相衔接，这才是未来教育发展的大趋势。这一教育理念正与当今时代的产教融合教学理念相一致。除了黄炎培先生之外，伟大教育家陶行知先生也曾提出相似的教育理念，他认为教育应当将理论内容与社会实践相结合，二者联络无间所开展的教育才能与人才教育培养的理念相契合。通过上述分析可以发现，产教融合并非当今时代的新鲜产物，且该教育理念古已有之。而今提出的产教融合，仅是对产教融合教育的进一步推广与发展。

（三）耗散结构理论

耗散结构理论起源于物理学，主要研究的是开放系统是如何从无序走向有序的。在耗散结构理论中，物体的初始状态虽然不能达到物态平衡，但是通过与外界物质能量之间的不断交换，其自身必然会通过吸收以及吐纳的方式达到一定阈值，此时便会建立起一种新的平衡。产教融合教学理念的形成，正是遵循着这样的一套发展理念。虽然耗散结构与产教融合分别指向不同的内容与方向，但是产教融合教育理念却秉持了耗散结构的发展脉络，逐渐蔓延并发展成型。纵观我国的教育发展历程可以发现，最初的教育并不成体系，后来才建立起以"四书五经"为主的学堂教育，最后发展成今天的集语文、数学、英语、物理、化学、生物、政治、历史、地理等于一体的学校教育。但是，这并不是结束，而是发端，因为在学生开始接受大学教育之后，便又需要从语文数学、英语、物理、化学、生物、政治、历史、地理等学科中的一支进行分离，而且这种分离也不是独立性的，而是综合社会生产与发展而逐步完善成型的。所以说，从我国的教育发展结构来看，我国的教育整体是与耗散结构理论相统一的。从产教融合

教育理念出发，同样如此。教育的目的是为社会培养人才，而人才最终又是需要投入各行各业的发展之中的。从这一角度来看，教育的最终目的是为社会各行各业培养可用人才。但是，现今的高等职业教育却以知识教育为主，仅从理论角度出发开展社会教育，其培养出来的人才并不能完全或者短时间内适应社会发展的需要，这是当今时代高等职业教育的弊端。为此，产教融合过程正是完善高等职业教育的又一"平衡"过程。通过开展产教融合，既能够促使学生将知识理论与社会实践相结合，从而提升学生对所学理论知识的运用能力；又能通过社会实践助力理论教学，加深学生对所学理论知识的认识与理解，二者之间的结合才是为社会培养可用人才的有效方式。此外，从耗散结构的特征角度出发，同样能够得出相同的结论。耗散结构主要包含三项特征，一是变化性特征，二是开放性特征，三是协同性特征。首先是变化性特征。所谓变化性特征，指的是物态平衡会根据时间、地点、环境、温度等因素而随时变化，而并非固定不变。对于产教融合教育而言，它也并不是单纯地将知识教育与社会企业教学相结合，而是需要根据具体的知识教育内容与合作社会企业的具体环境以及条件等因素不断变化与调整的。当然，影响产教融合教育变化的因素以及内容还有很多，如高等职业教育院校以及企业的地点、合作教学的方式、合作教学的时间、合作教学的方法以及合作教学的目的等，均需要因时而变和因势而变。其次是开放性特征。所谓开放性特征，在前文阐述耗散结构概念的时候已有阐述，表示物态平衡是处于一套开发体系之内，其物态的平衡也是和所处空间位置的各项因素相结合之后，最终演变而来的。高等职业教育产教融合教学亦是如此。第一，产教融合教学是将高等职业教育院校与社会教育相联系，这本身就是一种教育对社会的开放。第二，高等职业教育院校在开展产教融合教学时，需要和诸多社会企业共同合作，这就再次表明产教融合教育是高职院校对诸多社会形态的开放。第三，高等职业教育院校在开展产教融合教学时，需要将学院内的学生安排到社会企业之中进行实践，这又是高等职业教育院校人才对社会的开放。第四，高等职业教育院校在开展产教融合教学时，需要将专业内容知识与社会企业的具体应用相结合，这也是高等职业教育院校对社会企业的知识开放。当然，这种开放并不仅仅是高职院校对社会以及社会企业的开放，同时代表着社会以及社会企业对高等职业教育院校的开放，具体包括企业文化、企业发展、企业生产以及企业人才等内容。最后是协同性特征。所谓协同性特征，是指物态平衡是在不同物质、因素、环境等的共同作用下逐步实现平衡状态的一种结果。高等职业教育院校的产教融合教学亦是在高等职业教育学校与社会企业的协同作用下，共同发挥教育作用的一种结果。

三、产教融合理论要点

在高职教育中，产教融合如同一条坚实牢固的链条，将教育与产业有效衔接，以此促进二者的协同发展。如何在职业教育系统内部将来自产业系统的重要因素与信息都输入进去，如何将这些要素与信息进行有效整合而达到预期效果，是推进产教融合理论的要点。

（一）实践要点

1. 通过职业需求信息的输入，为职业教育改革发展提供正确方向

职业教育必然要将职业作为主要研究视角，把必要的职业分类、具体的职业现象、职业标准、职业规范、职业特征、职业定位、职业分布范围以及职业发展与变化等相关信息输入职业教育教学全过程，才能保障职业教育改革发展方向的正确性，职业教育才可能根据实际职业需求培养出必要的职业人才，然后在职业领域中将合适的人才输送给社会，从而达到"从职业中来到职业中去"的目的。

2. 通过职业胜任力要素的输入，为职业教育专业标准制定提供标杆

如何让教育对象在毕业后能够在社会上胜任相关职业工作，是职业教育教学需要重点思考的问题。学生通过职业教育不仅需要掌握扎实的理论技能，还要达到相应的能力标准。因此，职业教育专业标准要依据职业胜任力进行开发。具体而言，职业胜任力源于对产业系统中典型职业的分析，因而在分析职业胜任力实际需要时要应用科学方法。我们通常将用于描述职业胜任力的不同维度称为职业教育目标分类。职业胜任力的问题，可通过职业教育目标分类进行解决。德国从职业教育专业能力、社会能力以及方法能力三个维度对职业胜任力进行分类，因而其职业目标就等同于能力目标。英国将职业胜任力分为知识、技能、能力三个维度。这里的知识维

度指的是在实际职业环境下应用知识的能力。我国将职业胜任力分为知识、技能、素质三个维度，这三个维度也是指导我国职业学校专业教学标准开发的主要依据。

3. 通过典型工作任务的输入，为职业教育课程开发提供载体

产教融合理论有利于输入典型工作任务或实际职业活动，以职业活动任务、项目或工作过程为载体来开发职业教育过程。教材是普通教育课程中的重要载体，然而与普通高校相比，职业教育课程仅仅依靠教材是远远不够的，因为职业教育课程具有双载体的显著特征，具体包括两类，即典型工作任务与教材。从字面意义上来理解，可以发现典型工作任务是职业教育课程的核心，而教材则是围绕着典型工作任务而展开的课程目标。为什么在职业教育课程中存在典型工作任务这一载体，究其原因，与能使职业胜任力问题得到重点解决息息相关。只有充分结合典型工作任务或实际职业活动才能解决职业胜任力的问题。如果仅仅依靠书本上的有限学习内容或验证性实训以及相关实验等，不能让学习者得到职业胜任力的整合与再现。典型工作任务这一载体从何而来，一般是由实际职场当中行业企业方面负责提供。相关职业院校需要对这类课程进行加工，以使其能够与教育教学的使用要求相符合。教材则是基于典型工作任务这一载体进行的教学内容组织与教学设计，包括一系列相关教学文件、教学辅助支撑资料等。

4. 通过职业环境与文化的输入，为校企共育活动开展提供可能

如果只在职业院校环境中实施职业教育，必然受到较大的局限。在现代职业教育教学中，除了固定的学校专任专业教师之外，还应包括由诸多经验丰富的企业人员担任的兼职专业教师，两者在教育中均发挥着举足轻重的作用，因而整个职业院校呈现出"教"与"学"相结合的文化特征。而且，也只有在复合环境下实施教学活动，才能将校企合作、工学结合的职业教育特点完全体现出来。同时，职业院校的教学标准与社会实际需求联系非常密切，在教学评估过程中有时还需要行业协会、企业以及政府的参与，这是为了与现代高科技发展的速度相匹配，可能与如何提升职业教育质量并无太多关联。所以说，如果没有产教融合，校企合作就没有符合时代发展的职业教育，也就没有了从职业教育系统外部及时输入要素与信

息，当然也就难以实现有效教学。

（二）产教融合实践动力

1. 内在驱动力

产教融合的内在驱动力可以集中为技术创新与改革。通过技术创新与改革而开发出关联性或替代性的制作工艺、高科技技术、创新性产品等，而后在企业中对这些技术更新进行充分应用，使企业原有的服务或产品技术路线得以改变，从而对原有企业的人才需求结构进行大力改变，产教融合在改变中得到了动力支持。同时，人才的需求标准也在技术改革与创新中发生了相应的改变，原有企业为了适应社会的发展而需要更多新型人才，校企之间也就拥有了更大的合作空间。

2. 企业动力

产教融合的企业动力可以归纳为追求核心竞争力与竞争合作能力。企业未来的发展与企业能否在激烈的市场竞争中保持核心竞争力存在很大关联，因为这才是支撑企业竞争的重要支柱。就当今情况而言，人才已成为影响企业核心竞争力的关键因素。企业只有源源不断地培养出创新型的特色人才，不断对人才培养机制进行完善，不断实现对高端人才的高效更替，才有可能成为竞争中的强者。通过产教融合，企业可以在自身发展决策等重大事务上付出更多精力，这样不仅有利于企业竞争能力的提升，还可以让相关合作院校顺利完成人才培养的具体事务，从而在降低企业人才成本的同时，提高企业的生产效率。此外，让学生在接受高职教育时期就开始着手培养竞争力，可以在提高其专业技术能力的同时，增加对企业的认同感，以增强企业团队的凝聚力[①]。

3. 学校动力

高等职业教育的基本功能即培养人才为社会服务。在实际教育教学中，高等职业教育的人才培养目标主要面向社会生产建设与管理服务两个方面，致力于输出更多技术技能型人才。如今，伴随着科技的不断创新与产业的转型升级，社会上对实用型与应用型技术技能人才的需求逐年上升。

---

① 管丹.“校企合作”与“产教融合”概念辨析 [J]. 职教通讯，2016（15）：41-42.

在此需求的推动下，高等职业教育院校只有不断提高技术技能型人才的培养质量，才能与当今社会的时代发展相匹配。基于此，高等职业教育院校提升社会服务能力的必经之路与不断创新产教深度融合的机制与体制、不断提升学生的就业能力与岗位适应能力密切相关，这样所培养的人才能与社会进行无缝衔接且易于满足社会的实际需求。同时，在上述模式下，还可以缩短技术技能型人才的成长周期，注意对技术技能型人才培养的适应性与针对性的增强。

4. 主要推动力

依据区域经济发展的理念，只有对创新型人才或者特色工艺人才进行有效培养，才能创造出产业品牌和品牌经济，也才能使区域经济发展保持强大的核心竞争力，因而高等职业教育需要对创新型人才以及特色工艺人才进行有效培养。再加上我国当前职业教育需要依托于区域经济发展的强大优势，若想为社会培养出更多具备较强适应性的技术技能型人才，需要不断对产教融合教育进行深化，不断使人才的培养质量与内涵得以提升，这样才能最终实现上述教学目的。

产教融合的有效开展并非高职院校的独角戏，而是同时需要行业企业以及相关政府部门的共同参与，这也正与前文所述的产教融合的协调性相统一。虽然产教融合的目的在于培养社会人才，但是高职院校、行业企业以及政府在产教融合工作开展过程中所发挥的作用却是不尽相同的，而且分别有着各自独立的利益诉求。首先是高职院校。高职院校是产教融合教育教学工作开展的主体，不仅负责高职院校学生专业理论知识的传授以及与行业企业之间的安排与衔接，还负责高职院校学生未来就业与创业的设计与安排。可以说，产教融合工作开展的过程中，所有的教学安排、时间安排、双方协调等工作主要还是由高职院校展开，所以说高职院校是产教融合教育工作开展的主体。其次是行业企业。行业企业是高职院校产教融合教学开展的合作方，行业企业主要作用就是配合高职院校开展相应的产教融合教学工作。虽然行业企业对于产教融合教学也同样有着自己的诉求，但是就产教融合工作本身而言，其同样属于教育主体之一。当然，行业企业在产教融合教育工作开展的过程之中并不承担主要的教学工作，而是为高职院校产教融合提供必要的实践教学设备和教学条件。或者说，行业企业在高职院校产教融合教学的过程中主要提供的是技术支持。可以说，行业企业在产教融合教学过程中占据次要地位。但是，在某些特定的情况下，行业企业也能够为高职院校学生提供必要的教育教学或者实践教学。所以说，虽然行业企业在产教融合教学过程中所发挥的作用与所占据的地位不及高职院校，但是它同样是产教融合教学工作的构成主体。此外，还要说明的是，为了更好地发挥高职院校产教融合教学作用，产教融合教学中的校企合作并非仅指高职院校与一家企业进行合作，而是与多家行业企业进行合作，所以这里的企业指的是一部分企业。多元化的行业企业构成不仅能够丰富产教融合教育的开展形式，还能满足高职院校可能需要面对的不同教学需求。由此可知，行业企业在产教融合教学过程中发挥着重要作用。最后是政府部门。政府部门是产教融合教学的宏观推动者和调控者。党的十九大报告中明确指出，要深化产教融合，加强校企合作。正是在国家政府部门的主导下，产教融合工作才能得以顺利和有序开展。同时，作为中华人民共和国教育部门，积极推进和有效开展高职院校产教融合教学也是其应尽职责。所以说，高职院校、行业企业以及政府部门共同构成了产教融合的作用主体。在推动和开展产教融合教育教学的过程中，高职院校、行业企业以及政府部门三者之间不仅需要各尽其职，还需要通力合作、密切配合，以最大限度地提升产教融合的教学效果，为社会和国家培养出更多符合社会需要的可用人才。同时，对于产教融合教育教学过程中的消极行为、懈怠行为以及推诿行为应予以坚决打击并坚决避免。

（三）产教融合要重视学校融入市场的关键作用

产教融合与校企合作紧密相依。关于校企合作的意义，相关研究专家进行了专门总结，可以简要地概括为学校加强了专业建设，丰富了教师实践经验，提升了人才培养质量，培养了学生实践能力和关键职业能力；合作企业吸纳了紧缺人才，减少了资金投入，弥补了自身产能和技术研发力量的不足，降低了生产成本和员工培训成本，提高了市场竞争力。学校在产教融合方面具体要怎么做？校企要如何有效合作？细分起来当下流行的校企合作方式主要有订单培养、工学交替、教学见习、顶岗实习、产学研模式、校企共建、合作经营、专业教学指导委员会和校企联谊会等。关于校企合作为什么往往流于形式，究其原因，还是各方利益诉求不一致。订单培养，企业等主体涉及费用时会相互推诿。工学交替则极易沦为"薅学生羊毛"的培训。教学见习，企业无法放心安排学生参加相应的生产工作，而且这种工作形式的效率相对较低。顶岗实习和教学见习高度重复，缺乏实际意义。产学研模式虽好，但是学校和企业之间因为缺乏沟通，双方普遍缺乏动力。企业认为学校不懂行业，而学校则认为企业缺乏知识理论，双方各行其道，合作办学自然也就难以成功。关于产教融合，不仅应当将教学和实践合二为一，还要重视将学校融入市场。因为只有真正融入市场，学校才能够切实将知识教学与实践教学落到实处，否则只能是徒有其表而已。具体而言，首先需要转变学校的教学思想。现今高等职业教育院校产教融合还是以理论教学为主，实践教学依然需要依附于理论教学。这种思维认知本身就是错误的，产教融合的效果自然不佳。要想真正实现高等职业教育院校的产教融合，可以从以下几点做起：一是需要高等职业教育院校转变产教融合的思路，主动走出去与市场融合[1]。这既是以服务地方经济为目的，变现高职院校的知识价值，又为产教融合的有效开展提供契机。因为这样一来，学生就真正拥有了学生与员工的双重身份，既能专注于课堂知识的学习，又能直接与市场相对接，产教融合教学也就落在了实处。二是高等职业教育院校可以丰富双创基地的经营模式，鼓励或者支持教师、学生创新创业，但是不要以营利为重点，更不要搞创业培训，而是真正面向市场。三是在帮助和引导教师和学生创新创业的过程中，要学会利用课堂所学知识指导实践，同时要注意将创业实践反馈到课堂教学之中，双方互相作用，共同促进，真正实现产教融合。产教融合的关键在于帮助学生在加深知识学习与掌握的基础上，将知识变现，其思路要放在科研成果或者技能领域的创新上，而不是放在教学教法的精雕细琢或者为企业谋利益上。此外，高等职业教育院校还应当主动和当地政府联系，以解决民生问题为目的，发掘人民的生活所需，并尽量以此为窗口，开展产教融合教学，如此既能推动地方经济的建设与发展，又能提高产教融合的效果。一旦高等职业教育院校所开展的自主产教融合取得成果，行业企业自然会主动抛

---

① 李晨，孙志远，刘丹，等. 高职院校创新创业与就业教育路径浅析 [J]. 时代农机，2018，45（05）：86.

出橄榄枝，未来的产教融合之路也才会越走越宽。

（四）产教融合是国家大系统结构优化的要求

产教融合是经济产业转型的人才需求得到的必经之路。经济产业转型升级需要人才的支撑，而新型人才的培养则又需要高等职业教育院校、专业、教育理念以及教学方法的转变，这是一套联动的完整体系。经济产业的转型升级推动着高等职业教育院校教育理念以及教育方式的转变，而高等职业教育院校的人才培养又反向作用于经济产业的转型升级。因此可以说，产教融合是经济社会转型的关键，产业转型—教育转型—产业转型，这是最理想的闭环。产教融合是解决企业人才需求与高等职业教育院校人才供给结构化矛盾的重要途径。如果按部就班，不仅其培养出来的社会人才无法顺应时代的发展需要，还会造成传统专业人才过剩。从社会角度出发，如果学校无法为社会培养出能够符合社会发展需要的人才，那就必然会阻碍新兴产业的建设与发展，国家的创新发展就会成为无源之水和无本之木。产教融合是国家大系统结构优化的要求。国家和企业在结构上具有拓扑相似性：国家的政府部门好比企业的行政部门，主要负责统筹规划；国家的产业部门好比企业的业务部门，主要负责促进经济发展；国家的教育培训部门好比企业的人力资源部门，负责输送人才。由此看来，国家本身就是一个大企业，其大力发展教育以及大力开展教育变革，目的便在于促进产教融合，以推动国家以及社会的良好发展与进步。产教融合本质上是一种跨界融合。高等职业教育院校和行业企业分别将各自的优质资源拿出来进行合作，以达到资源互补、发展共赢的目的。校企合作拓展了双方的资源范畴和能力边界。但是，产教融合并不是简单地形式统一，而是灵魂互融。以水（企业）和面粉（高等职业教育院校）进行举例，只要简单将面粉放入水中，这充其量可以称为"校企结合"。如果将面粉放进水里揉一揉，揉成面团，将二者深度融合，此时才真正是"你中有我、我中有你"，二者之间难舍难分，如此方才是真正的产教融合。因此，产教融合的第一步是把双方的资源都打碎，第二步是进行资源细分，第三步是进行跨界重组，这也是教育改革的创新之法。先破坏后重生，最后再定型。所以转型和升级不一样，升级是微调，属于打补丁式的完善，而转型则需要破坏性的革新。有深度的校企合作源于顶层设计上的融合。当前，我国在产教融合方面做得比较好的是医科高职院校及其附属医院，因为二者同属一个东家，在创办之初就已经深深地结合在一起，产教融合本身就已经孕育其中。比如，医科高职院校学生的实习，对医院来讲就是员工培训。

（五）产教融合的内容

产教融合是产业界和教育界资源的融合，是产业和教育不同发展方式的融合，这两者的运营模式不同。简单来讲，需要从价值观、规律和模式三个层面进行探讨。首先是价值观的融合。比如，三一集团的价值观是利益，尽管它也在和三一职业学校展开着校企合作，但是在产教融合的过程中，如果三一职业学校不能为其创造价值，那么二者之间的产教融合便不能持久。"三观合"的学校和企业才能实现长久的产教融合合作。高职院校不能过分清高，因为企业本身就是以创造价值利润为核心的，这是实现二者合作的基础和前提。反之亦然，高职院校立德树人，培养社会先进人才，企业也要给予认可和支持，双方在价值观上要保持一致。其次是教育规律和职业发展规律的融合。从企业的角度讲，不仅需要明确自己到底需要什么样的人才，还要明确企业人才培养的一般规律是什么。一般而言，企业既需要能够达成目标的人才，又需要能够实现自我驱动成长的人才。但是，针对学校而言，企业需要了解高职院校做教育的目的和目标又是什么，或者说自身做教育究竟是为了推动社会进步还是助力企业发展，社会人才的培养和企业人才的培养之间应当如何融合。最后是高职院校和企业之间模式的融合。企业与高职院校各自所属的行业以及行业属性并不相同，所以二者的运营模式自然也会存在很大的差别。但是，产教融合需要高等职业教育院校与社会企业的通力合作，这也就要求高职院校与行业企业之间必须建立起一种共同的模式。对此，我们需要从教育角度出发，对高职院校和行业企业的性质进行挖掘。从教育角度而言，高职院校的本质是通过课程以及实践的方式培养社会人才，而企业的本质则是为学校提供相应的技术服务。因此，校企合作的产教融合模式也需要将课程、实践、人才培养以及技术四项元素进行融汇与贯穿，才能创新性地设计出一种产教融合的发展模式。

1. 产教融合的难点

高职院校产教融合存在以下问题：一是意愿问题。在实际的产教融合合作中，高职院校和企业普遍存在着先热后冷的现象，主要原因在于双方未能真正为对方提供持续的支持和帮助。二是合作周期短的问题。校企之间的合作往往只持续一个周期，并且培养结束后未必能够实现长久的合作。具体原因有很多，但关键在于合作前的沟通是否充分，以及合作过程中出现的问题是否能够得到及时有效的解决。此外，行业企业的周期性问题也是一个影响因素。还有一个原因是行业企业的周期性问题。强周期性行业必然存在周期波动，如果学校和企业不考虑周期波动也是难以实现持久合作的。三是高职院校和企业之间的合作深度和层次不高的问题。具体表现为合作双方牵头人权力有限，不能把自己更多的更优质的资源提供给对方使用，由此导致整个合作过程中的创新点大幅减少。总体而言，校企之间的产教融合难以有效开展的根本原因还是在于合作效率。高职院校和企业之间开展合作的目的是把二者的资源整合在一起，从而实现"1＋1＞2"的效果，而不是"等于2"或者"小于2"。假使二者在合作之后的效率小于合作之前的效率或者与合作之前的效率持平，那么产教融合也就失去了作用与意义。

2. 产教融合的平台

在实现产教融合的过程中，可以建设基于"共享经济"的校企合作平台。产教融合平台的建设需要从高职院校和社会企业的资源角度出发进行整合，其中，高职院校所提供的资源主要是专业知识，而社会企业所提供的资源主要是产业。产业链和专业群的匹配度可谓是高职院校和产业之间是否应该结合的重要指标。如果二者之间的匹配度较高，产业链与专业相互对应，二者之间的合作意向以及合作可行性也会得到大幅提升，而且未来的合作空间也会加大。反之，如果二者之间的匹配度较低，产业链和专业互不对应或者只有一两个专业对应，那么二者之间的合作意向以及可行性就比较低，而且未来的合作空间会越来越窄。从企业角度出发，企业会根据自身的商业模式和产业链选择高职院校以及对应专业；而高职院校也会根据自身的已有专业选择相关社会企业。二者之间可以相互将对方视为自己的体系或者资源。换言之，如果双方不能把对方的资源看作自己的资

源，那么其整合也就难以真正有效开展。因此，在整合的时候，企业应当将高职院校的一个系、一个专业，甚至将整个学校都视为自己的资源，然后从顶层设计角度出发进行嵌入。反之，高职院校亦然。在设计人才培养模式和师资建设的过程中，也需要把企业的资源看成高职院校自身的资源，并将其列入高职院校的顶层设计之中，只有这样，二者才能实现无缝融合。

共享经济下，每一个合作方都能贡献优势资源，形成资源互补。具体到校企合作，企业与高职院校的某一个专业开展合作，合作的高职院校所有专业也是开放的。反之，高职院校某专业与行业企业展开合作，院校的其他专业同样可与合作的行业企业展开合作。当然，这也要对比学校专业与企业之间的匹配度。院校与企业之间的合作并非具有专一性，所以某个具体专业或者年级的学生可以同时与多家企业展开合作。此外，高职院校通过校企合作平台，还可以将全部合作企业放到平台上"共享"，打破各企业、部门、资源之间的壁垒，鼓励和促进合作企业之间的相互交流与合作，以实现多方共享与共赢。比如，某企业发现一个新的商机，但是缺乏资金、技术或者团队，这时它除了需要向政府申请创意资金之外，还可以借助校企合作平台发起众筹，或者借助校企合作平台与其他社会企业展开合作。当然，学校也是其重要的辅助力量之一。这便是一种资源共享。这里仅是校企合作的初步框架，具体的合作还需要高职院校发挥作用。具体而言，高职院校可以通过人工智能的方式，将寻求帮助企业的重点问题以及其他校企平台企业的优势进行智能化匹配，继而从中挑选出比较恰当的合作方案，在更好地推动社会企业进步的同时，扩大学校的人才市场需求。

3. 产教融合的九链对接

考虑到企业在发展过程中需要对九个层面进行严格把控，在进行产教融合时也就需要与之进行相应的对接。对于企业而言，这九个层面分别是产业、技术、商业模式、员工队伍、岗位、研发创新、人力资源、国际拓展和质量管控。对学校而言，这九个层面分别为专业、课程、实践实训、双师队伍、就业、双创科研、职业培训、国际化和质量保证。实现其中的链—链对接并不容易，因而高职院校在人才培养的过程中需要对这九个层面格外重视。

第一，产业链对接专业群。社会分工形成行业和产业，专业群正是与

之对应的人才需求，可以说专业群正是由产业链映射而来的。高职院校在培养人才的过程中，需要通过专业群的带头人将学生学习专业群所对应的产业链进行分析和绘制。如果缺乏专业群的产业链划分，那么高职院校的专业群定位就不会清晰。在对产业链进行绘制之后，再将其与专业群进行比对，如此才能明确高职院校专业群的发展方向，同时学生也才能够明确学习重点。从企业的角度看，企业要对自己的产业链进行划分，以与高职院校的专业群进行匹配，从而明确合作的空间和范围。比如，针对技术要求较高的上游产业环节，企业可以优先选择与"985"等高校进行合作，而对于技术技能要求相对较低的下游产业环节，企业则可以选择与高职院校进行合作。在合作的过程中，企业产业链与高职院校人才之间可能产生相互冲击的效果。企业对高职院校人才的冲击在于学生的社会认知，而高职院校人才对于企业的冲击则来源于创新。这一点对高职院校和企业而言尤为重要。

第二，技术链对接课程体系链。课程是专业的载体，技术是产业的载体，所以课程体系与技术链相互对应。人才培养的第二步就是划分技术链条，以与课程体系相对应。一些优质的高职院校，可以有针对性地研发一些前沿科技，以反哺到现有的产业技术中。可以说，这是技术链对接课程体系的进一步延伸，对于校企合作的效果以及持久性发挥着重要的推动作用。

第三，商业模式链对接实践实训链教学体系。企业非常重视实践，高职院校的实践教学体系理论上应该是商业模式的一部分，它应该由商业模式映射而来，这样的实践才能与商业之间建立起良好的合作关系。高职院校实践的一些改进能不能为企业商业模式的改进创造价值，这是值得高职院校和企业共同探究的问题。

第四，员工队伍链对应双师队伍链。高职院校人才就是企业的未来员工，不仅要具备专业的理论知识，还需要具备丰富的实践能力。高职院校的双师队伍就是知识教学队伍和实践教学队伍，二者相互协调、共同配合，为企业培养出知识型与实践型并行的优质员工。如果企业内部拥有属于自己的讲师团体，则可以与高职院校的双师队伍相融合。如此既能够实现相互之间的学习，又能够实现双方的共同提升，以更好地为产教融合做贡献。

第五，岗位链对接就业体系。就实际而言，社会中诸多高职院校的创业就业教育做得并不到位，如临近毕业季的"双选"，数百家企业直接到高职院校内进行招聘，而未能对岗位链和就业体系之间的融合进行深入探究，这并不是真正的产教融合。高职院校就业教育要懂得教学和岗位的匹配，如通过对岗位做标记的方式，跟踪每一年这些岗位的变化情况，而后再将变化结果反馈到课程教学体系之中，以保证高职院校教学与社会发展相适应。另外，因为学生的就业意向也是在不断发生变化，所以高职院校可以专门针对学生的就业意向建立数据库，并且及时与企业所提出的人才需求相对应。最终通过人工智能计算的方式，建立人才与岗位的匹配与对接，并使之成为一种动态的机制。

第六，研发创新链对接双创科研体系。研发创新是企业自身的责任，企业可以根据自身的实际需要进行相应的需求调研、技术论证、试探研究、产品试制和商业运营。科研双创链也是从创意开始进行相应的创意激发、专业引导、创新验证、项目开发和创业运营。例如，针对学生提出的创意点，高职院校不仅可以对其进行择优科研，还可以向企业进行推送，进而与企业的科研相对接，从而实现共同创新和同步创新。

第七，人力资源链对接职业培训体系。企业的员工也是需要不断培养和成长的，但是因为企业缺乏相应的人才培训体系，所以可以将其人才发展链与高职院校的职业培训体系相对接，助力社会企业人才的成长与进步，这也是校企合作的应有之义。

第八，国际拓展链对接国际化体系。现在我国的诸多社会企业纷纷将目标和市场投向国外，开展国际化业务。但是，这个过程并不容易，需要面临语言不通以及员工培养等多重问题。高职院校可以为企业的发展困境提供支持，帮助其培养专业的人才，同时可以进一步拓展校企合作的空间。具体而言，高职院校可以通过专业人才培养或者对企业人才进行再培育等方式解决这一问题。比如，高职院校可以通过设置海外定向班的方式培养国际化人才，而海外定向班的成员既可以来源于高职院校自身，也可以来源于企业。这是一种新的校企合作模式，产教融合的国际化使命就是为企业国际化赋能。

第九，质量管控链对接质量保证体系。高职院校内部普遍设有教学质量保障体系，以检验高职院校所培养出来的人才是否符合社会需要，而社会企业同样也设有产品质量管控链，以接受社会对其产品质量的考核。这两种质量保障体系的内容和方向虽不相同，但是却暗含联系。从结果角度出发，企业产品质量的保证需要以高职院校人才的品质保证为前提。因此，高职院校可以按照社会企业所需要或者所要求的质量保障体系进行教学，从初始角度出发培养符合社会企业发展需要的人才，从而提升产教融合的效果和质量。

四、产教融合的功能与作用

将生产和教育紧密结合起来，实现理论知识和实践知识的有机协调和融合，从而提升实践能力，这就是产教融合。通过将产业和教育相融合，以及学校和企业的合作，可以为学生提供更多的实践机会，从而培养他们的实际工作能力和实践技能，而不是仅仅停留在理论方面的学习上。通过产教融合，企业、学校、政府、社会组织等资源得以有机结合，实现资源的合理整合，并进行优化分配，达到资源互补，共同提高教师素质的效果。教师需要不断提升自己，以适应产教融合趋势所带来的新要求和挑战。因此，产教融合在提高教师教学水平方面具有显著的价值，可促进教学改革的发展。将产业和教育相结合，是高职教育探索的一种创新思路和模式，是高职教育的一种理念和实践创新。随着对产教融合教学模式的不断探索和发展，高职院校需要对课程设置、教学内容和评价方式进行调整，这样才能促进高职教育改革的深入推进。实现产业和教育的融合，是为了提高学生在实践中的能力和技能，同时满足社会的需求。为此，我们需要创新教育方式、整合教育资源、提高产教融合的水平。此外，产教融合还能够帮助企业实现技术创新，将生产水平及效率不断提升，从而促进企业的快速和高质量发展。从这个观点来看，产教融合可以视为一种至关重要的途径和方式，通过它，学校和企业能够共同发展、全面提升，同时也展现了高职院校教育价值、社会价值和经济价值。通过产教融合，高职院校将按照企业需求培养人才，将理论与实践相结合，提供企业所需的有价值的人才和智力支持，从而为企业发展提供支持，促进我国企业的综合实力提升，推进社会主义市场经济的高质量快速发展。

（一）有利于专业定位和建设

企业和高职院校紧密合作，当社会经济发展的路径发生变化时，企业能够第一时间感知到，企业将所需要的人才培养标准及时传达给高职院校，高职院校及时作出响应使专业定位始终跟上时代的步伐。近年来，我国职业教育的鲜明特色在于以职业学校为主体，重点培养初入职场的技术技能人才。尽管职业学校在人才培养方面成效显著，但经济领域行业企业与正规职业准备教育相对脱节，促使职业院校加强与产业、企业的合作，进行产教融合和共同研发。但这一过程中面临的困难也十分严峻。企业在技术能力方面拥有大量人才，并且非常清楚行业需要哪些人才。因此，他们可以发挥专业知识和经验，为专业定位和学科发展提供支持。根据国际职业教育成功的经验，产教融合和校企合作是培养技术技能人才的必由之路。

在我国，大力推进产教融合、校企合作，以培养成熟的技术技能人才，是由经济和教育背景决定的。就经济而言，目前我国正处于工业化中期，致力于实现产业结构升级和转型，并建立起创新驱动的现代产业体系。这也促使了行业和企业对具备复合型和创新型技能的人才有着迫切的需求，推动着行业和企业做出变革。研究发展所面临的体制机制难题以及解决技术应用和技能人才发展实践中的问题具有重要的意义。近年来，我国职业教育的显著特点是以职业学校为主要培养场所，致力于为初入职场的技术技能人才提供教育。但是我国的行业和企业与现阶段的人才的培养并不匹配，因此，职业院校对于产教融合、校企合作共同培养人才和开展研发工作的需求日趋强烈。但是，要想实现这一目标还有十分多的困难。就经济而言，我国工业化中期的经济阶段，就必须推动产业升级和转型，建立现代化产业体系，并以创新为动力。这一趋势迫使企业必须改变，培养锻炼出复合型和创新型的技术技能人才。在国际职业教育成功的国家中，实现产教融合和校企合作来培养技术技能人才是一项共同的顾虑。在我国，推动产教融合和校企合作共同培养技术技能人才，是基于深刻的教育和经济背景所形成的。全面深化改革的总目标是进一步完善和发展中国特色社会主义体制，促推进国家治理体系和治理能力现代化。当下，职业教育的发展受到诸多制约因素，包括体制机制不完善、缺少参与主体、制度不完备、政策不协调、没有足够的发展动力等。以促进国家治理体系和治理能力现代化，才能解决职业教育面临的瓶颈问题。

作为一种紧密联系于社会经济发展的教育形式和类型，职业教育在培养高技能人才、提升整个社会的经济水平等方面具有不可或缺的重要性。职业教育的发展也与国家的经济繁荣和社会进步息息相关。现代化的职业教育治理体系与治理能力，是国家治理的一个关键组成部分，对于全面深化改革和推进国家治理现代化具有至关重要的意义。政府和各部门从改革开放之后不断加大推动力度，致力于推进职业教育的发展，这一努力取得了惊人的成就。但是，尽管职业教育在迎合我国经济和社会的需求以及人民期望方面取得了一定进展，仍不可避免地面临许多困境。看起来这些问题不仅困扰着职业教育本身，属于职业教育的问题，但实际上它们源于职业教育的外部机制和制度。在"十一五"时期，我国职业教育的校企合作已经创造并推行了多种具有地域产业特点的实践形式，例如："订单式"培养、工学交替校中厂、厂中校、政府、学校和企业之间的三方合作等。这些实践形式与校企合作人才培养理念相结合，形成了"合作办学、合作育人、合作就业、合作发展"的理念。

然而，职业教育的校企合作依然遭遇到了很多难题和挑战，尤其是缺少国家制度和政策的支持。这种缺失要求职业教育在国家政策和体制层面上一定要进行顶层设计改革。采用校企合作、工学结合的教育模式是一种行之有效的培养技能型人才的方法，职业教育的本质和核心特点在这个过程中被深刻体现。越来越多的人承认，职业院校和企业应该共同承担培养技能型人才的责任。

从单一维度的管理思想过渡到"多元"的治理思想，在治理理论的指导下，借鉴国际经验，研究职业教育多元治理的主体责任，实行管理与评估的分离，采用多样化的治理工具以及完善的治理制度、治理指标、治理方法等，对于经济和社会的发展具有巨大意义。首先，如果我们能够形成完备的职业教育治理体系，并实现职业教育治理能力的现代化，那将会对数亿技术技能人才的培养和可持续发展产生积极影响。这样做还能帮助职业教育克服诸多困难，进而提高职业教育服务产业结构调整和经济发展方式转变，使其更加具有针对性和实效性。其次，针对职业教育的治理体系和治理能力进行研究，可以推动我国社会实现更加民主与全面的发展，为人民提供终身学习的途径和机会，借助职业教育促进国民素质的发展，从而提高就业质量，创造幸福生活，打造民主和谐环境。我们要加快现代职业教育体系建设，通过深化产教融合和校企合作，为社会培养高素质和技能型的人才。

（二）有利于课程建设

学科的进步与发展离不开优秀的课程体系，因为所有企业岗位所需的技能都需要通过课程体系进行培养，只有通过相应的课程培养才能掌握岗位的技能。有专家团队进行了一项全国性的研究，研究重点为校企合作中存在的问题以及校企合作参与各方对政策的需求。研究选取了经济比较发达、地方政府认识有着充分的认识、政策环境相对宽松、有着大量的经费投入的地区作为样本，同时这些地区的企业参与职业教育的意识较强。

职业院校和企业的合作面临着各种历史遗留问题和新兴问题，因此需要政府全面协调解决方案，以促进合作的更深入发展。企业深入了解岗位职责，要详细规划各工种的工作任务和职责，并将其转化为课程标准。此外，企业还要将自身的项目实践作为课程教学案例。在我国的职业教育中，校企合作存在着五个主要方面的问题，包括政府、行业、企业、院校和学生。为了高水平技能型人才的培养，也为了适应当前经济发展方式的转变和产业结构的升级，这五个层面的问题必须解决。中国职业教育政策制定者要着重研究和解决这些问题。

在职业教育的校企合作中，主要存在两个具体问题，一个是缺乏企业主体，另一个是企业积极性、参与度较低，这是经济领域未能提供足够的支持和配套制度所造成的。可以说，产学融合是教育、经济和产业制度三个领域的要素。

（1）政府作用的边界与市场治理结构的作用发挥

我国现在的经济领域的法律体系对于产教融合、校企合作等制度内容的覆盖较少，在教育领域则主要依靠1996年实施的《中华人民共和国职业教育法》为依据，但未制定相应的下位法。虽然地方性法规以及国务院相关部门制定的规章会对此作出规范，但并没有形成整体、有力的规范体系。

随着近几年法律体系的健全，国家对职业教育校企合作的制度和机制建设给予了越来越高的重视，各地的探索实践也在如火如荼地展开。通过这些努力，校企合作制度建设已取得了显著的进展和成就，但相关法律制度尚待完善。在国家层面上，我们目前面临的相关问题包括以下方面。

①政府在主导校企合作方面没有足够深入的不足，对于如何扮演引领者的角色缺乏深入的了解，也缺乏相关经验，同时对于校企合作的法律和政策制度也不够完善，需要加强协调和引导的作用。

②目前校企合作并没有一个健全的管理制度和模式，需要明确政府及其部门的参与职责。

③由于政府主导没有彰显其主导性，校企合作并没有完善多方参与、沟通对话、经费投入引导和保障机制以及监督评价体系。此外，资源整合力度也有待加强，并且也需要增加对职业教育优惠政策的宣传力度。

④政府支持的社会化评价体系亟需完善，企业参与评价合作的资质认定也没有一个明晰的规范，同时缺乏对企业参与评价合作的综合效果的评估。

⑤职业资格证书和人才培养之间的联系不够紧密，也没有将人才培养和职业准入挂钩，同时校企合作的教育规范和标准也需要更加成熟。

（2）行业指导能力的缺失与弥补

我国缺乏关于行业协会在职业教育发展中的地位和作用的明确规定，这导致行业组织在协调和指导方面的作用不能完全发挥出来。此外，在制订行业岗位标准和课程标准方面，行业组织没有发挥应有的主导作用。行业组织还需要建立监督机制来监督职业教育与企业的合作，并且需要进一步完善行业协会与职业教育交流对话的制度。

职业教育的发展离不开行业的发展。为此，教育部门成立了59个职业教育行业教学指导管理协会，并公布了相应政策，旨在促进行业组织在职业教育中发挥更大的作用。然而，事实上，行业组织指导职业教育的效果尚未取得显著的进展。我国经济领域的行业组织在自身能力和作用方面尚未得到良好的发挥。此外，目前并没有明确行业指导职业教育的权限，也缺乏健全的政策来支持和鼓励行业组织参与职业教育与培训。整体来看，我国行业并没有足够的自身独立发展水平，而且缺乏引领职业教育发展的能力。因此，我们需要逐步培养行业这方面的能力，方能拥有像德国等发达国家行会制订标准、主持考试和颁发资格证书的权利和能力。

（3）企业作为育人主体的作用和责任缺失

①在职业教育和未来员工培养方面，企业应承担更大的责任。然而，我国职业教育在当下仍然属于市场治理结构发展的初期阶段，企业并没有很多表达意愿的机会，也没有成熟的条件，因此没有足够的参与职业教育的内驱力。

②企业缺乏战略性发展理念，缺乏参与校企合作的动力，缺乏足够的社会责任意识，单纯依赖感情是难以维系长期合作的。

③当前合作组织的管理存在不足，在具体学科发展、课程开发和实习管理等方面，企业不掌握主动权，缺乏教育培训标准和规范，导致合作不能深入。

④存在众多以体力为主而非技能为主的企业，这些企业尚未完成转型升级，缺乏积极参与技术型人才培养的动力。

（4）职业院校校企合作育人和研发的制度尚未到位

①学校的制度理念还停留在传统阶段，没有健全的校企合作的治理机制、合作发展机制，整合资源的能力也不足。

②缺乏品牌创建意识，在专业水平和技术技能积累方面是短板，难以在行业中发挥领军作用。

③技术服务能力欠缺，企业看不到吸引力自然也就拒绝参与。

④由于缺乏创新的人才培养模式，无法建立起受到校企双方共同认可的教育规范和标准，以满足产业的需求。

⑤学生实习的监管不够严格，实习与教学相融合的质量难以保障。

（5）学生实习活动性质错位与纠正

实习活动本来应该是一种教育性质的活动，而不应该被看作是就业行为。就业前实践与实际工作并不等同，前者无法被后者直接取代。在我国的实际职业教育中，有三方面的问题，第一点是学生在岗位实训和实操中学到的内容和要求与企业的人才定位以及工作岗位的要求不太一致。第二点是学生进行企业实习时，实习内容、场地安全以及工作时间并不是确定的制度或者规定。第三点是尚未制定出一套明确的标准，以培养学生的负责任精神、勤奋耐劳等品质。

（三）有利于提升教师的社会服务能力

学校和企业经常进行人员轮岗实训，即校方和企业相互派遣员工，为了有效地提升师生的实践操作水平，企业还会派遣专业技术人员到校进行授课。高校方面，将教师派往企业一线锻炼，让他们亲身参与企业生产实践，可以有效提升教师的实践能力。深入探讨怎样通过校企合作促进政策的制定和实施是一项极为重要的任务，需要对目前存在的问题进行深入挖掘，借助理论分析问题的成因，并从宏观角度出发，探讨基于国家层面的解决思路和措施。尽管职业学校是我国职业教育的主要一方，其管理仍由教育部门负责。然而，由于职业教育校企合作面临跨领域、跨部门的问题，单一的教育部门无法有效应对。2009 年，宁波市开始实施《宁波市职业教育校企合作促进条例》，这是国内首个针对地方职业教育校企合作的法规。该条例的出台，促进了职业院校、企业和政府的职责的明确，帮助防范实习期间学生发生意外伤害事故，保护企业商业秘密等提供了法律依据。此外，该条例还促进宁波地区职业院校和企业合作，培养了大批高素质技能型人才，为校企合作的可持续健康发展提供了法律保障，可以说是完善地方校企合作法规的重要里程碑。实施校企合作和工学结合的人才培养模式是职业教育的基本做法之一，既能够培养出应用型、技能型人才，也符合我国教育同生产劳动相结合、培养全面发展人才的基本教育方针，同时也为制定国家职业教育校企合作促进法规提供了宏观思考的框架，推动地方率先探索试验，借鉴各地创新实践。许多地方逐渐意识到校企合作的价值，因为在人才培养合作项目和产品研发等合作项目中，前者的回报并不高，且需要的投入却不低。高校教师掌握的理论知识丰富，但缺乏实践技能，加之大部分教师缺乏项目经验。因此，产教深度融合将成为提高教育师资水平的有效途径。当教师在真正投入到实践中掌握了一系列优秀技能后，加上自身的广博理论知识，必然能够提出更多有创意的想法，帮助企业有效地解决实际难题。

因此，国家需要制定职业教育校企合作政策的总体框架，以推动此项

工作的顺利运行。在教育、经济和劳动三个方面，国家建立了法律性框架。当下，教育与生产劳动的结合、教育服务于经济建设、经济建设依赖于教育以及职业教育中的学校与企业的合作，在《中华人民共和国教育法》《中华人民共和国劳动法》和《中华人民共和国职业教育法》中都有相应的规定。虽然这些规定在促进校企合作方面发挥了一定的作用，但是这些条款大多是宏观性规定，具体指导建立良好的职业教育产教融合制度并没有体现，需要后期的努力。为加快建立国家职业教育产教融合校企合作机制，国家应对现有法律进行修改，新增相关法律，要涉及教育、经济和劳动三个领域，在宏观层面上提供法律框架支持。企业在向职业学校提供资源的过程中，实训设备和资金支持等方面的贡献相对较小。因此，参与职业教育的企业需要政府政策的激励和补偿来加强他们的参与度。

（四）有利于学生就业

企业参与人才培养的全过程中学校要根据企业需要什么样的人才来定位培养方向。基于此，学生能够及时掌握行业的最新技术和趋势，毕业后他们更容易在相关企业中找到就业机会。这样的合作方式不仅提高了学生的就业率，也提高了企业生产与教育的融合水平。

将职业教育校企合作进行分类，就是在职业教育校企合作的共性和不同点的基础上，依据标准，按照一定方式和原则，进行有序地划分和整理归类。根据参与主体、企业依赖的人力资本类型、生产方式，以及合作涉及的专业类别等因素，本书对校企合作进行了分类，并分析了各类合作的特点，旨在分析出不同类型校企合作的政策需求。并非所有类型的企业都有足够的积极性参与各种形式的校企合作。不愿参与合作的企业有知识依赖型企业和手工生产方式的企业，因为这类企业参与合作的范围较窄，形式单一。因此，政府和其他相关部门对于这类企业重点应该放在引导上，不要强制推动，也不要过度鼓励。在手工业生产领域的企业，校企合作通常需要较长的周期，但这种合作能够全面培养学徒的技能，因此这类企业和学校合作能产出更高的合作效益，政府要引导鼓励这类企业积极参与校企合作。还有一些生产类型企业，过度依赖体力劳动，其工作具有简单重复、技术含量低、计件工资制度等特点，这类企业并不适合参与校企合作，因为虽然体力依赖型企业非常需要实习生参与一线工作，但这类企业的实习并不利于培养人才，所以不鼓励与这类企业参与校企合作。

五、社会主义市场经济对产教融合的影响

中国经济在不断发展，路径也不断调整，因此，多层次、多方位成为人力资源需求发展的特点。这种需求与社会主义市场经济密不可分。在过往的高职发展经验上，其办学目标与培养适应市场需求的学生紧密相关，同时它作为一种新型高等教育，在特定的经济社会发展阶段才得以出现其自身的独特性。高等职业院校的发展必须与市场需求紧密结合，以优化自身发展并强化人才培养。随着我国不断深化教育综合改革，职业教育必然要向着产教融合的方向发展，这也是促进高职教育发展不可或缺的关键因素。因此，本书聚焦于社会主义市场经济条件下的产教融合，旨在深入研究高职教育中产教融合的有效发挥。

（一）社会主义市场经济发展要求下的产教融合

我国社会主义市场经济正在不断发展和完善，高等职业院校的使命也面临了新的挑战。为适应市场需求，高职院校需要积极探索产教融合的新模式，这是高职院校在探索社会主义市场经济背景下的新的发展方向。在培养人才时，我们需要纠正原本只培养从事基础研究的工作者和普通的操作工人的误区。相反，我们应该注重培养那些既能够动手实践又能够动脑思考的技术实践型人才，他们是促进产教融合的关键力量。如果丧失了市场竞争力，任何一方都难以成为社会主义市场经济的主体。因此，随着经济改革不断深入推进，高职院校必须不断适应新的经济环境，完全摆脱原有计划经济的限制，加速自身转型，逐步融入新的经济环境。这一过程需要在人才培养等多方面进行。

因此，高职院校作为培养技术型人才的重要地方，必须加强教学中的实践环节，借助产业与教育的融合，将理论知识与实际应用有效融合在一起，以增强学生的实践能力。因为高职院校的发展与社会主义市场经济密不可分，所以掌握市场主动权是体现和抓住其核心竞争力的重要手段。高等职业教育的教育目标是培养既具有一定理论知识，又能参与实践的人才，

高校的人才培养主要面向生产、基层和管理服务这些层次和环节，致力于培养学生的技术性、实用性和技能。因此，在教学中注重实践操作性，强调培养学生的动手能力，具有重要意义。

在当前竞争激烈的环境中，用人单位自主权不断扩大，企业对人才的需求产生方向性的转变，市场需求的人才已经转向了能熟练运用操作技能、具备丰富理论知识以及精通有效管理的方向。高职院校通过产教融合可以有效实现其教育的目标，因为这种模式有助于高校紧密跟随市场需求和营运规则，在教学活动中培养高技能人才，适应企业生产的变化，这样高职院校就能更好地保持生存发展的态势。在社会主义市场经济环境下，我国高等职业教育具备"高等性"和"职业性"的基本特征。然而，高职院校在办学过程中未能合理平衡这两种属性的关系。在高等教育的人才培养中，高技能并不符合现代社会的需求，并且也不利于受教育者的全面发展，因此与高等职业教育的独特性格格不入。高职院校需要实现产教融合，以科学化培养人才来支持社会主义市场经济的发展。高等教育机构是社会主义市场经济的重要组成部分，市场的需求性也是高校的办学宗旨。社会主义市场经济的重要特征是市场主体多元化，这要求不同形式的主体在资源配置市场竞争中平等参与。因为，主体的多样化是市场独立性的一个体现。这种竞争表现为广泛参与和自主行动，同时也是在社会主义市场经济环境下的竞争，关系着生存和发展。高职院校需要加强产业与教育的融合，以适应社会主义市场经济的发展需求，提高人才培养的质量。由于高职院校教师的招聘来源受限，高职院校教师更加注重学生的学术研究能力，但忽略了实践操作能力的培养。这种情况在培养人才过程中存在普遍问题，导致高校无法为企业提供所需的有效人才培养服务。因此，高职院校应致力于深化产学合作，在教师的指导下，鼓励学生积极参与更具实用性的科研与产业实践，使他们能够通过解决实际问题，如产品开发等过程中感知实践与产业的连贯性，从而培养实践思维与产业思维能力。

通过这种方式，我们可以更有效地促进区域经济和产业的发展，提高学生的知识适应能力，以及实现教育教学资源的合理配置和有效利用。在社会主义市场经济的环境下，高职院校毕业生面临就业困难的挑战，因此需要高职院校加强产学合作，以应对这一问题。随着我国社会主义市场经济的进一步发展，劳动力市场的竞争越来越激烈，尤其是对于高职院校毕业生来说，用人单位更加关注他们的实际操作能力。我国高职教育体系中，学生培养模式仍然固守传统，与市场对人力资源的需求不相符。高职院校毕业生是否能够适应建设、生产、管理与服务的第一线需求，是决定他们是否顺利就业的关键因素之一。若他们没有这种能力和适应性，社会就难以避免高失业率的困扰。高职院校的培养模式必须紧密结合市场对人才的需求，只有如此，我们才能够有效地解决就业问题。产教融合能够提高学生的实践能力，让他们更好地认识和适应未来的职业选择，同时目标更加明确，有助于其适应市场变化并寻求发展机遇，从而减轻高职毕业生的就业压力。因此，高等职业院校应该融入社会主义市场经济体制中，利用产学融合的教育模式来提高在市场上争夺人才的竞争力。

（二）社会主义市场经济背景下产教融合的角色定位与实施标准

从"人才培养"和"用工需求"两方面出发，学校和企业加强合作，这需要对产教融合中各类主体进行科学界定，明确相关标准，以促进有效的合作实施。产教融合的核心目标是更好地服务学生，这一点要牢牢把握，也就是说学校和企业应以服务学生为核心进行建设。产教融合旨在帮助学生树立正确的求职观念，并提升其实践能力。但是，如果学校只根据企业对雇用人员的技能和数量需求来培养学生，那么必然会偏离产教融合的目的。学生的专业技能固然是最基础的需要培养教学的内容，但是学生树立正确的求职观念同样重要。因此，校企共同培养人才的模式需要两者兼顾。因此，可以毫不夸张地说，高职院校在产教融合中扮演着非常重要的角色。高职院校是产教融合实施的主体，需要不断向本地输送所需的实践型人才，这是它的首要责任和任务，也是高职院校发展的永恒主题。

当下，高职院校成了主要倡导合作育人和合作办学的主体。在我国的校企合作办学模式中，高职院校起着非常积极的推动作用，在与企业合作的过程中，通过提供学生岗位实操、合作办学、创建实习基地等方式，高职院校为培养学生和满足社会需求作出了巨大贡献。与中职院校不同的是，高职院校在产品开发和实际工作中具备更强的实力，因此得到了教育行政部门和社会公众的广泛认可，这为产教融合的发展打下了坚实基础。从另一方面来说，政府和企业的作用也不可忽视，他们推进和促进了产教融合的发展。尽管政府没有直接参与产教融合的具体执行过程，但它在制定政策、提供法律和财政支持方面扮演着宏观管理的角色，以协调高职院校和企业之间的关系。

政府的支持与助推对于高职院校的产教融合发展至关重要。因此，在西方发达国家，政府制定了许多法规和政策来保障顺利推进高职院校的产教融合的实施。从本质上看，企业在产教融合的模式中受益最大，因为这种模式可以充分满足企业自身发展的需求。企业的发展离不开科研成果和人才的积累，因此他们与高职院校进行联合，共同培养人才，低成本、高效益地解决了人才需求的问题。从另一个角度来看，产教融合可以视为一项有良心的工程。现代社会的发展也有很多的问题，存在许多不确定因素的影响，企业在参与产教融合时如何表现出更强的可信性和道德感，以建立有利于产教制度健全发展的良性环境，这一切离不开社会和政府的监督和监管。因此，产教融合要想成功，就必须培养企业对经营教育的社会责任感。

在社会主义市场经济发展的今天，我们需要制定符合产教融合的三维标准。产教融合的最终目标是让人才培养与经济社会需求相适应。如果单从表面上看，产教融合可以被视为实现学校和企业人才供应之间联系的桥梁。但是产教融合还有更深层次的含义，高职院校应当让人才培养与企业需求相融合、相匹配，实现人才供给与需求的平衡。因此，探究如何培养人才、采用何种方法、如何实现与企业的需求匹配等，成为高职院校办学中的关键因素，只有这样才能培养出一流人才，推动经济社会的快速发展。产教融合的目标的实现需要满足以下三个方面的条件。

首先，学生招收的数量应当与企业的用工需求相适应。为了满足市场需求和保证学生、学校和企业间的自愿和平等，高职院校对于新专业的开设，在前期需进行大量市场调查和论证。这样做有多重好处，它不仅能统计各企业的人才缺口来设定专业及专业规模，同时还能缓解我国企业对应用型技术人才需求的紧缺状态，减轻学生的就业压力，解决因求职引发的社会矛盾。

其次，高职院校需要培养符合各行业要求的人才。换句话说，高职院

校应该摆脱传统的教育模式和规范，探索新型的培养体系和模式，以更好地适应学生的发展需求。除了传授基本专业理论知识和尊重学生信仰，我们还要找到学科发展和行业要求相结合的点，引入更多的业界精英和企业管理者参与人才培养，以提高学生在行业从业方面的水平。

最后，高职院校应该创造类似于企业经营场景的模拟环境。企业所拥有的专利申请涵盖了许多来自学生的创意，"学生专利"是重要组成部分，这反映出高职院校实践能力对于学生具有重要作用。在校内模拟企业场景是提高学生实践能力最为有效的方法之一。通过建设模拟场景，学生得以将专业基础知识应用于实际场景中，避免了空谈理论的缺陷，并且极大地提升了其思考和解决实际问题的能力。

（三）社会主义市场经济背景下产教融合发展的现实障碍

自 20 世纪 80 年代起，我国高职教育得到迅速发展。在中央层面和理论实践的层面，高职教育的人才培养和创新就已经被放在重要位置。国家教育管理部门一再强调，为了适应社会主义市场经济发展，必须通过产业和教育的有机融合，加强学校和企业之间的合作，推进高等职业教育的发展。然而，目前实施产业与教育融合的效果并不尽如人意。造成这种情况的原因有多方面，包括意识观念上的障碍、政府的推动力度不足，文化差异和体系性缺陷等各类问题，这些问题在实际推进产教融合的过程中阻碍了其发展。对于产教融合的认识存在误区，限制了其进一步深化。

在社会主义市场经济的发展中，不同类型的人才都扮演着重要的角色。技术和技能方面的人才十分关键，是构成人才结构的重要组成部分。提高经济的竞争力主要取决于科技进步和人才素质的不断提高。因此，我们需要进行产教融合，以培养应用型和技能型人才，从而提升其素质和技能水平。产教融合是政府寻求经济增长点的一种启动方式。职业院校为培养经济实用人才提供了有效的途径。对于企业来说，产教融合是获取应用型、技能型和复合型人才的简便途径，是人才储备的重要渠道。

产教融合的核心在于创造一个良性循环的模式，优化整合教育教学资源，将高职教育带来的优势转化为促进经济发展的力量，从而全面提升教育资源的效益，提升办学的质量。在现有的校企合作关系中，多数情况下

是学校主动寻求企业的合作机会以谋求生存，而企业所提供的援助仍停留在比较浅层的阶段。由于传统教育理念和模式的限制，一些高职院校还没有认识到产教融合在培养能适应产业升级和社会经济发展的人才方面的迫切性和必要性。这种意识的缺乏会影响学生的职业发展。因为，在认知上的偏见，这些院校在制定办学方针和规划学生培养模式等方面没有科学合理的依据，缺乏系统性和全面性。此外，一些企业因为缺乏全面的职业教育观念，未能有效地履行社会责任。同时，他们对于产教融合模式认识不足，因此在与学校的合作中缺乏积极性。

　　因此，学校和企业在产教融合的过程中应该意识到双方都可以获得利益，这是一个双赢的模式，而不是学校像"乞求者"一样请求企业赞助，或是企业像"赞助者"一样通过牺牲自身利益来支持学校，这种合作并不需要以一方牺牲自己的一部分利益为代价。

　　国家对产教融合的推动力度不够，缺乏相应的政策和法规支持。长期下来，真正实现产教融合是很困难的，实际上也难以确保其长期发展。在我国高职教育发展的历程中，教育部和其他有关部门发布了多项政策文件，以推进高校和企业之间的产学融合，促进校企合作。然而，大部分文件都侧重于指向推进发展的方向，并规定了比较抽象和模糊的内容。相比之下，在优惠政策、法律条款和可执行文件等方面，缺乏对这些方面的详尽规定。

　　尽管高职教育一直在推进产教融合和校企合作，并且成立了校企合作协会等组织机构，还进行了试点实验，但是实践和实验项目不能没有指导和准则来把握方向，产教融合的推进缺乏一套权威的完整准则和指南，这导致发展实践无法得到有效推进。因此，只依靠企业、行业和高职学校的单方面努力，在社会主义市场经济发展和产业升级的背景下实现产教融合是十分困难的，而且这种努力的有效性也无法得到保障。由于政策和法律环境的不健全，产教融合难以建立完善的发展制度。此外，国家和地方有关机构的人员缺乏对产教融合的部署、规划、推进。这造成了政府在推进产教融合时的宏观管理与指导作用不能得到明显发挥，对于规范和推动产教融合缺乏足够的力度。另外，由于缺乏协调机构，校企合作与产教融合无法得到产业和政府部门的支持，导致双方的利益在政策层面上得不到有效保障。由于文化差异所带来的冲突以及系统中所存在的缺陷等问题，致使产教融合的发展缺乏了足够的动力。

高职教育经过多年的发展，虽然取得一定成效，但是因为传统教育和企业合作的影响，再加上职业教育观念的欠缺，高职教育和合作企业在决策、管理、执行等方面的文化差异明显。在推进产教融合过程中，需要解决的重要问题之一便是来自不同文化之间的差异。需要进一步调整和整合的是，学校需要充分发挥其社会服务、教育、文化传承和创新职能，高职院校的首要任务是培养高端技能型人才，但是这却和企业追求低成本与利润获得产生了矛盾，这个问题必须解决。此外，我国在实践产教融合的过程中也遇到了一些发展障碍。第一，整体推进的产教融合并没有从系统性角度进行统筹规划和全面考虑，导致办学要素与企业运行之间无法形成特定的整体功能，难以实现它们的相互作用和有机结合。第二，就产教融合的具体运行制度而言，尽管它已初步形成，但仍有需要改善和完善的地方，尤其是在执行过程中与学校现有制度之间的冲突问题显得十分棘手。第三，就产教融合层次而言，现有的实践还停留在表面层面，缺乏深度，技术开发方面仍有欠缺。目前的合作模式更多地呈现出学校为了生存而积极主动寻求企业的帮助，但是反过来的影响力相对较小，因此没有建立起真正可持续发展的产教融合良性循环机制，长期如此，高职教育的教学资源转化为推动经济增长的动力目标就很难实现。此外，目前产教融合主要以"校外实践教学基地"和"校内工业中心"为主要形式运行，在开拓其他创新形式方面存在一定局限性，因而无法充分满足产教融合的发展趋势。

（四）社会主义市场经济背景下产教融合育人模式的整体性构建

高职教育的核心理念是产教融合，这是高职教育改革和发展的关键。这个理念包括指导思想、支持政策、文化融合、课程设计和师资提升等多个领域。要实现这个理想，需要建立一个完善规范的体系。为了推广"产教融合"人才培养模式，政府的引导和支持是必要的，政府要建立相应的政策和法律体系以给予支持。"产教融合"人才培养模式创新地结合了职业教育的发展规律和"以服务为宗旨、以就业为导向"的职业教育方针。它打破了传统的以学校课堂为核心的教育模式，更注重实践和动手能力的培养，促使学生更好地完成学业，提高就业效率和质量，实现了高职教育人

才培养模式的全面转型。政府有责任制定并完善与产教融合、校企合作相关的法律和法规，以此为基础为产教融合创造一系列健全的法律体系，为产教融合、校企合作提供可靠保障。《中华人民共和国职业教育法》中对校企合作等领域的具体规定并不充分，甚至很少提及，目前施行的规定过于笼统，不够清晰。因此，为了促进产教融合，诸如这类法律法规应该在大的框架下，明确构建企业、行业、职业院校等各方的权利和义务，不仅需要规定不履行义务的法律责任，还需要制定税收减免等激励性政策，进一步规范产教融合的参与标准，从而提高企业积极性。人才培养中的"产教融合"模式，展现出了职业教育的思想倾向。因此，学校需要意识到其办学宗旨应该是"面向社会、着眼未来、服务经济"，并加强与企业之间的沟通合作，以有机地统一市场的短期需求和人才培养的长期目标。企业需要支持和配合高职教育，这是企业应尽的责任和义务，这一意识是企业必备的。实习学生具有很大的发展潜力，拥有潜在的巨大的价值，企业要认识到这一点，以此为基础，推进"产教融合"的深入发展。我国目前发展的是市场经济，因此改革高职教育中的"产教融合"人才培养模式离不开社会主义市场经济的发展，离不开产业的转型升级，这三者要有机结合。高等职业教育要走向现代化和生态化，也离不开教育、企业和行业之间的协作和支持，以全面提高高等职业院校人才培养中的产教融合水平、教育教学质量和社会服务能力。同时，政府需要持续增强对产教融合和企校合作的扶持力度，不断健全和完善相关法律法规、政策，促进其进一步发展。尽管目前政府已经提出了一系列有效的管理和投入政策，但相关的力度还是不够，需要持续加强。特别是在政策的导向作用方面，需要更深入地推动。在人才培养过程中，学校应该设置基于产业和优秀企业文化的课程，通过文化渗透来更好地实现产教融合，并促进教育与企业文化的融合，增强人们的认同感。还有一点，在课程教学和学科发展的背景下，产业文化的融入、渗透也是必要的，要让学生真正沉浸在员工身份中，接受并认同企业的规章制度，不断体验企业特色的工业文化。学校方面，可以利用专业特点，通过产教融合的方式，促使学生和教职工一同参与社团、文体活动等，不断增加和开拓文化融合的机会和渠道。在建设校企合作基地时，需要重视将工作价值观融入精神文化，并将产业文化的育人实践贯穿于教育的各个阶段，以培养师生的文化意识，形成文化自觉。

政府要针对不同地区的经济、教育、文化情况，进行实地调查和考研，进行情况对比，制订各地不同的实施措施和意见，以促进产业和教育的深度融合。通过推动相关条例和促进政策的出台等方式，加快推进产教融合的快速发展，形成高质量成果。为了促进"产教融合"，文化多元化融合是必要的环节，为了实现这一目标要建立事务机构来进行全局性的协调规划。产教融合的促进过程中，我们需要始终把握文化的核心价值观，抓住主线，将学校和企业优秀文化的要素相互结合，共同推动文化的形成。首先，我们可以引入产业企业的文化，搭建载体；可以利用校园、教材和课堂营造合作的文化氛围，高职院校师生的产业文化素养在相应氛围中得以提升。在推进产教融合的发展中，具有事务处理职能的机构也显得特别重要。目前，在企业、学校和行业之间通常存在有效协调和沟通机制的缺乏问题，这会引起学校教育标准与企业的人才需求不匹配，学校很少和企业合作，关起门来教学。因此，我们需要建立一个有效的机构来促进产业和教育的融合。在这个过程中，重要的是要纳入行业的力量。建立具有权威性的事务机构，可以通过制度设计和机制建设来实现。该机构与行业机构合作，共同规划产教融合的具体合作事项，以实现政府主导和行业引导的有效机制。这样可以使主体框架机制得到健康运作，进一步推动企业在产教融合中扮演重要角色。建立这个机构也能够帮助企业树立更高水准的企业价值观，同时完成与高职院校合作的人才培养任务，在此过程中出现的问题与纠纷也能得到解决。学校和企业要通力合作，共同研发和推广高质量的核心课程并且共同培养优秀教师，以此建立融合产业和教育部门的水平保障机制和评估系统。课程建设作为高职教育人才培养的重要基础，其在产教融合中扮演着核心角色。在课程开发过程中，高职院校和企业应密切合作，发挥各自的优势，以确保实践性课程的有效实施。学校要围绕实际，通过岗位职业活动中的各种项目、工作任务等来设置实训实习项目，按照职业能力培养以及职业岗位要求整合课程内容，实现技术基础知识、素质培养、工作时间、专业能力训练以及职业培训有机统一的系统化课程体系，实现"教、学、做"的有机统一。

人才培养方案的执行者与实施者——专业教师的素质直接影响到产教

融合的有效实施。在师资建设方面，学校要通过"一体化"教师培养来改变教师的初始学术性倾向，提高教师的实践与职业技能培养的能力。课程的开发应适应本区域的经济发展需要，在课程标准的制订中应该充分吸收企业一线的优秀管理人员的建议，建立突出职业岗位核心能力、融入职业资格考试以及职业素养的课程标准；在课程的功能方面要将传统单纯强调技能与知识的思路转向同时注重学生情感态度、价值观以及学习的过程与方法的思路。

　　具体来说，学校可以通过教师企业实习、教师专业培训等形式来提高教师岗位技能，并逐渐了解现今企业的技术发展。另外，"双向挂职"机制在教师的专业素质发展中也至关重要，学校要逐步建立并完善高等职业院校教师定期到企业挂职顶岗的制度。与此同时，企业的专业人员也应该来校任教，使企业的技术骨干与专家在产教融合中指导学生的实习和实训。在产教融合的过程中高等职业院校也应该根据经济社会的发展、企业的用人需求等来建立健全与产教融合相适应的产教融合的水平保障机制与评价体系。这种产教融合的水平保障机制与评价体系应该紧密结合学校与行业、企业，形成由校内到校外延伸的全过程、全方位的教学产教融合的水平监控与反馈机制。在此过程中应该牢牢把握国家的职业标准和具体的专项的工作任务及具体专项的工作过程，实现学校、企业与行业之间的统筹，使学校所培养的人才与行业、企业需求相对接，以行业与企业的满意度为重要指标，从而建立科学有效的产教融合评价体系。

第二节　我国产教融合的发展

一、我国职业教育产教融合发展现状

　　职业教育和产业之间是一种相互关联的关系，这种联系并非仅仅是产业分工发展的需求，更是产业细分逐渐专业化发展的必然结果。产业的精细化推动了职业教育作为独立的教育形式的发展，并显著提高了其效率。但是，专业化分工也导致教育与产业之间的自然联系断裂，职业教育越来越脱离产业环境，并呈现出趋势性地远离。为了实现两者之间更紧密地联系，进而在新的发展阶段达到先天的融合状态，我们需要社会力量的支持，特别是政府和相关部门的政策支持起着至关重要的推动作用，是不可或缺的。现存的相应政策在目前看来尚未达到有效提升职业教育中产教融合的效果，不管是中观层面的校企合作，还是微观层面的工学融合，都未能取得预期的成效。因此，对已有政策的演变历程进行研究，剖析政策制定的脉络及潜在问题，对于完善产教融合政策支持系统具有至关重要的价值。

从某种程度上来说，其实"产"就是"产业"的一种简称。从传统意义的角度来说，产业主要集中在物质生产领域，即经济和社会中与生产相关的领域。随着生产力的不断提高和越来越细分的产业，产业内部的含义逐渐丰富和扩展，相应的覆盖范围也在不断扩大。产业可以被描述为由彼此紧密相连且拥有各自专门职责的行业组成的总体，涵盖了各种团体组织，以提供物质产品和劳务服务为主要活动。"教"指的是"教育"，在这里我们特指职业教育，是为了满足社会生产发展的需要而产生的独立部门。随着产业的发展和细化，各行各业对人才素质的要求越来越高，职业教育的目的就是培养这些所需的专业人才。"融合"是将两种或多种不同的事物合并在一起，形成一个全新的事物。这种合并通常发生质的变化，最终形成的新事物在形式和内容上可能不同于原有的事物。产教融合水平的提升和改变，正是基于这样的融合。"产教融合"是指职业教育与实际产业、社会服务等领域共同进行生产和服务，并形成一种新的组织模式，区别于单一的教育和产业。该组织的主要职责是从事教育、生产或社会服务工作，并为各产业部门提供高素质、经验丰富的人才。与校企合作模式不同的是，该组织需要独立成立一种机构，具备独特的功能，不同于学院或企业，其职责是将毕业生有序地引导到工作岗位，并确保他们能够胜任工作。这个组织在职业教育和产业之间起着紧密的桥梁作用。因而，制定能够适应该组织发展的支持政策对于产教融合组织的形成和成长至关重要。

（一）关于产教融合的相关法律和法规

职业教育作为一项社会公益事业，其最大的受益者就是政府，而产业则是社会主义市场经济的重要组成部分，市场在经济发展中扮演着助推者和受益者的双重角色。在这种情况下，政府、企业、个人三者利益关系必然会发生变化，从而产生一系列问题，这是必然的，其中最重要的就是职业教育政策的制定及执行问题。受政府和市场双重规制的影响，职业教育政策的演变呈现出两种主要范式，即市场本位的政策范式和国家本位的政策范式。从新制度经济学的角度来看，规则的更新是创新主体基于一定目标而进行的制度重新安排和制度结构的重新调整，是一种社会效益更高的制度对低效制度的替代。在我国当前的体制下，政府、企业等市场主体都可以通过制定相应的法规来推动规则更新。规则的更新旨在提升制度的效能，以将制度推进者的利益最大化。因而，产教融合是现代职业教育体制下人才培养模式改革的必然要求，是推动我国经济发展方式转变、产业结构升级以及企业转型升级的重要手段之一。因此，为了实现产业和职业教育的最大利益，我们需要对产教融合相关政策进行研究和改变。

1.《中华人民共和国职业教育法》颁布前国家本位的政策范式

在 1978 年至 1996 年这段时间里，我国的职业教育经历了不同的变化阶段，其中包括了恢复、发展和停滞等不同历程。从现代职业教育体系的组成来看，这一时期可以大致被定义为我国职业教育发展的早期阶段，当时国家政策主要致力于推动中等职业教育的市场化进程。在 1978 年之后，中央领导层和政府陆续发表了讲话和文件，阐述了发展职业教育的观点，并在《关于中等教育结构改革的报告》中明确提出了中等职业学校发展的路径，即改办普通高中和中等职业教育，这也是职业教育得以恢复和发展的基础所在。

在当时，职业学校的发展得到了政府拨款和相关优惠政策的有力支持。在这些政策中，国家对职教事业的投入占相当大的比例，并取得了一定成效。例如，1983—1985 年间，中央财政拨出 15 000 万元用于职业教育补助；为了吸引企业投资职业教育，采取措施减免校内工厂的税收；在财政方面提供各种贷款用于扶持职业高中发展等。借助中介组织的力量，学校与社会之间建立了紧密的联系，实现了招生、就业和市场产业的无缝衔接。目前，政府已成为职业教育政策的主要制定者和推动力量，其旨在确立职业教育的合法地位，从社会中获取办学资源，并将毕业生投放市场，为国民经济和社会发展提供服务，具有高度的计划性和培养特色。由于国家本位和政府主导政策的存在，职业教育中产教融合取得了令人欣喜的成果，中等职业教育的招生规模不断扩大，毕业生与用人单位的期望高度契合，备受市场欢迎，甚至有了提前预订等情况的发生。同时，随着经济市场化进程加快，市场机制作用日益凸显，企业成为劳动力需求主体，职业教育也由单纯的学历教育转向以就业为导向的职业培训。在国家本位的政策导向下，职业教育对政府形成了强烈的依赖，然而在政府政策及相关配套改革工作滞后的情况下，20 世纪 90 年代后期职业教育的发展开始呈现停滞甚至衰落的趋势，导致招生数量持续下滑。随着时间的推移，职业教育与产业之间的相互关系逐渐变得脆弱，职业教育的发展面临着前所未有的危机和挑战。

2.《中华人民共和国职业教育法》颁布后国家本位的政策范式

鉴于职业教育所面临的诸多挑战，为推动职业教育的进一步发展，1996年《中华人民共和国职业教育法》获准颁布，其中第 23 条明确规定，职业教育应当实现产教融合，确立了其法律地位。此后，我国许多地方政府纷纷出台政策鼓励或推动职业教育校企深度融合，但时至今日，这一问题并未得到根本解决。为了贯彻落实《中华人民共和国职业教育法》，国家教委等相关部门联合发布了一份名为《关于实施〈职业教育法〉加快发展职业教育的若干意见》，旨在推进产教融合的实施。此后，各地区陆续出台政策支持职业院校开展产教融合活动。所有随后发布的相关文件均明确反映了产教融合工作的重要性，如 2002 年《国务院关于大力推进职业教育改革与发展的决定》所指出的，企业与职业学校之间的紧密合作以及企业举办职业教育的支持都是不可或缺的；2005 年《国务院关于大力发展职业教育的决定》中提出，职业教育人才培养模式是"工学结合，校企合作"；2010年《国家中长期教育改革和发展规划纲要（2010—2020 年）》中提出了制订校企合作办学法规和促进校企合作制度化的目标；2014 年《国务院关于加快发展现代职业教育的决定》中提出"深化产教融合，校企合作"，首次在国家层面文件中提出"产教融合"要求，这是对产教融合要求的进一步提高。

从产教关系的发展历程中我们可以看出，国家对于行业和企业参与职业教育的迫切需求，以及它们在职业教育活动中所扮演的角色的不断变化。这不仅为职业教育的发展提供了产业部门参与的指导，同时也明确了产业部门在该领域中的地位和作用。这些下发的文件完善了行业企业部门参与职业教育的宏观（产教融合）、中观（校企合作）和微观（工学结合）的要求，从而极大地推动了该领域的规模发展，形成了中等和高等职业教育并重发展的良好趋势。同时，国家还提出了加强产业支持、建立利益联结机制、制定优惠政策等措施来鼓励产业部门积极参与职业教育。这些文件并非《职业教育法》的下位法律文件，它们的权威性和稳定性十分有限，这显然对于产业部门参与职业教育的行为是缺乏约束力的，同时政府对于自身的角色定位缺乏认识，对参与主体而言也存在职责划分不明晰的问题，这就导致职业教育部门和产业部门在处理相关事务时缺乏有效指导，政策执行效果不尽如人意，国家本位政策失灵现象普遍存在，产教融合缺乏良好的前期基础。

3.《中华人民共和国高等教育法》与市场本位的政策范式

随着经济体制改革的不断深入，高职院校管理制度和模式与制度保障的改革已成为当务之急。1993 年，《中国教育改革和发展纲要》的颁布明确指出"要使高校真正成为面向社会自主办学的法人实体"，这标志着高教政策开始从国家本位向市场本位的演进。在这一背景下，我国高职院校开始实行市场化管理体制改革，以适应市场经济条件下社会经济发展需要，实现自身健康有序的发展。1998 年，随着《中华人民共和国高等教育法》的颁布，市场本位政策正式确立，高职教育的管理权限开始向地方转移，高职院校自主办学权力逐渐扩大，高职教育体系的内部环境也同样发生了重大转变，学校与政府、行业、企业的关系也有所变化，市场治理模式确立，政府的教育职能有所缩减，针对高职教育的相关资金投入逐渐减少。

2006 年根据《国务院关于大力发展职业教育的决定》中的重要部署和相关决策，为了树立全国高等职业院校改革示范与发展示范，引领高等职业教育同经济社会发展密切结合，提高高等职业教育产教融合水平和办学效益，促进高等职业教育的健康发展，国务院决定执行国家示范性高等职业院校建设计划，目的是在整合资源、深化改革和创新机制的基础之上严格遵循地方为主、中央引导，突出重点、协调发展的重要发展原则，兼顾办学类型、地区、产业等多类型要素，同时选择学校定位准确，办学条件优良，具有良好社会声誉和优秀改革成绩的 100 所高等职业院校进行优先

试点实验,推动工学结合的重点学科发展。经过长时间的不间断努力,首批国家级示范高职院校建设项目顺利启动。通过实施该项目,一批高等职业院校在创新人才培养模式、服务社会、服务地方、服务企业和办学特色等方面取得了显著的进展,推动了高职教育改革持续向前推进,提升了高等职业院校的办学实力、产教融合水平、和办学效益等;一批具有突出专业特点的优秀高等职业院校群体,在国家和区域发展战略的引领下,以实体经济建设为中心,为推进战略性新兴产业、先进制造业健康发展、传统产业转型升级等方面提供了重要的技术技能人才支撑,展现出前所未有的活力和蓬勃生机,同时也成为了省级示范、行业示范等一大批高等职业院校的"发展模范"。

查建中教授,联合国教科文组织产学合作教席主持人,赞扬国家示范高等职业院校建设项目在高职教育改革方面所取得的优秀成果。他将示范高等职业院校建设项目的典型示范意义总结为了 6 个重要标志:逐步成熟的面向职场模式、正在深化的产学合作关系、双师课程小组的理念和机制、紧跟市场的观念和机制、对职场中层人才需求的了解和把握、服务行业企业的意识。国家示范高职院校建设工程是一项政府主导、社会参与、多元投资的系统工程,它既包括示范性学校自身内涵发展的需要,也有国家宏观政策指导下行业主管部门支持推动的结果。在该计划的实施过程中,中央财政投入的专项资金产生了显著的拉动效应,地方财政对高等职业院校的发展给予了极大的重视,使得生均预算内拨款水平明显提高,示范高职建设院校的财政投入水平基本达到了与本科院校相当的水平,这为教育部和财政部的《关于建立完善以改革和绩效为导向的生均拨款制度加快发展现代高等职业教育的意见》提供了实践基础和政策依据,其中明确规定 2017 年各地公办高等职业院校的年均财政拨款水平应不低于 1.2 万元。通过校企合作办学机制的创新,推动产学研深度融合是职业教育界普遍关注的热点问题。高等职业院校的人才培养理念在产教融合的工学结合人才培养模式的变革中得到了根本性的改变,这不仅提升了专业教学的产教融合水平,也增强了毕业生的就业和创业能力,同时也使得高等职业院校在教育领域和全社会中的地位有所提升。随着我国高等教育大众化进程的推进,职业学校办学规模不断扩大,招生数量持续增加,生源质量不断下降,学生就业率逐年下滑，这些问题都严重影响着职业院校的稳定健康发展。近年来，一批高等职业院校的校长（书记）相继被调派至应用型本科院校，担任党委书记或校长职务，这一举措彰显了社会对高等职业院校发展成效的高度认可。

2015 年，教育部发布《高等职业教育创新发展行动计划（2015—2018年）》（以下简称《行动计划》），启动优质高等职业院校建设。其中指出，要在全国范围内实施示范性职业院校建设项目。这深入总结了高职院校"十二五"发展经验，为高等职业院校制订和执行"十三五"规划提供重要的行动指南，以适应"十三五"布局改革任务的需要。在新的历史起点上，如何加快推动高质量高等职业院校教育建设？我国《国民经济和社会发展第十三个五年规划纲要》中，明确提出了推进教育现代化的重要任务——推进职业教育产教融合。这一任务要求采用产教融合、校企合作的人才培养模式，以促进课程内容、教学方式与实践知识的传授对接，体现了国家想法和意愿的引导和机制安排。只有通过发展与技术进步、生产方式变革以及社会公共服务相适应、产教深度融合的现代职业教育，才能为社会输送适合产业发展的高素质人力资源，从而为国家和社会不断创造人才红利。这也是未来几年内我国高等职业教育改革与发展的重点方向之一。优质院校建设将"办学定位准确、专业特色鲜明、社会服务能力强、综合办学水平领先、与地方经济社会发展需要契合度高、行业优势突出"作为前提要求，并将"深化教育教学改革、提升技术创新服务能力、培养杰出技术技能人才，增强专业教师和毕业生在行业企业的影响力，提升学校对产业发展的贡献度，争创国际先进水平"作为主要建设任务，体现了优质院校建设对产教融合的高水平学科发展提出的新要求。

产教融合是校企合作的更高级形式，它具有更深层次的意义。首先，产教融合将产业新要求引入教学资源、教学标准和大纲之中，以此提升合作育人项目中的产教融合水平、发挥其主导作用；其次，以产学融合模式推广新技术、技能，有助于企业实现实际收益，进而激发其积极性；第三，将产业和教育融合起来有助于提高高职教育的技术水平，吸引企业与院校开展合作，同时这也有助于推动企业升级，促进达成双方合作目标和实现互惠共赢的发展；第四，根据供给侧结构性改革的要求，消除不必要的低

效供给，并创造适应新需求的高效供给，以此改善供求关系的新动态平衡。因此，通过实施产教融合的教育教学改革，可以提高高职教育的专业人才供给水平。例如，南京信息职业技术学院十分注重将新技术应用于专业教学之中，以提升教学质量。除此之外，学院还积极与上游企业合作，推进技术链的升级进程，并为下游企业提供先进的技术支持和培训服务。通过这种合作方式，学院与企业之间的合作育人（教育培训）和产教融合（产业与教育融合）水平得到了提升，同时也促进了校企合作的长期稳定发展。

在发达国家的职业教育实践经验中，产教融合是其中十分重要且发挥关键作用的一部分。在德国的双元制教育模式中，职业学校和企业分别扮演了实施职业教育的重要角色。根据德国联邦经济部部长签署的职业培训条例和大纲规定，企业需承担关键的职业培训责任。这些法规和规章制度对职业培训的实施产生了约束力，并准确反映了产业发展对职业技能的具体要求。除此之外，这些条例和大纲根据实际需求所进行的更新和调整，也体现了为满足产业发展中的新技术和新技能对于职业培训内容的更新。在澳大利亚的职业技术教育模式和英国的现代学徒制项目中，它们都是以国家职业资格标准框架为中心的，这意味着它们都是面向特定职业要求的职业教育培训模式。

眼下，借助国家示范（骨干）院校的发展，我国高职教育出现了具有鲜明特色的专业，其实现了产业与教育的紧密结合，成功成为面向世界、在国内享有盛誉的顶尖专业。例如，深圳职业技术学院联合华为技术有限公司等企业合作开设的通信技术专业已经在国际上达到领先水平。该专业任课教师共计达数十人，其中包含 2 位教授、14 位副教授和 7 位博士，总计 45 人次完成了华为公司的技术培训并获得了证书。该校在 2008 年与华为合作，成立国内高校第一家华为合作授权培训中心。在此基础上，最终于 2011 年完成了国内高职第一所华为网络技术学院的建设。该学院提供的 IP 数据、光网络、移动等方向课程模块，具有突出的产业竞争优势。湖南铁道职业技术学院和中国中车联手进军全球市场，他们的高速动车组专业技术已经达到了国内外领先水平。这门学科拥有一位全国"万人计划"教学名师、一位全国优秀教师，以及六位技术顾问，这些顾问经验丰富，曾服务于中车等多家企业。除此之外，这所学校还策划成立了一家轨道交通

综合实训中心，以培养国内外顶尖的技术人才为目标。在近几年时间中，该校与中国中车进行密切合作，共同开展了数个项目的研究，并为企业提供了数十项技术服务。在 2016 年，该校毕业生在全国铁路系统动车组机械师技能大赛、车辆技术技能大赛和客车检车员技术技能大赛三项赛事中均获得了第一名的好成绩。另外，还有印刷媒体技术专业在上海出版印刷高等专科学校快速发展，也已经达到国内外领先水平。这个专业拥有 15 位专业教师，其中有 2 人是高级职，2 人是教授，6 人为副教授，5 人为博士。除此之外，还有 5 人被国际印刷标准组织认定为专家，其中还有 7 名国家级裁判员。其中，有 1 名国际级裁判员和 1 名国际大赛教练组组长，都是中国唯一拥有这些荣誉的人。该专业针对印刷媒体技术，已经编写出了三份国家职业标准。我国在印刷媒体技术方面实现了重要的突破，其中就包括了两名该校学生的出色表现。在第 42 届和 43 届世界技能大赛上印刷媒体技术项目的竞赛中，这两名学生分别获得了亚军和季军。在过去的几年时间中，该学校已有数十名学生在国家级一类竞赛中斩获殊荣。与其他同类高职院校相比，它们的获奖人数和等级遥遥领先。

面对日渐完善的社会主义市场经济体制，政府需要更多地发挥引导作用，不再依赖行政指令推进工作。在社会主义市场经济体制系中，政府利用专项资金来推动高职教育的改革和发展，体现了政府在市场资源配置方面的引导作用，这同时也是政府监管的重要手段之一。这种做法既能保证市场经济的自由度，又能提高教育体系的效率和水平。高等职业教育有着广阔的发展前景，但推进改革也是一项艰巨的任务。因而，我们建议加强中央政府在职业教育发展中的专项引导作用，落实国家要求快速发展一批高水平职业院校和骨干专业的指示。这将有助于产教融合的深度发展，以此来推动现代职业教育的发展，在为国家输送人才的同时，产生长期的人才效益。

随着《中华人民共和国高等教育法》的实施，高等教育体系的市场化程度增加，高职院校必须在竞争激烈的环境之中争取到足够的办学资源，才能够发展下去。除此之外，还面临其他高校教学层次和水平不断提升的情况，这样职业教育的发展和成长就面临更大的危机，激烈的教育体系内容竞争使得职业教育的存活空间不断缩小。此外，因为职业教育的办学实力相对薄弱，其社会地位较低，职业教育的体系也缺乏一种能够贯穿整个发展道路的上下衔接机制，从而进一步降低了其社会认可度，使得其在市场竞争中处于劣势地位。它无法获得政府和产业部门的有效政策支持，缺乏一座将产业界和教育界有机结合的桥梁，因此，产教融合也困难重重。

高等职业教育服务地方社会发展的本质要求是与当地相关行业、企业互相合作、支持，共同致力于人才培养、技术研究和成果转化。通过这种密切合作，学校不再仅仅只是一个传统的教育机构，而是把自己打造成一个集人才培养、科技服务、科学研究于一体的产业型经营实体。这种教育模式使学校和企业之间建立了密不可分的联系。在产教融合中，"产"可以指代生产实践或者以实践为主导的学习方式，这是一种重要的实践教育模式。"教"是指通过教育教学的实践活动和内容来传授知识和技能。"融合"指的是两者之间互相交流和互相影响的过程，它具体表现为将"生产性学习"与"学习性生产""生产性教学"与"教学性生产"的有机结合。这种融合将理论和实践有机地结合起来，是理论与实践相互依存的重要体现。要使"产"与"教"相互融合，必须保持它们之间紧密的内在联系。在职业教育中，这种联系表现为将专业知识与实际生产紧密结合起来，包括专业核心能力与专业生产技术的融合。这是一项核心原则，用于规定"产"和"教"方向及内容。同样地，我们需要从三个方面考虑校企合作：学校提供服务企业的能力、企业提供教育培训的能力和促进学生专业化发展的能力。

过去，国家从政策方向推动了职业教育的复苏和发展，并且促进了产教融合的发展。从目前看来，随着市场导向政策的推进，高等教育已经开始转向市场化。因此，职业教育会不可避免地面临来自教育体系内外的压力和竞争。产业领域对于职业教育的认可度逐渐降低，同时产业和教育之间缺乏有效的衔接，使得两者融合面临难题。随着现代职业教育体系的需求日益增加，产教融合的相关政策性问题也变得日益突出，故而引起了政府、学术界、教育机构和产业圈的高度关注。产教融合可以更好地适应区域行业、企业的人力资源开发需求，同时高职院校根据企业的实际发展需求，可以定制专业人才培养方案，并为企业输送了这些符合其标准的优质人才。这种模式既满足了企业对人才的高要求，又通过节省人力资源的成

本使企业获得了更为充足的人力资源，实现了成本的节约。另外，让学生参与实际工作也可以降低企业的生产成本，增强企业的社会竞争力。促进产教融合有助于激发学生的学习兴趣，实现理论与实践的无缝衔接。

高职院校可以通过产教融合来灵活地设置和调整专业；可以根据当地产业和企业的发展趋势以及实际的用人需求情况，对专业设置和培养目标进行调整，并确定培养标准，以便在人才培养方面探索新模式和改进教学手段，构建适应产学融合的课程体系，全面提升教育与行业的融合水平，进一步提高外来人才的素质水平。高职院校通过与企业开展合作，邀请一线专家参与到课程设计的各个环节之中，模拟真实工作环境，让学生完成来自企业的实际工作任务，根据企业的产教融合标准来考核学生。这对于加强学生的专业社会适应能力有极大帮助，可以使得他们更符合行业和企业的要求，能够在日后为企业创造更大的价值。

学生在产教融合理念的实践过程之中，可以借助教师的指导，将所学理论知识转化为实际的工作技能。通过这种方式，学生们不仅可以深刻理解理论知识，还能够锻炼自己的实践技能，从而提高他们解决实际问题的能力。提前掌握工作中的操作技能有利于学生技术水平的提高，扩展就业能力并实现更加具有针对性的人才培养。

将产业和教育紧密结合起来有助于培养具备产业知识和教育技能的"双师型"教师。高职院校的专业设置是和当地产业结构紧密关联的，因为产业结构的变化会直接影响人力资源需求，进而影响高职院校的专业设置。在高职院校与社会之间，专业的角色就是两者紧密相连、相互服务的桥梁。因此，科学地规划和优化专业布局，是高职院校发展的根本，也是促进高职院校产教融合的基础。为了实现产教融合，高职院校应该根据现有产业结构来调整各专业规模和结构，确保它们与区域经济发展方向相匹配，这样可以提高专业设置的适应性和科学性。通过分析当下实际的产业需求状况报告，同时结合就业率、订单人数以及新生报到率等指标，高职院校应进行专业数量调整和结构优化，以更好地满足产业发展的需求；通过了解区域内不同产业的发展现状和未来趋势，明确自身专业的服务范围和行业定位，以满足市场上多元化的需求，避免与其他同行机构的恶意竞争，达到错位发展的目的，从而实现专业的可持续发展。在制定专业发展策略时，应考虑市场需求和前景，对于那些具有较大市场潜力的专业优先、加强发展，而对于那些已经过时、缺乏市场需求的专业则应及时淘汰。另外，还应充分融合职业标准要求，使课程内容更加精准和贴合实际应用。

在产教融合中，教师不仅仅要传授知识和解答学生的问题，还要对企业文化有深刻的理解，学习新的技术和获得新的工艺知识。而高职院校与各地企业和行业的密切结合和合作，能够帮助高职院校教师走出校园深入社会企业之中，了解到现如今使用的企业内部使用的高新技术和设备，认识到实际与理论之间的差别。另外，高职院校教师积极参与到企业项目的技术研发之中，这对于提升自身的实践经验积累和动手操作能力也是具有很大促进作用的。这种合作有助于促进教学与实际应用的融合，同时提高学生的就业竞争力。同时，教师也可以将自身在校企合作实践中掌握的新知识和新技能融入课堂教学之中，这样就能够较大程度地提升教学质量以及教学的针对性和科学性。

职业教育本身存在的目的，就是促进国家经济和社会的持续发展，但与此同时也要关注到个体的全面发展。为了实现这一目标，各类职业院校采取了多元化的教学措施，如整合专业设置和产业实际需求，将课程内容与职业标准相结合，同时推动学校和企业间的合作，以提高学生的实践操作水平和适岗程度，从而增强他们的市场竞争力。另外，院校还要充分对接产业需求，让专业设置更贴近社会实际需求，从而提高人才培养成效。所谓职业标准，指的以职业类型和工作内容来规范从业人员的工作能力水平要求。它是相关从业人员从事职业活动、接受职业教育培训和进行职业技能鉴定，以及用人单位录用人员等的基本规范依据。高职院校与企业共同开发模块化课程体系，并采用以"行动导向"为教学方法的"项目化"教学模式，使得学生能够在职业实践情境中展开学习，实现理论与实践结合的综合应用，而这种教学模式的运行基础是企业的实际生产。在产教融合项目实践过程中创建一个具体的教学环境，并设计出相应教学方案，通过让学生参与典型产品的制作过程，让他们能够将学习到的相关理论知识应用于工作实践过程之中，同时通过相关工作经验的积累，获得不同于传统课堂教学上的知识，与此同时在学习过程中收获了成功的喜悦也加强了人际交流。这样的教学模式可以帮助学生提升自身的实践体验感，激发学生的求知欲，从而使学生具备从事生产和适应社会发展的能力。

为了确保高校课程内容与社会职业标准相符，首先就需要先分析完成工作任务所需的职业标准和素质要求，然后有目的地选择课程内容，以确保它们的针对性和实用性，这样可以为学生奠定坚实的发展基础。制定课程内容时结合技能形成过程和学生认知规律综合考虑，逐步增加难度，从具体到抽象，重视他们的综合能力培养，将职业标准和素质能力贯穿于课程教学之中。但是，我们要避免仅仅是简单地将职业标准仅理解为对动手能力和操作技能的要求，更加应该着重培养的应该是学生在职业情境中的综合运用能力，让他们能够在复杂的工作环境中敏锐地发现并解决问题。另外，还应将教学过程和生产过程进行充分的有机结合，使就业岗位的适应性得到提高。现如今，在高职院校进行内涵建设、提升核心竞争力的进程中，产学融合的重要性越来越能够得到凸显。实际上，高职院校的成功与否和内涵发展程度的好坏，已经高度依赖于产教融合的程度。因此，高职院校当今需要解决的问题是加深对产教融合理念的了解，并进一步完善管理制度和模式机制以确保其顺利实施。该理念的实现需要学校与创业中心等园区进行合作，并建立多样化的产教融合模式，以实现真正的生产与教育的有机融合；利用政府的调控和协调作用，建立多元化的产教联合体。在将教学过程与生产过程相结合时，重要的是确保项目设计符合学生实际能力水平和教学需要，同时明确学习课程标准中规定的工作任务、知识和技能。学校需要在模拟中尽可能准确地反映企业的生产特征，包括企业文化、工艺流程、管理方式等诸多方面，并体现现场生产的过程、氛围以及组织形态特征。产教融合可以通过制定政策和法规来保障其顺利实施。这些政策和法规多是从宏观角度出发来构建高等职业教育的相关制度、体系和政策，以保护产教融合双方的合法权益并为其提供法律上的保障和支持，其中包括专门的法律或条例、合作组织内部规章制度等。此外，政府还可以通过激励措施和税收政策来促进企业积极参与到产教融合项目实践之中。建立行业职业教育联盟、构建合作平台，有利于后期合作项目的开展和交流合作，使得产教融合不再是强制性的政策措施，而是成为自觉性的高校和企业行为。根据地方产业优化升级的目标、任务和阶段性要求，学校应建设平台，以便产教融合双方进行信息交流和技术支持；要紧密联系行业、企业之间的关系，提高产教融合内涵建设水平，共同开展教学、科研、生产、职业培训等活动，实现项目、技术和人才培养等方面的全面共享。另外，还可以通过成立专项基金来推进校企的产教融合进程。例如，可以考虑专门设立经费，用于研究产业教育融合相关的课题内容，或将经费投入到关键技术和前瞻性技术等的研发和创新项目之中。这样做有利于降低企业技术创新的风险以及增强企业的创新活力，同时也有助于缓解产教融合中的资金短缺问题。

高职院校需要创新和完善产教融合的动力机制、调控机制、激励机制和评价体系等，以实现教学、技术资源、课程等多方面的融合共享，促进校企合作，实现利益共赢；同时，引导企业参与学校决策，以推动学科发展，建立以各方满意度为标准的评价体系，如社会满意度、企业满意度和学校满意度等。产教融合从本质上来说就是一种合作关系，需要平衡公益性与市场性、服务性与效益性、合作性与竞争性的关系；通过实现多元化的产教融合方式，建立集团式的人才培养模式，以求实现更高效的人才培养。下面有几种实践路径可供我们参考：第一，高职院校以专业或专业群为核心，与多个行业、企业建立点对点合作关系。这对于地方性高职院校尤为关键，可以促进中小企业集聚区域的发展。第二，高职院校中的专业群或某一专业可以与当地某一特定行业领域内的多个企业建立合作伙伴关系，共同打造合作平台并致力于实现共同目标，这种做法可以使高职院校成为区域内相关行业发展的人才库。第三，是与区域主导产业链上具有国际化战略发展优势的龙头企业集团跨专业、跨行业合作，共同创建一个合作平台，以吸引更多的参与者加入产业链，实现多元化人才的培养与输送。在高等职业教育发展的关键时期，高职院校应该积极地进行教育教学改革，并与当地的经济社会发展特点和趋势相结合，主动地与各行各业和企业开展合作。此外，为了满足市场需求，应适时调整专业设置，并将产业需求融入学科发展的各个领域，以提高学校的社会适应能力。这样，才能够培养出真正符合社会需求的高素质技术技能人才。

我们要确立一套可持续发展的制度，实现资源共享、优势互补、互利双赢，维持合作主体之间的合理利益分配，从而保证这种平衡能够持续稳定下去，压力和动力和谐共存，不至于失衡。另外，还要建立互信、真诚

合作的关系，将育人工作付诸实践才是最重要的。同时，也要完善校企联合培养人才机制，实现产学研用一体化发展，构建创新教育体系，在创业中心、产业园等园区的支持下，积极推进人才培养与社会服务的同步升级。高职院校要通过校企深度融合，立足地域和区域发展优势，构建产教融合、工学结合的新体制机制。高等教育机构应以区域经济发展特色为基础，时刻把握地方发展趋势，按照地方的实际社会发展需求，加强与创业中心和产业园等多领域、层次、形式的园区合作，共建二级学院，共同开展合办专业、建立就业前实践的专业教学实践基地和"工厂"，为校企双方重点技术需求提供技术攻关、人才培训、产品开发、信息咨询等全方位服务；通过产学研一体化，将科技成果转化为现实生产力，促进产业结构调整和优化，加快产业结构升级和高新技术产业化进程。学校教师和企业技术人员可以共同组建成一个课程小组，共同探索可教学化产品，并将其引入科技项目，实施项目化教学，形成专业骨干课程体系，以教育服务为理念，以人才培养模式改革为载体，在推动地方经济转型升级的过程中，实现社会服务和人才培养的同步转型，推动地方经济社会发展的同时，提升自身的创新、发展和竞争力。

（二）产教融合中的国家骨干高等职业院校发展

教育部、财政部于 2010 年在充分肯定国家示范高等职业院校建设项目成果的基础上，决定继续实施该项目计划，新增了 100 所骨干高等职业院校。此决策的目的在于持续引导高职教育的改革发展，并推动地方政府制定更完备的政策措施、和管理体制等，同时积极推进校际合作、合作培养以及共享就业资源等，确保高职教育拥有更强的发展活力。我们将校企合作体制机制建设视为突破工学教学改革难点的重要行动，旨在形成一种密切合作的办学体制机制，通过人才共同培养、项目共同管理、成果共同分享和责任共同承担等方式，促进学校与企业之间的更深入的合作，提升办学的活力并建立新的引领机制。

骨干职业院校项目建设文件规定，中央财政可以在一定程度上用于推动教学体系和机制的创新，这为政府引导骨干大学开展产学合作和校企合作提供了重要支持。许多学校管理层认为，开展国家重点建设项目可提高

学校的教学和创新研究成果，并且更为重要的是，该项目成功地解决了校企合作机制上的限制性因素，为改革工学结合的人才培养模式的实施奠定了重要基础。大部分作为骨干项目建设的职业院校，都成立了校企合作办学理事会。同时，还在骨干院校设立了职业教育集团，囊括了所有重点专业，并且建立了学科发展指导管理协会。除此之外，还有众多优质专业正在探索更加高效的校企合作模式。

《2018 中国高等职业教育产教融合水平年度报告》是由全国高职高专校长联席会议委托，上海市教育科学研究院和麦可思研究院共同编制的高职产教融合的水平年报，已经连续发布几年。几年来，报告始终坚持需求导向、坚持第三方视角、坚持创新发展，逐步形成了由学生成长成才、学校办学实力、政策发展环境、国际影响力和服务贡献力构成的"五维产教融合的水平观"，探索建立了不同维度产教融合的水平评价的指标体系，持续引导高等职业教育强化内涵、提升产教融合的水平，成为社会了解高等职业教育的重要窗口。

正值中国改革开放 40 周年，2018 年的报告坚持创新内容、完善体系，努力反映高等职业教育"改革不停顿，开放不止步"的发展历程。

党的十九大报告提出了要完善职业教育和培训体系，深化产教融合、校企合作，这为高等职业教育的产教融合提升带来了新机遇。面对不断变化的产业变革形势和科技革命，我国要想在 2025 年能够顺利实现之前所定下的战略目标，就需要针对高等职业教育采取综合性"治理手段"，高度本土化的产教融合理念和体系是实现最终目标的有力途径，而这一举措在 2017 年取得了一定成效。调查结果显示，学生们的自信心和求知欲都在不断增长，越来越多的人渴望获得知识，同时社团活动等实践性活动的教育功能开始逐渐显现。从这几年的就业状况来看，高等职业院校的毕业生从创业率、月收入和专业对口度等方面的数据都有显著提升。而这都是得益于产教融合水平的提升，毕业生们的职业发展上升空间也在不断扩大，这显然对于贫困代际传递现象的产生是有明显的抑制作用的。与此同时，因为大数据、人工智能和物联网等专业技术领域发展的不断成熟，一些新兴产业如雨后春笋一般出现在大众的视野中，出现在我国的市场体系中，而这些产业的创新创造能力已经有了显著提升。高等职业院校要想能够将产

教融合理念深入教学过程中，那么学校就要尤其重视那些海内外先进的科学技术和创新理念，将其作为关键要素融入其中，同时也要将企业在其中发挥的作用凸显出来。当思政教育与专业教育思想能够在教学中互补发挥作用，这时多元的人才培养模式就已经形成。随着现代信息技术发展的不断成熟和普及度的不断上升，越来越多的传统课堂中开始出现信息化元素，同时还出现了跨区域和行业的分享互联互通机制。高职教育在助力脱贫攻坚方面呈现出新的发展趋势，其中突出的特色包括"专业能力支持＋产业扶持"和"集体协作式扶贫"等模式。在城乡融合的新模式下，校村合作和校镇合作日益流行。这一新模式正在成为乡村振兴中人才培养的新趋势，对于中西部地区的许多高职院校来说，它们正在逐步成为当地发展的新引擎。地方政府和行业领袖企业的认可和支持提供了优质院校为"中国制造"注入新活力的基础，多数在服务贡献方面占有一定地位的高校总体水平都得到了显著提升。与此同时，"一带一路"国家基本战略的多数提出让高职院校的服务表现出了明显的地域性特征，境外办学模式也更加多元化，开放办学理念不断深入。另外，课程标准和专业教学标准在国际范围中也获得了越来越多人的认可。虽说从人数上看，已经有相当一部分学生会选择出国留学，但相应的教学和培训机制尚不成熟，现在仍处在起步阶段。高等职业院校需要各级政府提供政策引导和资源支持，以便深化专业标准建设。

高等职业院校的环境质量发展与政府责任息息相关。政策方面出现了许多与产业和教育有关的政策，如产业教育联盟、学校和企业的合作，以及针对贫困地区的教育援助等，这些政策已经取得了显著成效，优秀的院校建设成果也在全国范围内进行了推广，同时还有众多创新发展计划在稳步进行之中。从生均公共教育开支水平来看，随着产教融合理念的不断深入，这一数额也在不断攀升。产教融合的水平年报三级发布制度进入常态化，社会影响力增强。高等职业院校不平衡不充分发展问题亟待解决，高水平建设更需要强化中央财政的专项引导。根据最初公布的高等职业院校教学资源50强报告，可以发现东部地区的高等职业院校整体而言，在教学资源方面表现较为出色。由于中西部地区高职院校在教学和科研设施等方面的资源水平较低，因此需要加大投入，积极推进建设。示范骨干高等职

业院校相比其他学校拥有更高水平的教学资源，这说明对高等职业教育进行专项财政投入可以起到重要的推动作用。教学资源分布不均，集中在某些地区和学校，需要得到政府和院校的重视和改变。

二、我国产教融合存在的问题

从目前来看，中国正处于实现中华民族伟大复兴梦的重要阶段，国家的信息化、农业现代化和城镇化建设正在同步进行。随着国家产业结构面临调整，众多其他影响因素自当随之转变，如生产方式和经济社会类型等，这些变化都必然致使社会职业岗位发生重大变动。举例来说，从企业对于人才素质的要求上来看，开始有越来越多的企业倾向于选择创新型、复合型和应用型人才。

但是，从目前的高职院校人才培养现状来看，我们自身与社会要求之间还是存在一定差距的，而这种差距甚至有越来越大的趋势。从一方面来看，各类机构和企业希望能够进行迅速扩张，这样从人才数量和质量上都有较高要求，他们需要的是真正在实践工作中担起责任的优秀人才，但往往现实情况并不尽如人意；从另一方面来看，每年一到毕业季都有数百万大学生走出校园面临工作抉择，大家的求职意愿都十分强烈，但是想要找到适合自己同时又可以提供机会的岗位实际上还是有一定困难的。与就业难和就业产教融合的水平不高相对应的是，用人单位高薪也难以聘用到合适的人才，中国中高级技术技能人才需求缺口逐年扩大。麦肯锡全球研究院报告显示，到 2020 年中国用人单位将需要 1.42 亿受过高等教育的高技能人才，如果人才的技能不能进一步得到提升，中国将面临 2 400 万的人才供应缺口。正是基于此，如果地方高校在人才培养路径上不作出改变，那么就不仅影响了国家高等教育结构的均衡发展，而且也严重制约了区域经济社会的发展。

从教育部 2012 年公布的中国高校毕业生就业率排名来看，985 高校位居第一高职院校高居第二，211 学校、独立学院、科研院所分列第三、第四和第五位，而地方本科院校仅列第六位。就业难还并不是唯一存在的问题，就业产教融合的水平不高的情况也十分严重。在就业难的形势逼迫下，很多大学生选择非自愿就业。在少部分对口就业的大学生中，有超过半数的

学生认为所学知识难以满足工作的需要。

由此可以看出，学校理论人才培养和实际的社会需要之间存在差距这已经是不争的事实了。主要问题绝不是数量问题，实质上是人才培养标准的问题，也就是标准错位。现阶段，我国经济社会对于高等教育人才培养的新要求就是，以培养复合型和应用技能型人才为主，深化产教融合理念，主动适应经济社会转型发展新常态，充分发挥企业主体在实践型人力资源培养中的作用，是全面提高教育教学产教融合的水平，提升大学生们双创能力的一条必经之路，也是未来院校发展的实际内在需求。

中国高等教育大众化后，更多的青年学子圆了大学梦，但随之也带来了一系列问题，特别是给高职院校改革人才培养模式、保障教育教学产教融合的水平提出了更高的要求和更加繁重的任务。历史和实践告诉我们，高职院校必须适应经济社会的发展，否则就将受到惩罚，牛津大学和剑桥大学都曾经有过前车之鉴。当 18 世纪 60 年代英国产业革命兴盛之时，产业革命中的技术并不是直接源于英国的高等教育，英国的高等教育与产业革命是一种疏散的关系，高等教育对产业革命没有发挥出应有的作用，牛津和剑桥两所大学对于正在发生的产业革命采取"事不关己"的态度，自我封闭严重，学术风气退步，教学水平下降，考试制度僵化，与时代需求严重脱节。结果，两所学校都陷入了长达近一个世纪的衰退。反而是伦敦大学和一系列城市学院在产业革命中的兴起带来了大规模的新大学推广运动，革新教学方式，承担了许多市场运行中的技术科学实验和研发工作，从而迎来了英国高等教育的全新发展，也实现了高等职业教育和产业发展技术的有效对接和助推。

随着职业教育的逐渐发展，校企合作和产教融合也应运而生。相较于西方发达国家，我国的职业教育起步较晚，在校企合作发展方面略有些滞后。目前来看，在高等教育机构中，与企业合作表现较为优秀的包括传统高校、高职晋升为本科的学校，以及早期开始转型的普通本科院校。对于许多初步开始进行转型的普通本科学校而言，他们在这个领域仍处于萌芽阶段。现阶段，我国应用型本科高校人才培养方式尚处于基础发展阶段，校企合作不够密切、与产业的融合度还不够深入。

（一）合作不稳定，融合渠道不贯通

因为企业和学校在本质、架构、任务和组织方面存在差异，因此在最初的阶段，校企合作很难真正实现。另外，因为公司更加看重实际的经济效益，故而在与高职院校开展合作的过程中往往呈现出较为消极的状态。同时，要想保证校企合作活动和项目能够开展下去，那么一定需要优良的信誉和人脉关系，但是显然建立起来的合作关系是不稳定和不规范的，自然最终达成的合作成效也是难以保障的。而要想使得这些问题能够得到完美解决，这就需要政府在校企合作过程中发挥出主导作用和建立完善的相关管理机制。另外，还需要政府和相关管理部门对于相关职业学校与企业合作的规章制度和相关条例进行明确规范，这样也是明晰责权分配的一个方式。职业教育产教融合的顺利发展和职业教育人才的有效培养需要建立完善的制度内容作为基础保障。为了加速产教融合政策的实施并促进我国职业教育发展，需要各级政府制定配套的规章制度。政府能在这个领域起到联系双方的桥梁作用。虽然地方政府发布了一些促进学校和企业合作的政策文件，但相关的激励措施仅仅是口头上的，缺乏实际的法律监管机制。相较于传统职业院校一成不变的教育方式，现今更加强调将产业与教育的有机结合，需要各行各业参与其中，为职业院校的教育活动提供支持与帮助。目前，政府制定的政策主要是宏观方针，缺乏强制措施，在职业教育和企业深度融合的发展中，未能起到规范企业参与行为的作用。因此，许多企业参与校企合作教育活动或项目时，往往只注重自身的经济利益是否得到满足，而没有积极融入职业院校的人才培养过程之中。由于校企之间交流不够深入，所以无法真正体现出产教融合发展的实际意义。目前，由于各种制约因素的制约，我们的职业教育产教融合制度建设还存在许多问题。特别是在激励机制、管理体制和法律法规等方面，难以为产教融合的顺利开展提供保障。近年来，我国政府积极推动产教融合政策制度建设，明确指出应在职业教育发展中实施产教融合策略，并同时肯定其重要性。但可惜的是，由于产教融合发展相关法律法规的滞后，一些职业院校在与企业合作时无法使用法律手段来保护自身利益。

产教融合需要职业院校、地方政府和社会企业三个主体的合作和协调，以完善管理制度和模式建设，这是一个系统性的发展过程。作为协调机构，政府部门应该发挥组织协调作用，建立相关制度来明确职业院校、行业、企业等主体在产教融合中的职责和地位。另外，政府还需要监督校方和企业单位的具体落实情况，这样才能在实践中真正地促进产教融合的发展。虽然《职业教育法》中对于产教融合方面的责任早有明文规定，但是由于缺乏具体义务的明确界定，导致在实际执行过程中存在组织机构责任不明确或责任难以分配等问题，也就是说存在主体责任缺失或责任分配混乱的情况。此外，与其他经济政策相同的是，实施产教融合政策也需要得到国家法律和法规的支持和保障。一般而言，传统的教育模式过于专注于自身内部的发展，不够重视与经济建设密切相关的需求，这就造成了很多理念和认识上的误解，导致不同地区和学校对于产教融合缺乏统一的认知。

一些人认为，对于高职教育深化产教融合缺乏应有的重视，可能是因为对于校办产业的定义存在分歧。有些人认为，校办产业就是产教融合的表现形式；而另一些人则认为产教融合应该是"校中厂""厂中校"的模式；还有一些人认为，企业的追求利润的目标和学校致力于公益事业的属性之间存在不可调和的冲突，因此产业和教育并没有真正地实现融合。2016年，国务院教育督导管理协会确定了全国高等职业院校评估主题为"高等职业院校适应社会需求能力评估"，旨在引导这些学校加强内涵建设，并促进产教融合及校企合作，重点在于对企业在高职院校教育、联合培养以及经济社会服务等方面的实力进行评估，以推动高职院校在人才培养和地方经济社会发展方面的能力提升。然而，实际情况表明，与评估高职高专院校人才培养工作水平以及高等职业院校人才培养工作的评估相比，这一评估主体并未得到高等职业院校充分的关注，且其促进作用难以真正发挥。由于配套政策和评价体系不完备，企业缺乏明确的激励。

现阶段，国家和地方在推动职业教育产教融合方面的相关法律和法规建设还比较薄弱，对相关条款的力度、可操作性以及约束性都存在一定程度的不足。在这种情况下，合作教育就常常只是停留在表面，缺乏深入的合作，企业参与高职教育的动力不足，有效性不足。此外，随着社会快节奏的发展，现在社会中人们普遍变得比较浮躁，人们都渴望快速见到成果，急于求成。加快建立高职教育产业与教育融合的政策、标准、统计和绩效评估体系，以推动这一进程深入进行尤为重要。特别是现在，当大数据成为国家重要的基础战略资源，它在引领全局、覆盖全面、贯穿始终方面具有独特作用，还可以协助人才、财物等各种资源的高效利用。考虑到当前情况，我们应当尽快完备统计、分析和评估机制，以便及时反映产学融合的实际效果和真实水平。《国务院办公厅关于深化产教融合的若干意见》中指出，"积极支持社会第三方机构开展产教融合效能评价，健全统计评价体系"。此外，还要求加强对监测评价结果的运用，以此为绩效考核、投入引导、试点开展、表彰激励的重要指导依据。如果这一要求能够快速落实，显然对于深化产教融合理念，促进其突破和进行创新性发展将会起到至关重要的作用。职业院校专业教学与市场需求之间的双向匹配存在不小的挑战，优秀市场力量难以进入教学领域。通过产教融合，将产业的先进技术和工艺等教学资源与教学过程有机结合，可以促进专业教育与产业发展的紧密对接，从而创造育人价值。然而，通常情况下，显然高职教师的专业能力是无法满足产业升级和技术高速发展的要求的。由于他们本身在教学工作任务上就比较繁重，因此他们缺乏时间将自己的专业知识与产业发展相对接，这方面的能力普遍还有所欠缺。同时，由于没有足够的时间和精力力来吸收产业先进技术，他们也无法跟上时代步伐。相比高等职业院校，行业企业和社会培训机构会更加敏锐和迅速地适应市场需求和技术进步。由于它们是体制外的存在，因此，必须具备灵活的运作模式和快速的反应速度才能在尔虞我诈的社会中生存和蓬勃发展下去。这些机构可为高等职业院校提供优质的课程资源和教学服务，以满足市场和产业发展的需求。然而，因为市场治理结构的不完善，专业的教学服务组织缺乏体现市场合作和产业分工的机制，同时也缺乏吸引优秀市场力量的动力和机制。

（二）合作模式单一，合作内容不深入

为了使高职院校能够更好地实现人才培养、技术创新和社会服务等多种功能应用，就必须实现与行业、企业的密切合作，顺应地方社会经济的发展趋势。同时，校企合作和产教融合也应该贯穿人才培养的整个过程。推动产教融合质量和高等职业教育社会功能的实现，加强和拓展校企合作的广度和深度是必需的。目前，我国地方高职院校仍处于转型的初期发展

阶段，在与企业合作方面已经开始着手采取一些措施，主要有与企业共同建设学生实习基地、提供岗位实操等方式。其中，还有部分高职院校正在迅速转型，将企业引入校园，同时在校内建立学院或者与企业合作建立厂房。但是总体来说，这样的合作方式还是较为过于单一，内容缺乏深入度、系统性和科学性。而造成现在的这种局面，是有多方面的原因的。其中一个主要因素是，学校和企业对于合作的内涵和意义的理解存在差异，缺乏长期稳定的合作机制和有效的监管途径。此外，由于种种内在原因，企业缺乏合作积极性和热情，对于与学校的合作一直抱有一种消极状态，使得高职院校无法做好充分准备并制定出科学合理的合作方案。

政府部门在职业教育产教融合政策的实施中扮演着重要角色，因为它们既是协调组织，也是监督机构。在经济法律文件中，没有特别针对校企合作、产教融合等作出相关规定，也没有建立明确标准来分配校企之间的经济利益。虽然政府近年来一直在积极推进产教融合政策，并发布了《国务院办公厅关于深化产教融合的若干意见》，明确了企业在其中的角色定位和相关任务，但是在具体的制度建设方面还需要进一步完善。但是目前，该政策仍然处于指导性宏观规划阶段，具体制度建设还不能跟上产教融合的发展步伐，这样显然难以引导学校和企业按照进行规范化的方式合作。即使教育部门针对现阶段发展情况已经发布了相关文件来完善产教融合的相关政策内容，同时要求加大校企合作力度，共同培养更多的高素质技术人才，但这些政策文件的内容大多只是激励性质的，还是缺少具有执行力的政策来引导校企之间的产教融合实施过程。经验表明，深化产教融合发展必须整合不同主体的资源，因为每个主体关注的焦点是有差异的。因此，校企合作的权责和利益分配往往面临分歧。为了确保校企合作更加有序，国家应通过法律和法规明确规定。到目前为止，国内还没有为职业教育的产教融合建立一套较为完整的法律制度体系，只有一些国务院相关部门和地方的法律法规偶尔提及相关内容。此外，实际调查显示，许多职业教育机构在长期的产业教育融合实践中已经积累了大量的发展经验，但是却缺乏权威机构制订的完整指导性手册，明确企业在职业教育人才培养过程中应承担的具体义务和责任，以及享有的特权。这是一个值得我们关注的问题。目前，许多职业院校长期面临合作机制建立困难的问题，因为法律、

制度和政策建设滞后，导致产教融合的发展也受到了不小的阻碍。由此可知，政府在促进职业教育与产业融合发展的政策推广方面存在许多不足，致使许多职业学校到现在还没有完全理解产教融合的真正含义。总体而言，政府在推进产学融合方面还是存在一些缺陷，具体体现在以下几方面内容。

首先，政府没有及时建立相应的管理机制，以明确校企双方的责任，更好地适应校企合作的实际需求。其次，由于对于职业资格证书与人才培养之间的关联未考虑清楚，使得校企合作的规范程度还有待提升。另外，政府机构在校企合作领域的角色定位尚未明确，并未充分发挥其组织和协调职能。最后，完整的社会化评价体系还没有建立完成，在全面评估参与产教融合企业的能力上还存在一些困难，校企合作所达到的产教融合水平是否符合社会主义市场经济的现实情况难以测定。因为涉及多个方面的问题，校企合作方面存在很多不足之处，这些问题导致校企双方在实际合作过程中往往只是走形式，很难真正达成默契，也无法共同努力培养出高素质、高技能人才。

（1）缺乏法律支持。由于缺乏法律规定，校企合作中校方和企业的责任、义务、收益、资质和范围等方面都存在模糊不清的问题。这会影响到学校、企业和师生在产教融合中的权益保障，进而影响产教融合的有效实施。

（2）缺乏组织的支持和保障。由于缺乏联系与协调机制，学校和企业之间的合作难以高效开展，双方需要一个共同的组织协调部门来促进沟通和交流，以推进产教融合项目有条不紊地开展。

（3）缺乏系统化的制度保障。一方面，高等职业院校未能建立有效的产教融合机制。许多高等职业院校都正在探索产教融合的实施形式，但在学时分配、资金投入、教职工安排以及学生考核等方面都缺乏明确的规章制度，这导致产教融合缺乏规范化管理办法。另一方面，产教融合缺乏理论指导和行为规范，因为地方政府、企事业单位和教育行政部门没有提供相关的指导性文件。

因为一些高等职业院校受限于传统教育观念和办学条件，还没有意识到产教融合对教育的重要性，仍然过分强调理论，同时在课程设置、教学方式等方面也无法满足产教融合教学的要求，这就成了产教融合教学模式

推广和实施的重要阻碍。首先，职业院校的专业设置存在跟随潮流、盲目套用和固守成规等问题，这导致学科的发展难以适应企业的实际需要，同时为学生就业也带来了很大阻碍。由于职业院校的教材老旧、技术陈旧、知识更新速度慢等原因，课程内容也很难与企业实践相适应，进而影响了理论和实践知识的传授。另外，课程结构还存在分配不合理的情况，理论内容与实际应用相差较远，无法得到有效实践。在办学模式上，高等职业院校也存在严重的"一刀切"问题，没有更加具有针对性和科学性的行业特色教育，这样是无法满足企业的实际应用需求的。其次，由于院校的教学基础设施落后，使得学生在教学实践方面受到了很大阻碍；因为战略定位没有及时更新，学生无法参与社会实践，同样他们也很少能够得到适合的工作机构。最后，高等职业院校在师资力量上也存在短缺问题。为了实现产教融合，教师需要具备广泛的职业经验和专业技能，不仅要深入掌握专业理论知识，还要具备实践经验。高等职业院校教师是否能够成功地进行思想观念、业务能力等方面的转型，将成为产教融合是否能够顺利实施的决定性因素。

目前，有许多企业还没有意识到产教融合可以为它们带来切实利益。这些企业认为，校企合作只是履行培训学生的职责，而并非创造自身价值的有效途径，因此它们对于产教融合在提升生产水平、促进企业创新和提高员工素质等方面的实际效果存在疑虑。

（三）在合作对象的选择上存在误区

随着社会主义市场经济的不断进步，各行各业的职能分配越来越明晰，企业更加强调生产功能，而学校则更加注重教育功能，两者之间的分工也更加明确。如今，各行各业的竞争日益激烈，许多企业缺乏精力参与产教融合项目。即使有些企业响应国家政策参与了职业院校的产教融合，但它们往往只是进行表面性的尝试，不愿意深入与学院方面展开合作。作为以盈利为最终目的的企业，它们自然地生产的主要目标还是追求利益的最大化。

在合作伙伴的选择方面，学校和企业都存在一些错误认知，在具体的项目实践上也存在一定偏差。许多学校在与企业合作方面存在一种急功近利的心态，过于追求表面效果，因而将目光放在了那些大型行业企业，这其实是一种目光短浅的行为。这种做法只能满足自己的虚荣心理，却不能带来实际的合作效果。从企业角度来看，它们选择合作伙伴时，常常会有过多担心风险、只注重即时收益、缺乏长远眼光等问题。由于大多数地方高职院校目前仍处于发展转型的初期阶段，它们为企业带来的直接效益是十分有限的，因而面对较少的短期利益，企业往往并不愿意参与高职院校的协同育人工作之中。即使企业有意愿寻求高校合作伙伴，但通常更愿意选择那些具有较强科研能力、且历史悠久、能够直接带来经济利益的高等院校合作。

由于校企双方的合作理念和目标相互冲突，利益不一致，若缺乏约束措施，双方将难以达成一致合作，就算勉强合作，也是无法收获良好的效果的。众所周知，人才培养需要大量的人力、财力、物力，这也使得许多企业在实际发展中不愿将其视为产业价值链的一部分，反而更愿意借助产教融合和院校合作来节约成本。然而，历史发展经验证明，高职院校与企业合作并非无偿的。企业除了要为院校的教学活动提供必要的资金和设备支持外，它们还需要定期到校参观和分析员进行实践课程的教学。出于同样的考虑，企业更愿意投入设备及资源用于内部人才培养，因为这不仅可以彰显出公司的人性化管理，也能够提升对优秀人才的吸引力，相比于学校合作，这更具有实际效果。此外，投入的资金也可用于购买专业化设备，或直接投资于产品研发或营销等领域，进而为公司带来直接的经济效益。很多国内已经发展成熟且拥有充足资金的企业，并不倾向于积极参与职业院校的产教融合项目，因为对于塑造企业社会形象或者提高企业品牌知名度十分有帮助。同时，我国的多数中小型企业多数由于面临运营资金的压力，它们在转型升级阶段通常只有在需要填补职位空缺时才会招聘新员工。平时这些企业并不重视人才储备，也没有投入更多的精力和财力来参与校企合作项目。大公司的轻视和小企业的无能力致使职业教育与产业之间难以实现有机融合，陷入了困境。另外，相对于一般高等院校而言，职业院校的重心在于培养技能型的人才。因此，职业院校在理论创新层面还存在较大不足，难以为进行升级的企业提供具有商业潜力的创新发展思路。学校的主要目标是培养人才，他们认为在这个过程中积累的经验比最终结果

更加重要。相比之下，企业重视获得更大的经济效益，认为这才是最关键的，而过程则不是最重要的考虑因素。如果涉及培养同一群学生，那么这两种截然不同的思想将会相互抗拒，这就会加剧校企之间的矛盾。

企业在职业教育领域的积极程度不高，这主要是由于多种限制因素的影响，导致它们参与产教融合的愿望和动力欠缺。虽然大型企业愿意给学生提供实习机会，但由于多方面的限制因素，鲜有学生能够转为企业正式员工。因此，有些企业参与产教融合项目时会发现，他们需要投入更多的资金和精力，但最终得到的收益却相对较少。这不仅使企业面临安全隐患，也使校企双方难以实现共赢。因此，一些企业对产教融合表现出较为消极的态度，并不愿意在该计划上投入太多的时间、精力和资金。许多企业之所以不愿积极参与产教融合，很大程度上是由于校企双方的文化差异所致，这也是除上述原因外最主要的一点。

（四）校企合作的经费难以保障

校企合作需要进行大规模的资源投入，包括人力、财力和物力，这是一个涉及科技研发、学生实习等多方面内容的复杂系统工程。然而，目前的情况是，国家和地方政府虽然支持和有意促进校企合作的进行和开展，但相关的奖励和财政拨款政策尚未完善。此外，在政策方面还存在许多其他问题，如企业参与职业教育的税费和具体的信贷优惠政策尚未落实，在社会捐款渠道方面也还存在一些问题。如果从企业层面来说，要想能够深度融入校企合作和产教融合项目之中，企业应该是全程参与的，同时也要承担一定的人力、物力等费用和资源支出。但是从目前来看，多数的校企合作项目仍然是以学校为中心，这样是难以保证企业在合作过程中所获得的实际收益，自然在企业合作积极性上也会有所下滑。就高职院校而言，一些经济发达的地区的高职院校得到的资金比较丰厚，而经济发展较慢的地区的高职院校资源相对紧缺，并且限制了校企合作的深度。这时，行业协会作为具有指导作用的发展机构，就需要其充分发挥其职能作用，按照社会主义市场经济的变化趋势来安排进一步的合作项目和流程。为了确保我国经济的稳定发展，政府加强了自身的管理职能和实施职能并通过发布政策文件来实现这一目标。但这也导致行业协会的引导和监督作用受到一定程度的削弱，从而无法有效地推动产教融合的有效发展。尽管教育部制定一些政策文件与行业协会合作推进产教融合，但实施效果并不如预期所想一般。此外，在我国的相关法规中，行业协会在促进职业教育发展方面的指导作用并没有得到充分保障，未能完全体现其在社会中的重要作用。以上问题的产生，除了因为国家法律规定不完善之外，也表明国内行业协会自身发展还存在缺陷。尤其在制定课程标准和行业岗位标准方面的指导作用十分有限，难以有效促进产教融合的发展。同时，行业协会在这方面的法定职能也明显不足。

现在，全国已有超过六万个行业协会，按照中央、省、市和县四个级别进行分类，还在一些少数民族地区也成立了自治行业协会。这些协会在促进市场行业的有序、协调发展方面发挥了重要作用。随着近年来我国科学技术发展的不断成熟，各行业的科技创新能力也在不断提升，同时加之商业运营模式的转变，使得国内职业岗位发生了重大变革，也正因为如此行业协会已经难以跟上市场的快速发展趋势，由此也无法为企业提供更为精确的职业标准和规范。职业教育产教融合包含的领域十分广泛，除了教授学生基础知识外，还需要积极协助企业进行技术研发和产品创新等方面的工作。尽管职业院校不断探索教学内容和人才培养方式的多样性，这提供了促进产教融合水平提升的实用途径，但同时也意味着需要投入更多的启动资金。如果完全依赖政府有限的经费投入，职业教育产教融合通常难以持续发展。因为职业院校的产教融合实践具有较高的风险和不确定性，且缺乏完善的资金保障系统，许多企业通常不愿意在这方面投入巨大数额的资金。另外，许多科研项目也会因资金不足而面临困境。如今，业内专家正集中讨论如何保障职业教育产教融合资金的稳定投入，以确保该领域的发展。如果不及时解决这个问题，就很可能会削弱职业教育产教融合的价值。

（五）双师型师资队伍建设滞后

共建一支高素质师资队伍是校企合作的必要条件。尽管某些高职院校已实施多种措施来促进双师型队伍的构建，但效果明显不尽如人意，还有待提高。许多学校在从职业学校转型为应用型大学时，发现他们过去过于

重视理论知识的教学，而无法满足实验、实践等综合实践型人才的培养需求。此外，这些教师难以与行业、企业合作开展科技研发等应用型科学研究活动，由此这些院校服务地方社会经济发展的能力发展也会受到阻碍。尽管企业师资在实践方面的能力无可挑剔，但绝大多数人的理论知识尚有不足，同时缺乏教学的基本技能和有效的训练方法。由此看来，师资队伍的不足导致了产教融合的程度和范围受到了限制，这对于实践型人才的培养和提升产教融合水平都是不利的。

以现在的状况来看，校企合作在多个方面似乎还没有达到与培养实践型人才相适应的水平标准，涉及的方面包括导师队伍建设、课堂教学、实验室建设和毕业设计等。同时，这种融合模式的管理制度也尚未得到规范化。

（六）产教融合水平的保障机制和评估体系的缺位

尽管有些学校已经确立了相关管理制度和产教融合水平标准，但在实际的执行过程仍然遇到了许多问题，导致这些标准难以严格落实。举例来说，许多高职院校学生的毕业实习达到一年之久。然而，在实习期间如何对学生进行有效管理呢？尤其是针对分散实习来说，这种管理就更难了。其中仍然存在着许多待解决的问题，如高职院校和企业实习导师的职责有待明确，以及实习效果如何评估等。因为缺乏可靠的水平保障机制和评估监管体系，许多高职院校和企业之间的合作显得略显杂乱，这样是很难保证最终的产教融合品质的。

当前，校企合作面临多方面的问题，如在专业设置、实验室建设、课堂教学、实习和毕业设计等方面，存在不足，缺乏与培养实践型人才所需的产业教育相适应的标准和规范的管理制度。

三、产教融合发展的路径及必要性分析

根据《现代职业教育体系建设规划（2014—2020 年）》，我国现代教育体系除基础义务教育外，还分普通教育体系、职业教育体系、继续教育体系三部分。初等职业教育、中等职业教育、高等职业教育构成职业教育体系，高等职业教育里面分高职专科、应用技术型本科、专业学位研究生三

个层次。而普通教育体系包含普通高中教育、普通本科教育、学术学位研究生教育三部分。通常情况下，我们认为高职教育隶属高等教育之中，是其重要的组成部分之一，是一种较高层次的职业教育。《教育部关于加强高职高专教育人才培养工作的意见》以下简称《意见》指出：高职教育的培养目标是"培养拥护党的基本路线，适应生产、建设、管理、服务需要的，德智体美等方面全面发展的高等技术应用型专门人才；学生应在具备必备的基础知识和专门知识的基础上，重点掌握从事本专业领域实际工作的基本能力和基本技能，具有良好的职业道德和敬业精神"。《意见》同时指出："高职教育要以培养高等技术应用型专门人才为根本任务，以适应社会需要为目标，以培养技术应用能力为主线设计学生的知识、能力、结构素质和培养方案，毕业生应具有基础理论知识适度，技术应用能力强，知识面较宽、素质高等特点；以应用为主旨和特点构建课程和教学内容体系；实践教学的主要目的是培养技术应用能力，其在教学计划中占较大比例；要有一支'双师型'教师队伍；学校与社会用人部门结合，理论与实践结合是基本途径。"该《意见》对高职高专培养方案、知识体系、技术技能、师资培养、培养途径等七个方面做了明确要求。《教育部关于以就业为导向深化高等职业教育改革的若干意见》将培养目标定义为"坚持培养面向生产、建设、管理、服务第一线需要的'下得去、留得住、用得上'，实践能力强，具有良好职业道德的高技能人才"。该意见对高等职业教育培养目标明确指向为面向基层一线培养人才。

在我国学校产教融合的实践过程中，校企合作是高职院校实施大学生双创教育的重要措施。自 20 世纪 80 年代末期起，我国学校已经开始探索并积累大学生创新创业教育的相关经验，经过 30 余年的发展，现已将其纳入高等教育体系中。在 20 世纪末，我国的高职教育开始高速、高质量发展，并在 21 世纪初期逐渐初具规模。与本科教育相比较来说，大学生双创教育起步稍晚，而职业院校的大学生双创教育甚至还未融入人才培养的全过程教育机制之中。

在国家支持创业促进就业以及推进产学融合现代职业教育的战略指导下，中国学校的双创教育已经迈入了新的阶段。根据产教融合理念下的现

代职业教育体系的构建要求产教融合发展路径的必要性体现在以下几个方面。

（一）提高人才培养产教融合的水平，提升办学水平的需要

技能和职业素质的培养一定要具备以下四个基本条件：

第一，有丰富工作经验的教师（师傅）；

第二，有一定的职业环境；

第三，有工作岗位这个载体；

第四，经验积累。

在学生学习技能的过程中，学生需要得到教师亲自指导，并长期在实际工作中积累经验、磨炼自己的技能，才能实现实践技能的飞速提升。因此，我们需要改进培养方法，以适应现代化高职教育的要求。我们必须采取新型的人才培养方式，促进高等职业院校和产业之间的深度结合，并通过"五个对接"的途径来培养高技能人才。

自 20 世纪 90 年代初期以来，职业院校的大学生双创教育已经开始逐渐发展，并且取得了令人瞩目的成就。众所周知，行业和企业是职业教育的主要受益者和办学主体。然而，它们对于广大学生的双创教育关注度却不高，难以为学生提供有效的实践平台，同时完善的学校双创教育培训和实践支持服务体系也没有建立起来。目前，职业院校的大学生创新创业教育主要以学校为负责主体，因而社会实践等主要教育实践活动涉及不多，范围也十分有限。目前，政府、行业、企业和学校之间尚未建立起有效的合作机制。尽管政府已经出台了一些措施和相关优惠政策来推进学校大学生双创教育的进程，但是由于相关优惠政策执行不到位，同时缺少法律保障和创业资金支持，导致此类创业教育面临较大困境。

（二）行业企业发展需求

部分高职院校对大学生创新创业教育的意义存在误解，没有充分认识到双创教育在经济社会和国家发展战略中的地位。研究表明，大多数高等职业院校认为大学生的创新创业教育与就业教育是依赖关系，视其为提高学生就业率的有效途径。然而，学校将大学生双创教育和创业教育的概念

相混淆，教学内容的重点放在了创业知识和技能的传授上，而缺乏根据实践经验打造的大学生双创教育课程体系。行业企业的发展潜力固然受到固定资产等因素的限制，但员工所具备的产教融合水平和素质才是决定其最大发展潜力的关键性因素。

行业应该致力于培养高素质、高技能的人才，使他们能够在毕业后立刻就业并上岗，从而实现就业无障碍。我国现在正在努力推进产教融合，并已经尝试了多种校企合作模式，如"订单式"培养、校中厂、厂中校以及"政、校、企"联动等。这些合作方式构建出了一个完整的校企合作人才培养理念，即"合作办学、合作育人、合作就业、合作发展"。企业在招聘新员工时，能够降低新员工上岗培训成本，进而节约一定开支。若员工具备高超的技术和素养，必能推动生产水平和效能的显著提升，从而促进企业经济效益的增进。联合国教科文组织将大学生的创新创业教育视为教育的"第三本护照"，并认为其与学术教育和职业教育同等重要。作为教育系统的一部分，高职院校应将大学生双创教育与现有的高职教育体系有机结合，相互渗透。然而，目前高等职业院校的大学生双创教育缺乏基于产业与教育融合、工程教学的结合的平台和高质量人才培养体系。在制定专业教学计划时，未充分关注培养创业意识和素质的重要性，并未将其视为大学生双创教育的主要内容，未在专业教育的理论和实践课程中融入此方面的内容，也缺乏全方位、全过程的校企协同培养机制，因此无法实现有效的产教融合。

（三）社会经济发展由向人口要红利向人才要红利转变的需要

自改革开放以来，我国已经历数十载光辉岁月，取得了众多社会和经济领域的卓越成果，令人瞠目结舌。在一定程度上，这些成就与人口红利的贡献密不可分。随着我国实际劳动力人口转折点的出现，我们需要放弃传统的"辛勤劳动"发展模式，也就是"流汗模式"，转向更加"智慧"的发展模式。它旨在营造政府、学校和社会三者之间的新型合作关系，以推动出现一种新的格局，即政府进行宏观管理、学校自主办学、社会广泛参与。此外，企业、行业和社会可以提供技术、管理等资源，参与职业教育的办学过程之中。政府将领导这种全新的教育体系，让包含多样的教育机构和形式充满活力。该计划旨在促进政府、行业、企业和高等职业院校等各方之间的协作和整合，以实现全程校企联合培养人才的目标。

因此，在未来一段时间内，加快转型方式、调整结构、促进升级将成为新的常态。实行创新驱动，培育人才红利，有助于推动社会和经济的发展。产教融合不仅仅是一种教育模式，而更是经济和产业系统中的一个重要组成部分。

（四）学生提升自我价值的需要

由于高职教育着重于培养职业技能，学生能够深入了解到所学专业的就业领域，掌握与此对应的具体技能，并且确切地知道需要在大学学习中实现哪些学习目标。实行产教融合，有助于激发学生的求知欲和学习动力，促进其知识结构和技能掌握模式的建立，同时提高学习成就感，因为这一模式能够为他们提供具体的实践经验。设定明确的学习目标有助于激发学生的学习热情和持久的动力，推动学生不断向前。这将让学生更有信心、更有目标感，从而提升他们的自我认知和自我价值。

第三节　构建产教融合生态圈的创新研究

一、教育生态学视野中的产教融合研究与实践

职业教育是与经济社会发展结合最为紧密的一种教育类型，而我国未来一段时间职业教育发展的主要方向就是校企合作与产教融合，基于教育生态学理念，以协同创新平台搭建为基础，构建产教融合生态系统；以校企深度合作为手段，实现系统的运行发展；以互惠共赢为基点，实现系统的良性循环，试图为高职教育发展提供可借鉴的范式。

《国务院关于加快发展现代职业教育的决定》明确提出现代职业教育要求：产教融合特色办学，推动教育教学改革与产业转型升级衔接，强化校企协同育人。《现代职业教育体系建设规划（2014—2020年）》更是提出：坚持产教融合发展，优化职业教育服务产业布局，推动职业教育融入经济社会发展和改革开放的全过程。由此看来，未来我国职业教育的发展道路

上必定少不了"产教融合"与"校企合作"，这是未来一段时间内我国的职业教育发展方向和目标。要想这一目标能够最后实现，教育生态理念的融入是必不可少的，最终能够形成长效育人的发展机制，为高职教育的改革创新提供新的思路和范式。

（一）教育生态理念的内涵解读

在美国 20 世纪 60 年代，哥伦比亚大学师范学院的劳伦斯·克雷明开创了一个新的研究领域——教育生态学。在 1976 年，他创造了"教育生态学"这个术语，为教育科学的研究带来了全新的视角。教育生态理论以生态学的视角和方法，专注于教育研究，分析其内外部系统，揭示教育的生态功能和基本规律。教育生态理论强调的是整个教育系统，关注的是系统内部各个环节和因素的互动，强调其中各个元素之间的协调性和可持续性的发展[①]。

教育生态理论的主要理念就是系统观、平衡观和控制观，在实践中，它对教育活动的整体性、平衡性和调节性起到了指导作用。所谓系统观，指的是从宏观的角度来看，教育生态系统与外部环境既有所区别，又在不断进行信息和物质交流，既相对独立又互相关联。在微观层面上，教育生态系统之中包含了多个元素，这些元素相互作用并互相影响，旨在共同完成一定任务。而平衡观则表示，教育生态系统能够维持其结构和功能的相对稳定状态，这种平衡并不是静止的，而一直是处于动态变化之中的，需要随着社会的进步和需求的变化不断调整和适应，以实现与外部环境的同步发展。所谓控制观，指的是尽管教育生态系统具有自我维持和调节的能力，但它的自我调节能力存在一定的局限性。因此，我们需要采取社会调节机制和手段来提高系统的整体承载能力。

所有的生态要素都必须不断与其周围环境产生相互作用和进行交换。作为社会系统的重要组成部分之一，高等职业教育与整个社会系统互相联系，在文化、政治、经济等方面共享信息。尤其是在经济建设领域之中，高等职业教育扮演着至关重要的角色，其使命之一是培养技术技能人才，

---

① 张振飞，伊继东. 发挥企业作用，深化产教融合［J］. 中国高等教育，2017（24）：40-41.

与各行各业开展密切合作。为了实现高职院校的可持续发展，它必须与产业开展密切合作，并紧密结合行业需求，而这需要依赖于各大行业和企业的支持。此外，高职院校能够向行业输送人才和智力，为行业企业在某些方面的发展提供领导能力。

（二）产教融合生态系统的组建：协同创新平台

产教融合生态系统是由行业、企业、学校等因素组成的有机整体，其建立需要构建一个平台，可以包含行业、企业、政府、学校等因素。据复旦大学校长杨玉良所述，协同创新指的是通过多个相同或相似单元之间的协作，形成相互作用和共振放大效益的机制。政府、企业和学校在职业技术和教育领域合作协同创新，通过顺畅的信息交流、传播和服务平台，深度融合产业、学术研究和教育培训，搭建政府、产业和学术研究的开放共享平台，实现区域内职业院校、政府、企业以及其他学校一起合理利用资源，最大程度提高效益。

（三）产教融合生态系统的运行：校企深度合作

产教融合生态系统需要持续调整其内部结构，以确保各因素在发展变化中能够协调运作，从而实现动态平衡。根据《国务院关于加快发展现代职业教育的决定》，我们应该全面考虑职业教育与经济社会发展之间的关系，以促进教育改革和产业升级协调发展和有效衔接。同时，在专业设置上应该注意与产业需求相适应，教学过程与生产过程相衔接，课程内容与职业标准相符合，同时加强学校和企业的协同合作力度来培养高素质、高水平人才。

高职院校应选取符合高职教育发展规律和内在要求的专业，并按照产业发展需求进行专业设置和办学。这样做可以更好地对接产业，满足产业发展所需。如果继续按照原来以市场为导向的教育理念的话，那么新能源汽车人才的培养将存在以下几个显著问题：服务对象不明确、与汽车产业链接、专业特色不突出、校企合作关系不够紧密。这些问题的出现表明专业建设已经不适应汽车产业新形势下的发展需求，阻碍了学院的进一步发展。为适应新能源汽车产业人才需求趋势，学院要明确办学方向，旨在与汽车产业进行对接。基于新能源产业链，学院应采取"撤销、转向、新增"等措施，大力优化专业结构，以达到最优教育教学效果。

高职院校还要以行业支持为支撑，建设具备双师素养的团队。对于培养高素质技术技能人才来说，拥有高水平的"双师素养"教师团队是至关重要的。具有双重专业素养的教师应当具备能够胜任课堂教学和实践操作的能力。在培养"双师素质"教师队伍的过程中，学院也与企业紧密结合，组建专业化的由专职和兼职教师组成的教师团队。其中，尤其需要注意的是，在专任教师队伍建设方面，新任专业教师必须要有至少一年的企业实习锻炼经验才能够正式上岗教学，无论其职称和学历如何。这项措施的主要目的是提高教师的实践经验和教学质量。专业课教师需要每隔五年更迭一次，其职责包括专业建设、课程设计和操作技能培养等。此外，他们还需要定期前往企业接受长达半年至一年的培训。除此之外，高职院校还会挑选一些教学管理干部赴新能源汽车企业担任交流岗位，这样做既可以学习企业的先进管理经验，同时也了解新能源汽车领域的最前沿技术。换言之，该做法有助于拓宽干部的知识储备，提高其管理能力。另外，为了加强兼职教师队伍建设，高职院校还要积极邀请企业高管，包括董事长、总经理和工厂厂长等到校担任客座教授，并鼓励他们利用工作空闲时间到学院开展专题讲座和学术报告，向师生们介绍企业的管理理念、文化理念和技术项目等方面的经验和知识，为师生们开阔视野。另一个则是由兼职教师组成的品牌教师队伍。一般情况下，我们可以每学期选派 20～30 名兼职教师来校授课，涉及专业课和实践课程，积极参与专业建设和课程改革。

学校也要与企业共同打造实践教学基地，营造真实的生产场景。在职业院校的人才培养中，实践教学起着至关重要的作用。此外，实习实训基地也在培养高技术素质人才方面扮演着至关重要的角色。学院要在不断改善实践教学条件的同时，将企业的现代先进生产管理理念也融入其中。同时，引入中国质量协会的现场管理星级评价，以空军航空修理工厂和民航维修企业生产现场为蓝本，推行基于 6S 的实训教学现场星级评价管理[①]。在实训教学中，我们可以采用企业生产现场管理的五大要素——人、机、

---

① 陈翔峰. 我国开展校企合作的理论与实践研究［M］. 杭州：浙江大学出版社，2005.

料、法、环，并将其应用于教育教学中。具体来说，我们要将人、机、料、法、环分别转化为教师与学生素养、工装设备管理、实训耗材管理、实训教学过程管理和现场环境管理五个教学管理方面，并基于此构建实训教学现场的星级评价体系，以对教学质量进行评估。另外，还可以根据体系对实训基地进行改造升级，真实模拟企业的生产环境。

（四）产教融合生态系统的循环：互惠共赢发展

职业教育与经济社会发展息息相关，行业和企业的参与是确保职业教育质量的不可或缺因素。作为教育机构，职业院校身上肩负着服务行业和企业的社会责任。职业院校与企业紧密合作，不仅可以提高企业的创新能力，还能够培养符合市场需求的人才，并为地区经济的繁荣作出贡献，推动相关行业企业的健康发展。这是我们与企业合作所持有的共同信念和追求目标。

尽管教育会在一定程度上受到经济社会发展的制约，但它依然能够自主发挥作用，是相对独立而存在的。职业教育应当保持与经济社会发展同步，并且适度超前发展。短期内应与行业发展保持同步，但长期来看，职业教育应该成为引领行业产业发展的推动力，促进产业与教育的有机结合并形成生态系统的良性循环。

二、生态视角下应用型大学产教融合

应用型大学的主要任务是为国家和地方的经济转型和社会变革提供适应型人才，紧密结合区域经济和社会发展以及产业升级，着重培养掌握新技术和具备高技能的应用型专业人才，使其为地方经济各个行业作出贡献。"产教融合"是一种将实际生产和实践活动与教学紧密结合的方式，即在课堂教学中融入实际生产的要求，从而使专业理论知识和实践技能相互促进、相互补充，将专业实践与实际生产密切衔接。

（一）以生态视角探索应用型大学产教融合的意义

其实，大学就是一个模拟的人工生态系统，需要运用生态保护与改善的方法，也就是通过干预与协调内部各元素之间的关系和对外界环境的影

响，管理能源、物质和信息的流动，以维持生态系统的基本平衡与稳定，这有助于促进生态的进化和发展，确保足够的资源和环境承载能力，为教育培养提供一个良好的生态环境，以保证其最终的教育教学质量和成果。应用型大学应从多方面进行改进，包括校园文化、专业建设、课程规划、师资队伍和制度规定。这项工作需要通过多种手段来进行生态监测和评估，以制定具体的校内政策和实施计划，从而为学生提供良好的生态环境，促进他们的全面发展，但也要考虑到现有的基础设施和结构。生态视角理论研究的是人类与社会环境相互作用关系，强调社会环境是一个社会性的生态系统，其中包括家庭、单位、社区等，对人类行为有重大影响。该理论关注人与环境间系统的相互作用，强调环境对于分析人类行为的重要性。

从生态学的角度来看，我们应该以自然的方式看待学生的发展，了解不同学校和学生的特点，并且用不同的质量观对他们进行具体评估。总的来说，我们不能用同一种标准衡量所有的学校和学生，无论学校和专业的定位是什么。另外，我们也不能在强调学校特色办学和生态位分化的同时，还仍然采用固化的目标、标准和方向来限制师生发展。事实上，各个学校可以根据实际情况制定各自独特的教育目标，并完善适合自身的不同的教学质量标准。同时，我们需要明确的是，造就优秀的人才，是学生在良好环境的影响下与之互相促进、共同提升的成果，无论我们追求何种目标、坚守何种标准都是如此。为了培养高质量的人才，我们需要按照一定的目标设计适合学生成长的过程和教学活动，从而促进学生的全面发展。生态学的理念是追求整体和谐，认为只有实现人与环境的和谐，才能真正实现有效地实现人才培养的质的提升。因此，在生态学的视角下探讨应用型大学产教融合机制，并不仅集中在确定合适的途径和标准。事实上，我们的关注点主要是针对特定目标和目的，探寻如何创造高校、政府职能部门、企业科研机构以及学校内部各组成部分之间的协调，具体包括改革课程、协同教学环境以及平衡校内和校外环境等方面。从生态学的角度来看，产教融合机制应该被构建为一个以协调发展为主要原则的机制。

（二）生态视角下应用型大学产教融合的策略

"产教融合"是一种包括各种机制和合作方式的教育生态体系，致力于

将教育资源与产业资源融合起来，例如，开设适应市场需求的课程、促进校企合作、拓展师资交流和互相评价等方面。它旨在提升学生的实践技能和职业素养，培养学生的终身学习意识和反思能力，从而培养出高素质的技能人才，帮助学生通过实践拓宽自己的知识视野和加深自己的知识深度。

1. 环境生态：发挥"政—市—企—校"四位一体的功能，创建和谐的校园文化环境

应用型大学的环境生态从本质上来说就是一个多元社会环境，它以学校为核心，对其发展起着制约和调控作用，也是一个由家庭、机构、团体、社区等各种元素组成的一个综合体。如此，我们可以从三个层面对应用型大学环境生态进行大致概括：其一，我们可以说其以学校为核心，包括周边的自然、社会和规范环境因素等多重因素，是一个简单或复杂的综合体。从另一个方面来说，是一个由学校内部由各行政和教学机构构成的生态系统，反映的是它们之间的相互关系。第三个方面是，以受教育者的个体发展为主线，研究自然、社会和精神的因素组成的生态环境和个体的生理和心理等内在的心理环境的因素。

（1）以完善的法律为支撑，创设促进产教融合的政策环境

长期以来，欧洲很多国家一直都非常注重实用型大学的发展。1966 年，英国相关部门出版了《关于多科技术学院及其他学院的计划》白皮书，该计划旨在整合和调整高等教育资源的结构，在此之后英国建立了科技大学和城市大学，与著名的研究型大学如牛津、剑桥等齐名。1976 年，德国政府颁布了《德意志联邦共和国高等教育总纲法》，正式承认了德国应用科技大学在高等教育体系中的合法地位，这是在双元制教育基础上注重理性思维的结果。1995 年，瑞士作为最富有经济竞争力的国家之一，制订了《应用科技大学联邦法》。该法案奠定了实践导向的新型大学模式基础，7 个公立应用科技大学也由此应运而生。法国是中央集权最为典型的国家之一。1971 年，该国颁布实施了《技术教育指导法》，明确高等职业技术教育和普通高等教育虽然是不同类型的教育模式，但却处于同一层级之上。此举还促进了该国高等教育体系的发展，形成了包括大学科技学院和大学职业学院在内的新教育体系。

从现状来看，我国在技术教育法律方面的发展尚不完善，需要制定更

具体的法律规定来支持校企合作的有效推进。为实现产教融合，首先应将国家对应用型大学产教融合的发展目标和定位纳入立法范畴，以确定未来的方针政策。其次，我们需要针对现有情况对职业教育法规进行必要的修改、细则调整并制定详细的执行规定，以加强法律保护的覆盖范围。同时，制定相关法规以增强应用型大学的建设水平、提高行业指导力，并加强集团办学指导以及推动校企合作等措施。

（2）以政府支持为后盾，以"产学研一体化"促进经济发展

当地政府的支持是应用型大学开展产教融合活动和项目的不可或缺的动力和支撑之一。应用型大学应当与地方经济建设和产业发展相适应，建立新型的战略合作形式，将人才培养与地方需求相结合，以促进专业建设。为了促进应用型大学的发展，我们首先需要进行顶层设计，确定应用技术学校在现代高等教育体系中所处的位置，并加强政府、行业和企业之间的协作和参与，实现教学模式的一体化，实现主导、指导和参与的完美结合。其次，必须保证有足够的资金支持。可以考虑制定每名应用型大学生的经费基准和财政拨款基准，并且中央和地方政府应该合作设立专项基金，资助示范学校，这样可以确保经费充足，支持应用型大学生的教育。再次，是旨在促进职业教育的信息化转型。我们可以分析当地的经济和科技发展现状，然后选择在恰当的时机发布公司和政府人才需求信息，为应用型大学的转型提供信息支持。第四是要创建能够支持转型发展的适应性评价指标，以评估指导应用型大学的发展。社会专业评价机构的作用是至关重要的，尤其是在行业组织的专业职能评价方面，我们应充分发挥其效用。因此，政府应该通过提供全面规划、统筹资源、投入经费、督导等手段给予支持和服务。政府应当促进市场机制发挥作用，实现大学、学术社团和企业组织间的协调和合作，以大学为核心、行业和社会科研机构为支撑的运作模式能够发挥充分优势并使内部要素承担各自责任。

（3）以校园文化建设为目标，创建产教融合的人文氛围

我们应该提高对整体和谐的校园文化教育的重视，包括规划校园文化、专业文化和学术氛围等各个方面。校园文化建设可以让每一个步入校园的人亲身感受到大学校园所独有的文化魅力、特色味道和浓厚学术氛围；进入一个二级学院，就能够领略到该学院所倡导的学科、专业和学术文化；

进入实训室，就会深切地体验到仅属于这个实训室独有的车间和企业文化。这些文化对学生所带来的影响往往不能单纯通过课堂学习来代替，它们对学生的影响却是深远而持久的。

2. 专业生态：以专业集群建设为目标，创设和谐的专业发展环境

所谓专业生态，指的是一种在学校和社会的环境下，通过政策支持、投资建设、高水平人才引进以及向社会输送人才等手段，将专业领域与外部环境相互协调和交换，从而创造出能够转化为生产力的成果。其能够使得专业生态系统长期处于一种动态平衡状态下，能够不断地维持有序状态，并实现可持续发展。

（1）围绕产业集群调整专业结构，创建重点专业群

应用型大学充分发挥重点学科和特色专业的优势，结合当地产业发展和区域经济需求，积极推进与企业、行业的合作创新。行业学校是一种与企业紧密合作的教育机构，主要致力于开发与行业紧密相关的"课程模块"，以帮助学生更好地适应实际工作环境。当学生完成公共课和专业基础课程后，他们可以从某个行业学校提供的特定课程中，根据其兴趣和能力自由选择。这样做可以更好地满足学生的需求和发展。这些课程将以项目为基础进行教学，让学生在真实的行业工作环境中获得实践经验，并建立与该行业的紧密联系与认同。应用型大学的专业应积极与当地产业建立联系，不断调整和优化专业设置，形成符合当地产业需求的专业群体，以满足区域产业发展的要求。学校应主动与当地主导产业链和特色产业链对接，结合这些产业链的需求，建设相关专业群。该举措旨在培养高层次应用技术技能人才，帮助他们成为能够在地方区域生产、建设、管理和服务一线中无缝对接的毕业生和就业者。

（2）构建以企业专家为主的专业建设咨询委员会，促进专业建设科学发展

我们要根据社会经济发展趋势，构建以企业专家为主的专业建设咨询委员会，为应用型大学在专业设置、教学改革、师资队伍培养、课程开发、实训基地建设以及毕业生就业途径的开辟等方面提供合理信息。可定期由学校专业负责人将专业建设、专业发展中的情况和有关问题向委员会汇报，经委员会讨论给出指导建议。学校和专业委员会成员都要重点围绕某一方

向开展应用性研究、技术开发研究、产品开发研究、成果转化推广研究等。专业建设必须符合区域特色产业现实发展需要、符合相关企业技术研发需要、符合学校相关专业建设需要，也就是说必须满足"三个符合度"，从而实现学科－专业建设一体化。

（3）建立专业评估制度，完善基于评估监测的质量机制

为确保专业设置符合行业和企业发展需求，我们可以建立教学指导委员会和就业指导委员会，其中教学指导委员会由行业和企业专家组成，就业指导委员会包括辅导员和专任教师，同时建立就业指导中心。这些机构的设立将通过主要指标评价专业，包括就业竞争力、生源竞争力、人才培养实力和就业满意度，对不合格的专业进行定期预警，并建立教学情况档案，以提高对主要教学环节的监控能力。

3. 课程建设生态：多种教学方式和内容的结合，体现人的全面和谐自由的发展

实现高等学校人才培养的核心要素有赖于课程的有效执行。课程设计反映了学校的教育理念、培养目标和价值取向。教师的职责在于通过课程向学生传递知识，并辅导他们进行能力培养，而学生则是通过课程获得知识和发展自身能力与素质。开设符合"三个符合度"标准的课程，并进行基于当地情况的实地研究。

（1）以专业课程全面推行项目驱动式教学

应用型大学应该倡导将课程要求与岗位需求相联系，特别关注实际岗位需求，实现理论基础知识与实际技能的融合、理论教学与实践教学的结合、通识教育与职业教育的有机结合，以及校企合作的培养和工学结合。在应用型大学中，应给予实训课程更多的时间和资源，以确保其占据较大的比重。实训室的建设遵循环境企业化、内容任务化、作业产品化的原则，力求使课堂教学和实训与企业实际环境相吻合，在授课过程中，不断进行教学方法和课程考核改革，课后让学生自由选择自己感兴趣的题目，通过分组分配任务完成对课题研究方案的设计。学生在完成课题的过程中，提升了面对问题的能力，并在面临问题时能思考出解决问题的思路与想法[1]。

---

① 邹松林. 产教融合生态圈建设路径研究［D］. 南昌：江西农业大学，2016.

（2）"三位一体"的实习和实训相结合

在应用型大学中，可以将项目教学、典型案例教学、任务驱动教学、现场教学、研讨式教学、教学实践一体化教学等相结合。应用型大学生产实习、专业实习和认知实习的"三位一体"实习模式，是为使学生了解行业全貌、了解企业生产工艺过程、企业管理工作流程产品结构等而开设的专业认识实习，对应的理论教学环节为专业课程导论课。认知实习、生产实习、毕业实习构成了应用型大学"三位一体"的实习模式。目的是让学生将所学的基础知识和专业知识深入实际工作中，了解与专业相关的工作岗位的性质，掌握设备的基本原理，为顺利完成毕业设计和解决实际问题做充分的准备。对应用型大学的实训模式，可采用教室与实训室结合的基本技能训练、工厂与实训室合一的综合技能训练、毕业设计与研发服务合一的研发能力训练三种实训模式。

4. 教师发展生态：加强教师实践经验培养，促进教师自身和谐发展

（1）以引进来的方式，促进教师实践能力提升

应用型大学可以从行业企业聘请国内行业专家、企业能手担任兼职教授，定期选派专业教师到合作单位参加不少于 3 个月的专业实习，支持教师考取行业特许资格证书，激励教师提升创新实践能力，提升双师型教师的数量。同时，教师应合理规划自己的专业发展，明晰自己的职业发展目标，合理评估自身专业发展的状态和水平，对所从事的教学工作具有接纳和肯定的心理倾向和能力。

应用型大学，除传统的文献信息资源库外，应重点开发与行业、企业密切相关的各种特色教学资源库，从而实现学校教学资源与企业资源的最大化整合，实现课内教学和课外教学的高度统一。应用型大学的每个专业都与一个或几个行业紧密合作，都与该行业中的若干企业合作，一所大学几十个专业，与之合作的行业有几个、十几个，合作的企业几百家、上千家，学校充分挖掘这些企业资源、开发利用这些企业资源和教师资源。

（2）以"三能"教室建设为目标

在应用型大学中任教，仅仅"双师型"专业课教师是远远不够的，而必须是"三能型"的专业课教师，既能讲理论，又能指导实训，还能与企业共同进行技术研发。没有一支这样的"三能型"师资队伍，就根本无法

实现应用型大学的办学目标。因此，建设"三能型"师资队伍是应用型大学建设的关键点。学校一方面通过让教师到企业挂职锻炼，实际去了解企业对学生的要求，培养自身的动手能力，和企业共同组成教师团队，实现科研成果直接转化为生产力；另一方面通过建立外在的督促机制，引导专业教师达到三能型教师的要求。学校还要通过提高教师的待遇、以心理情感激励和经济待遇激励等建立内化的能动机制，提高专业教师参与培训进修的自觉性。

5. 管理制度生态：以顶层设计为指引，以学风促融合

（1）以顶层设计为指引，完善产教融合的制度建设

应用型大学要通过顶层设计，以产教融合为重点的校企合作模式，推进教学、科研、人事和管理服务等一系列制度建设，努力建立符合应用型大学办学定位的现代大学治理结构，推动学校转型发展。在学校环境中，学校其他制度、政策对于教学管理制度的制订与执行具有重要的影响，制约着教学改革制度的效力和效果。学校生态系统处于社会环境之中，学校制度又受到社会相关制度的强力制约，社会制度的缺位和越位都会对人才培养及其质量形成产生重要的影响[①]。管理制度生态功能的有效发挥需要管理制度的结构完善和功能协调，需要内外制度的协调一致和相互支持。

（2）严格执行淘汰制度，促进教学质量的建设

在德国应用科技大学中有 15%～40%的淘汰率，给学生很大的学习压力和动力，也造就了学校极高的声誉。我们的应用型大学可在原有重修、留级、劝退制度的基础上，严格落实课程标准、实践标准、作业要求、考试标准；严格教考分离，实行淘汰制并逐步提高淘汰率，促进学风的进一步提高。

应用型大学实施产教融合式发展战略，就是要以高层次技术技能人才培养、服务于企业技术创新、深入行业生产一线为基本建设体系；"双师型"教师与行业企业"能工巧匠"相结合、健全社会服务保障以及把毕业生就业创业与企业人力资源培养相结合，确立以服务区域经济社会发展为职能，培养高级应用型人才，形成政、校、企之间信息沟通的机制和以评促建的

---

① 林艺芳. 产教融合平台与机制的探索与实践——以福州职业技术学院为例 [J]. 闽西职业技术学院学报，2018，20（4）：41-44.

质量保障体系。

三、产教融合校企合作全面加速 ICT 人才生态建设

2017 年 3 月 9 日至 10 日，华为在湖南长沙国际会展中心举办"因聚而生——ΣCO-Partner，华为中国生态伙伴大会 2017"。教育部职业技术教育中心研究所杨进所长和教育部高等教育司理工科教育处吴爱华处长出席会议，杨进所长作了"实行产教融合校企合作，聚焦技术技能人才培养"主题发言，吴爱华处长也发表了"产教融合，共促中国工程教育发展"的主题演讲。

（一）人才培养需要满足新的需求

杨进指出，中国技术技能人才培养面临挑战，全球经济发展改变了产品和服务本质，也改变了产品生产和服务提供的技术和通信形式，这意味着生产和服务过程的变化。为了提高竞争力，工商业特别需要高技能、能动性强和具有创新能力的从业者。这对当下我国高等教育提出了很高要求。质量成为提高技术、技能人才培养的当务之急，而质量管理大师 rosby（菲利普·克罗斯比）对质量的定义是——满足需求。

（二）企业对人才的需求

神州数码华为本部技术中心总经理高洪福在发言中指出，企业的战略决定了所需的人才。代理、分销起家的神州数码于 2017 年提出从分销贸易型企业向技术服务型企业转型，与战略匹配的企业人才需求也从注重营销管理能力、运营管理能力向注重技术服务及研发能力转变。借助华为售前和售后的认证体系，通过考核认证的人员初步具备了基本工作能力。高洪福特别强调"技术服务能力不仅仅是售前能做解决方案，售后能做项目管理服务，更包含了良好的沟通表达能力，以及对厂商政策了解和行业洞察力，特别是后两点也是人才生态需要着重培养的学生素养"[①]。

---

① 管李翔. K 公司只能制造业务发展战略研究［D］. 南京：南京邮电大学，2022.

（三）聚合资源加速 ICT 人才生态建设

本次大会上华为提出了共建、共享、共生和共赢的 ICT（信息通信与技术领域）人才生态战略，核心内容是与生态各方共享华为全球领先的技术能力、知识体系、管理经验以及商业实践，通过 ICT 的认证、培训、人才输送等方式为生态利益相关方 ICT 从业者、教育机构以及企业输送养分。

华为企业 BG 中国区副总裁（渠道）杨文池表示，华为愿联合企业、院校、教育主管部门、教育机构、行业组织等多方力量，倾注各方的力量、知识与智慧，共同构筑起 ICT 领域的人才生态。华为愿意持续地为 ICT 人才生态提供强有力的能量支撑，在生态各方角色的共同努力下，助力 ICT 产业可持续的繁荣发展。

华为企业 BG 中国区渠道综合业务部部长张静也表示，ICT 人才需求已从 1.0 时代步入 2.0 时代，1.0 时代通过学习技能解决问题，而 2.0 不仅仅是通过技能解决问题，更需要具备综合能力推动商业应用，华为将坚持多方构建、智慧共享、合作共赢理念，构筑 ICT 融合领域的人才可持续发展体系，互相成就、持续发展。具体将通过 ICT 学院、人才联盟合作伙伴大学三种具体方式来汇聚各方力量，输送智慧资源共同培育 ICT 未来发展土壤。

特别是针对高校人才培养方面，华为企业 BG 中国区副总裁（交付与服务）李同广提到，华为企业 BG 中国区的产品合作伙伴有近 6 000 家，服务的客户 3 万多家，估算其中的从业人员近 50 万，预计未来五年华为所助推的 ICT 产业生态系统对人才的需求将超过 80 万。此种挑战下，华为与北京航空航天大学、北京理工大学、重庆大学、大连理工大学、电子科技大学、东北大学、湖南大学、华南理工大学、南京大学、武汉大学、浙江大学、中南大学共计 12 所高校签署华为 ICT 学院创新人才中心校企合作协议，共同探索面向未来的创新型 ICT 人才联合培养模式。据悉 2017 年华为将与 2030 所高校开展创新人才中心合作，让百名以上骨干教师参与合作并为产业培养千名以上创新型人才。华为 ICT 学院创新人才中心这种人才生态模式的建设，将实现院校教育与 ICT 行业用人需求的快速有效衔接，充分应对未来 ICT 行业人才的需求挑战。

第四节　完善新能源汽车产教融合协同模式

《国务院办公厅关于深化产教融合的若干意见》中提出了"将产教融合作为促进经济社会协调发展的重要举措，融入经济转型升级各环节，贯穿人才开发全过程，形成政府企业学校行业社会协同推进的工作格局"的原则，这也使得政府、行业企业和学校之间必须统筹协调、共同推进。因此，从高职教育支撑产业转型升级和人力资源开发的重要途径出发，产教融合不能仅限于教育层面，急需政府、行业企业和教育部门共同设定目标。一是要切实落实好高职教育与经济转型升级同步规划、同步发展，融入产业发展各环节，贯穿产业发展全过程。二是把培养高素质技术技能人才作为教育和产业以及经济社会的共同任务、共同责任，学校与行业企业共同制定专业标准、课程体系，共同建设双师队伍、实训基地，共同参与人才培养、考核评价。三是高职教育主动对接产业需求，在人才结构上使得教育供给侧和产业需求侧相匹配，不断提升人才培养质量，与产业转型升级所需的技术技能人才的水平相匹配。三方面目标的实现就必须处理好职业教育和产业之间的协同关系，创新产教融合互动机制、运行机制、保障机制和考核评价机制，推动高等职业教育新能源汽车专业产教融合更为细化、精准和高效地发展。

一、探索产教融合动力机制

产教融合具有多主体、多层次、多类型的特征，受宏观政策、经济发展、社会文化和科学技术等多方面环境的影响，需要政府、行业企业和学校统筹协调、共同推进，才能实现预期效果和目标，具体来自宏观、中观和微观三个方面的动力。

（1）在宏观层面加快完善产教融合生态系统。要实现教育界与产业界的融合，首先要树立产业发展和转型升级离不开产教融合的观念，充分认识到职业教育和高等教育在经济社会发展中的先导性、基础性作用。其次要加强顶层设计，在制定经济社会发展规划以及产业、行业、区域和城市布局规划时，政府对产教融合要实行同步规划，并出台具有导向性的法律法规以及相关激励政策等，营造产教融合的制度环境，出台产教融合协同的长效机制，真正促进教育链、人才链与产业链、创新链有机衔接，解决好教育和产业"两张皮"的问题。

（2）在中观层面，一方面地方教育主管部门和行业组织要充分发挥应有的作用，出台相关职业教育与区域产业行业对接制度，创新产教不定期的对话机制，教育部门可根据行业组织的需求情况，来进行学校设置和布局、专业结构调整、教学标准制订和人才培养质量评价等各方面的工作，真正实现专业与产业、职业岗位对接。

另一方面充分发挥各行业集团化办学的功能，通过行业集团和区域集团把众多的学校、企业、科研院所等组织起来，通过集团优势实现教育供给侧和产业需求侧的有效对接和融合，避免职业院校培养出的学生找不到工作、找到工作的专业不对口、专业对口的技术技能跟不上，也有效地使校企合作从单元合作迈向多元合作。

（3）在微观层面，首先树立校企协同育人观念，校企共同制定人才培养方案、共同参与教学活动、共同实施考核评价，合作企业参与人才培养的全过程实现专业课程内容与职业标准对接，教学过程与生产过程对接，学历证书与职业资格证书对接。其次职业学校师生积极参与企业技术服务和科学研究，一方面将成果转化成有效的教学资源，培养学生创新能力，另一方面也将技术成果带给企业，共享和优化产学资源配置，助推企业转型升级。

总之，在宏观层面，要将高职院校的供给侧结构性改革与国家的产业结构需求深度融合；在中观层面，要将高职院校的转型发展与区域或行业的转型升级需求深度融合；在微观层面，将学校的课程质量提高与企业的岗位能力需求深度融合。在新能源汽车技能人才培养方面不外乎以上三个层面的协力合作。随着新能源汽车产业的发展，我国成立了国家和地方两级的新能源汽车产业联盟，教育部门于 2015 年新增了高等职业教育的新能源汽车技术专业，目前其产业联盟与教育部门已构建多维度多层次的沟通交流和合作机制，全国高职院校新开设新能源汽车专业数量连续三年排名第一，目前在全国高职院校中已有 560 所，积极应对汽车产业转型升级紧缺人才的需求。

二、创新产教融合运行机制

(一)建立多主体的职业教育联合工作机制

《国务院办公厅关于深化产教融合的若干意见》中提到:在国家层面加强组织领导,建立发展改革、教育、人力资源和社会保障、财政、工业和信息化等部门密切配合,有关行业主管部门、国有资产监督管理部门积极参与的工作协调机制,相应的各级政府层面应建立由教育部门、人力资源部门以及发展改革委、省经信厅等经济相关部门共同制定职业教育指导政策和意见,并形成长效机制。充分发挥各行业教学指导委员会的功能,积极推进行业的相关产业和职业教育对话,推进行业部门及组织与教育部门共同制定专业标准以及相关政策措施,形成共同推进职业教育工作的长效机制。同时建立完善经济、劳动部门、行业组织以及企业与教育等相关部门共同组成的职业教育决策咨询机构,为职业教育法规政策、规划制定、实施、提供咨询和建议。

(二)健全需求导向的人才培养结构调整机制

加快推进职业教育"放管服"改革,注重发挥市场机制配置非基本公共教育资源作用,强化各行业就业市场对人才供给的有效调节。进一步完善相关部门协同行业定期发布产业发展规划和人才需求报告制度,促使高职院校主动对接产业行业发展新趋势,及时掌握产业人才需求,动态调整职业院校专业设置。新增产业人才需求量大的新专业,重构紧密对接产业链的专业群,淘汰产业发展不匹配、技术技能不适用、培养质量不高的专业,形成与产业链有需求、有衔接、有层次的职业教育专业体系。继续推进高职院校毕业生就业质量年度报告发布制度,注重发挥行业组织人才需求预测、用人单位职业能力评价作用,把市场供求比例、就业质量作为职业院校调整专业、培养规模的重要依据。严格实行高等职业教育专业预警和退出机制,引导职业院校对设置雷同、就业质量不高的专业,及时调减或停止招生。作为汽车专业学生培养主体的高职院校,要紧密对接汽车产业链,依据产业需要、生源质量提升、学生全面就业和专业资源优化四个原则适时调整专业结构，加快构建与区域汽车产业相匹配的新能源汽车技术专业群。

（三）完善职业教育专业标准与规范研发机制

中华人民共和国教育部门引领行业职业教育教学指导委员会，对接产业和职业岗位，及时将新技术、新工艺、新规范纳入教学标准和教学内容，从而制定相应的专业标准、人才培养标准以及课程标准，推进由教育行政部门牵头，行业组织具体实施，开发新能源汽车职业教育相关标准及规范，形成产教融合专业标准与规范研发机制的常态化、长效化。同时职业教育培训评价组织出台新能源汽车典型工作岗位的职业技能标准，推出新能源汽车的职业技能等级证书，对新能源汽车人才培养起到强化、补充和拓展的功能，从而不断提高产业所需技术技能人才的培养质量。

（四）创新产教融合的校企合作体制机制

校企合作主要是指学校和企业两个主体之间的合作，目前全国高职院校已有诸多的实践和探索，校企合作的办学模式层出不穷、百花齐放。但从校企之间地位的视角看，有以学校为主体、企业为主导的合作办学模式，也有以校企为双主体的合作办学模式，甚至还有以企业为主体、学校为主导的模式。从校企合作的紧密程度视角看，有只限于订单班式人才培养的合作模式，有教学资源共享未涉及资金来往的合作模式，还有资源和资金都有来往的情况，甚者还有采用混合所有制的办学模式。但不管是何种合作模式，校企合作均离不开体制机制、人才培养、课程建设、教学改革、基地建设和队伍建设六个维度的合作，下面着重介绍常见的学院新能源汽车专业校企合作的具体做法。

一是校企共建合作体制机制。校企合作的体制机制是解决校企间"两张皮"问题的关键所在，只有合作的体制机制健全了、科学了，才能深化产教融合，促进产业链与教育链的有机衔接，才能使校企间沟通更加高效，才能使校企双方发挥更大的动能。根据作者的深入研究，应重点建立三个机制。一是建立校企双方互惠双赢的驱动机制，找到共赢点才能使校企双方合作有动力、可持续。如设立以企业冠名的相对稳定的产业学院，构建

校企共同规划、共构组织、共同建设、共同管理、共享成果和共担风险的校企利益共同体（图 5-4-1），产业学院实行理事会领导下的产业学院院长负责制，理事会理事长由企业领导担任。二是建立多层互动的运行机制，理事会负责产业学院的总体规划、专业建设、校企合作和文化建设，下层建立院长厂长联席会议制度，使学院的工作与企业始终同步，再下层是建立专业负责人车间主任联系制度，包括建立专业教师和企业工程师的课程对接制度等（图 5-4-2）。三是建立多方助力的保障机制，如成立新能源汽车专业校企合作专家委员会，每半年召开一次咨询会，保障校企合作健康发展。这方面比较优秀的案例是杭州职业技术学院与吉利汽车集团共建的产业学院，紧紧围绕"人才培养、课程改革、技术研发、培训服务、师资培养和基地建设"六个层面的合作内容，研制贯穿全生命周期的、可复制推广的序列化操作标准，引领全国范围内的吉利产业学院校企合作规范运

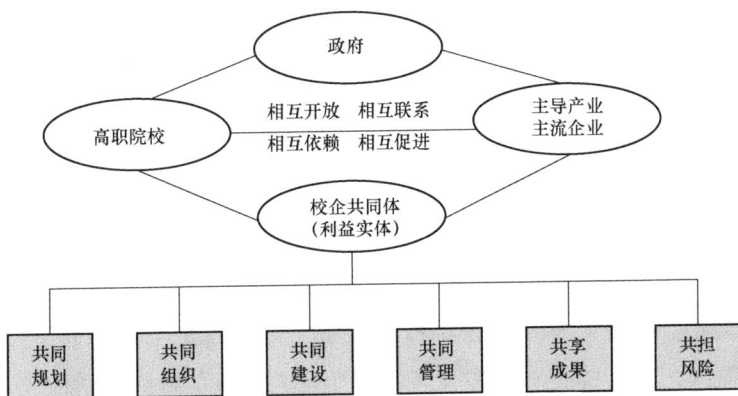

图 5-4-1　校企利益共同体架构

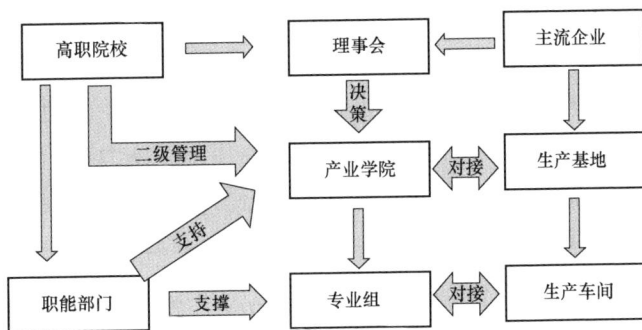

图 5-4-2　校企共同体下的产业学院运行机制

行。从组织架构、专业建设、资源共享、文化融合、师资培养、社会服务等方面制订共同体领导机制、专业共同体建设机制、资源共同体互助机制、文化共同体交融机制、师资共同体互补机制和产学研共同体融合机制，创新校企共同体体制机制，构建引领全国吉利产业学院发展的"吉利路径"（图5-4-3）。

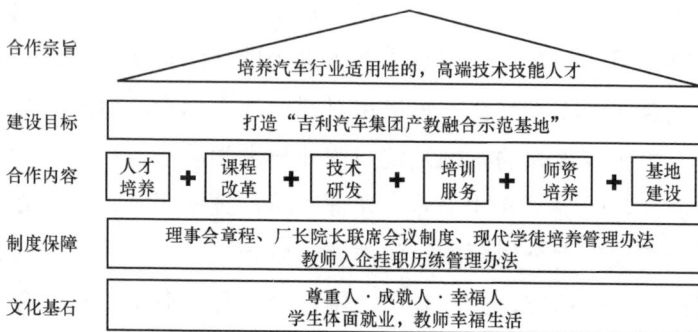

合作宗旨	培养汽车行业适用性的，高端技术技能人才					
建设目标	打造"吉利汽车集团产教融合示范基地"					
合作内容	人才培养 +	课程改革 +	技术研发 +	培训服务 +	师资培养 +	基地建设
制度保障	理事会章程、厂长院长联席会议制度、现代学徒培养管理办法 教师入企挂职历练管理办法					
文化基石	尊重人·成就人·幸福人 学生体面就业，教师幸福生活					

图 5-4-3　吉利汽车产业学院架构

二是校企共创人才培养模式。现代学徒制的人才培养模式是提升新能源汽车人才质量最有效的途径之一，现代学徒制是建立在产教深度融合基础上，借鉴德国"双元制"的教育模式，实施项目驱动、工学交替、半工半读的教育教学模式。实行企业招工与学校招生互相衔接，学生既是学校的学生又是企业的学徒，工作内容既是企业生产任务又是学校的教学内容，车间既是企业的生产基地又是学校的教室，师傅既是企业的职工又是学校的兼职教师，突出校企双主体育人、双师育人，真正做到教学内容项目化、教学实施个性化、教学形态多样化、教学考评弹性化和教学情境真实化，打破原来传统的课堂。校企双方一是要探索互惠双赢的利益驱动机制，学校、企业和学生三方设定利益目标，给企业带来优质急需的人才，为学校提升了专业教学质量，打造了专业品牌，从而促进学生全面就业。二是要构建有效的沟通协调机制，校企双方对"哪几个维度需要沟通，什么地方沟通，沟通什么内容，"有明确、具体的制度。三是完善教学的课程开发机制，即针对几门核心课程，形成课程开发的流程、课程内容的标准和课程实施的规定等。四是夯实师徒评价的质量保障机制，即推出师傅准入标准、学徒的标准、过程标准以及学徒出师标准等。杭州职业技术学院与吉利汽车研究院的试制验证中心共同实施新能源汽车设计验证师培养计划，开展新能源汽车试制拔尖人才个性化培养，探索基于吉利大师班的现代学徒制人才培养创新模式，打造中国新能源汽车制造班组长摇篮；组建教师创新团队和工匠导师团队，采用"工匠导师引领、专任教师指导、校企联合培养"的形式，吉利工匠用"师傅带徒弟"的方式招收学徒，通过手把手传、帮、带培养造就一批具有高超技艺、精湛技能和工匠精神的新能源汽车装配制造、汽车设计验证的高技能人才。

三是校企共构教学课程体系。人才培养的方向和规格是由课程体系决定的。如何培养出新能源汽车企业所急需的人才，课程体系起着决定性的作用。如课程体系是校企共同完成的，既会有效解决人才供给结构不合理的作用，也会提升学生就业的质量，因为企业培养的是自身最急需的人才，而学校考虑的是学生的体面就业和良好的声誉。校企如何构建课程体系，作者认为主要做好五个环节。一是专业定位，校企双方都要站在各自的立场进行充分地协商，要平衡双方的诉求，通过博弈找到最佳点。二是岗位描述，专业定位好了，必须找到对应的岗位，明确岗位的工作领域。三是任务分析，对每项工作领域进行工作任务分析，由几项具体的任务来完成。四是能力定位，也即每一项任务需要哪些能力来支撑，找到能力点和相关素质点。五是课程固化，每一项专业能力和素质需要哪些课程来转化，根据这些课程构建该专业的课程体系，并形成新能源汽车技术专业人才的培养方案。课程体系开发的五个环节必须以企业岗位需求为导向，以企业为主体，对接岗位任务逐步转化为课程体系的渐进过程。杭州职业技术学院邀请职教专家和吉利汽车研究院设计验证大师，联合开展新能源汽车技术专业"专家引领、大师指导"的工作任务分析会，提炼出新能源汽车制造技术专业"3 大工作领域 16 项工作任务和 71 个职业能力"，紧紧围绕 71个职业能力开设 16 门课程，为后续该专业人才培养方案的制定提供依据，真正实现教学内容与岗位工作任务无缝对接。

四是校企共建优质教学资源。校企共同收集、积累和开发新能源汽车教学资源，搭建来自新能源汽车企业一线技术技能的教学资源库。一方面，企业提供大量的真实生产的实际案例，提供新技术、新工艺和新规范，学校组织专业教师将其转化成线上线下多种形式的优质教学资源，使真实案例走进教材、步入课堂，从而取代原先以学科知识为主的教材，不断提升新能源汽车专业学生的教学质量，同时也增强了学校教师的专业能力。另一方面，企业可以共享优质的教学资源，将优质的教学资源作为员工培训的核心课程，大大提升企业内部自身的人才培养能力，有效地解决企业在转型升级过程中人才需求不足的现状。另外校企强强联合搭建新能源汽车技术专业培训中心，为区域的新能源汽车从业人员提供优质的培训服务，打造学校、企业培训品牌，增强行业的影响力和辐射力。

五是校企共建专业实训基地。实训基地是人才培养的重要保障，新能源汽车实训基地投入大，安全防范运行成本高。如学校只考虑教学建设新能源汽车技术实训基地，必然会遇到设备投入和日常运行成本高，安全隐患多，设备淘汰速度快等问题。因此校企共建、共享、共管新能源汽车实训基地才是应有之举，校企共享首先可以提高实训基地的使用率；其次将提升实训基地先进性和真实性，并且还能得到及时维护和更新；最重要的是还能拓展社会服务功能服务，一是可提供信息服务、职业培训、技能鉴定和行业竞赛等服务功能，二是拓展技术研发功能，为区域企业特别是中小微企业的技术研发和产品升级。杭州职业技术学院与吉利共建新能源汽车协同创新中心，中心下设新能源汽车设计研发中心、新能源汽车技术专业实训中心、吉利新能源汽车体验中心。其中新能源汽车设计研发中心，以数智赋能汽车技术发展为思路，构建"一中心 X 平台"的中小微企业技术服务运行机制，设立吉利企业博士后科研流动工作站。新能源汽车技术专业实训中心建成国家级生产性的实训中心。将新能源汽车协同创新中心打造成集人才培养、技术研发、成果转化、培训服务、投资孵化于一体，设施设备全国一流的省级协同创新中心。

六是校企共建双师教学团队。人才资源是第一资源，教师是新能源汽车专业人才培养的第一资源，有一支专业技术强、爱岗敬业的双师教学团队是专业人才培养的必要条件。作为一名新能源汽车技术专业的教师，不能从学校到学校，从学科到学科，必须不定期下企业，了解企业最先进的技术、工艺和设备，否则很快就被发展迅速的新能源汽车产业淘汰出局。学校邀请合作企业的能工巧匠走上讲台，这是学校最好的师资，不仅能传授给学生鲜活的技术技能，而且还带给学生职业素养和企业文化。例如，

杭州职业技术学院在建立深度融合的校企共同体的基础上，实现了校企双方的专业技术人员互评互聘机制，出台了《校企共享性专业团队建设与管理办法》《校企岗位互换管理办法》《高校教师下企业经历工程》《企业兼职教师教学能力提升工程》等。学院还依托吉利企业"双百工程"项目，通过 100 名企业讲师进院校，100 名学校教师入企挂职历练，实现师课资源深度融合，共同打造国家级高职院校新能源汽车双师培育基地。在新能源汽车产业人才紧缺的情况下，高职院校的师资更是一师难求，所以要在行动上重视人才、爱护人才，不断改善人才发展环境。只有这样，才能以不变应万变，用人才引领未来，用创新驱动发展。

三、夯实产教融合保障机制

教育部等六部门印发《职业学校校企合作促进办法》的通知（教职成〔2018〕1 号）提到：国务院相关部门和地方各级人民政府应当建立健全校企合作的促进支持政策、服务平台和保障机制。产教融合校企合作真正要落实政府推动、行业指导、校企主导、学校企业双主体实施的合作机制，没有相应的组织保障、政策保障和服务保障机制是很难落地和可持续发展的。

（一）构建组织保障机制

《国务院办公厅关于深化产教融合的若干意见》中已提出：加强组织领导，建立发展改革、教育、人力资源和社会保障、财政、工业和信息化等部门密切配合，有关行业主管部门、国有资产监督管理部门积极参与的工作协调机制，加强协同联动，推进工作落实。各省级人民政府要结合本地实际制定具体实施办法。在国家、省两级政府的推动下，目前教育行政部门、人社保障部门和各产业有关的经济部门形成合力，共同推出举措制定政策、下发文件和落地实施，为产教融合、校企合作提供强有力的组织保障。在行业层面，国家、省两级均建立了产业联盟，全国新能源汽车产业联盟和各省的新能源汽车产业联盟，联盟不仅助推产业又好又快地发展，而且也推动了产学研合作，对产教融合、校企合作进行有针对性的指导。在职业院校层面，新增产学合作组织机构，充分发挥学校内部各专业校企合作中的指导、联系、管理、监督和服务等职能。大大地提升高职院校产教融合、校企合作的效能。

（二）出台政策保障机制

近年来，国家层面陆续出台了诸多的促进产教融合的相关文件，这些文件中均相继推出相关激励和鼓励校企合作的政策。具体主要有以下几个方面：一是积极推进产教融合建设试点项目。国家在"十三五"期间，支持中高职业院校加强校企合作，推出院校内"校中厂"建设，在企业中"厂中校"的建设，加强校企合作实训环境、平台和硬件建设。近期政府支持一部分城市、行业和企业开展产教融合型城市、行业和企业的试点。特别是国家发展和改革委员会、教育部联合发文《关于印发建设产教融合型企业实施办法的通知》，最大程度鼓励企业主动参与校企合作，在职业院校办学和深化教学改革中发挥重要的主体作用，进入产教融合型企业认证目录的企业享受相应的优惠政策。二是落实职业放宽相关激励政策。2018年六部委联合发文《职业学校校企合作促进办法》，推出 34 项职业学校校企合作的促进办法，对学校、企业、教师和学生等均提出了相关的激励措施。该办法明确职业院校参与区域企业培训服务和技术服务，明确职业院校科研人员为中小微企业技术服务的横向经费以及依法取得的科技成果转化奖励收入不纳入绩效工资，不纳入单位工资总额基数。明确校企间实行现代学徒制培养的定向计划、学籍管理等方面的倾斜和支持。进一步明确参与企业一线工作经历的职业院校的教师在评聘和晋升职务等方面给予倾斜和优先；切实保障实习学生的劳动权益，建立健全学生实习强制保险制度。三是切实鼓励与校企合作，对列入产教融合型的企业给予"金融＋财政＋土地＋信用"的组合式激励。国家鼓励金融机构按照风险可控、商业可持续原则支持产教融合型企业的建设；各级税务部门、财政要把深化产教融合作为落实结构性减税政策，推进降成本、补短板的重要举措，落实社会力量举办教育有关财税政策，积极支持职业教育发展和企业参与办学。该办法还明确，试点企业兴办职业教育的投资符合条件的，可按投资额一定比例抵免该企业当年应缴教育费附加和地方教育附加。企业因接收学生实习所实际发生的与取得收入有关的合理支出，以及企业发生的职工教育经费支出，依法在计算应纳税所得额时扣除等。

（三）搭建平台保障机制

《职业学校校企合作促进办法》中明确指出国家相关部门和地方政府要建立健全校企合作的保障机制，进一步促进校企合作服务平台的建设。教育、人社等国家部门，牵头搭建产教融合信息服务平台，提供、指导校企双方在产教融合过程中的各项政策相关信息。行业主管部门和行业组织根据行业自身特点，组织和指导企业提出校企合作的愿景和具体需求，提供科学的支持和引导，不断推进校企合作。鼓励相关部门、行业组织和企业推进校企合作信息化平台建设，依托平台一方面采集区域和产业人才需求、技术研发、技能提升和培训服务等各类企业的供需信息，另一方面区域职业院校发布学校的专业设置、毕业生信息、实训基地、研发中心和培训项目等相关资讯。通过信息平台还可以及时发现职业学校校企合作过程中的问题和不足，监督和指导企业开展校企合作，推广效果明显的模式和做法，并为产教融合型企业的评选提供有力的数据支撑。再者全社会要营造重视产教融合的氛围，做好大国工匠的舆论和宣传，让全社会重视职业教育、珍视一线工匠，加快收入分配、企业用人制度以及职业学校的配套改革，引导形成职业学校主动服务区域经济社会发展、企业重视"投资于人"的普遍共识，积极营造全社会充分理解、积极支持、主动参与产教融合的良好氛围。

四、完善产教融合评价机制

由于产教融合面向的主体广、层级多，将上面提到的相关校企合作激励政策切实落地，如没有相应的考核和评价机制是很难做到的。因此国家层面在出台相关激励政策的同时，也对各级政府、相关部门、行业组织、企业和学校提出了具有针对性的考核和评价措施。作为产教融合直接受益者企业和学校来说，自身内部也应出台基于参与产教融合方面工作的考核和评价，力求取得产教融合带来的最大红利。

首先在《职业学校企业合作促进办法》中明确提到：各级人民政府教育督导委员会负责对职业院校、政府落实校企合作职责的情况进行专项督导，并定期发布督导报告。各级教育部门与相关部门会同行业组织，对区域所属企业进行校企合作的指导、监督以及评价，积极推广好的做法和品牌，并将企业参与校企合作的情况，作为产教融合型企业及服务型制造示范企业评选的重要指标，也作为企业享受"金融＋财政＋土地＋信用"的组合式激励等政策的重要依据。教育和人社部门对职业院校开展校企合作的指导、监督和考核，将校企合作的情况作为职业院校办学业绩、水平、特色和工作目标考核的重要依据，也是当前教育部推荐职业院校双高校建设单位的重要指标之一。

其次相关部门职业院校为顺应产教融合校企合作，深化内部改革，增设产学合作职能部门，专门指导、组织、协调、监督和考核各教学单位以及各专业在校企合作方面的工作。将专业教师深入合作企业的生产一线、聘请企业技术人员为兼职教师作为师资考评的重要内容。注重提升合作企业毕业生留用率和满意度，将企业培训服务、技术服务和成果转化作为教学单位或专业建设的年度目标考核的重要指标。

参考文献

［1］ 吴华伟，梅雪晴. 汽车可靠性基础［M］. 南京：南京大学出版社，2018.

［2］ 吴华伟，聂金泉. 电动汽车测试技术及传感器［M］. 南京：南京大学出版社，2017.

［3］ 张阿芬，杜朝运. 高职教育供给侧改革探索融合培养学生职业核心能力案例集［M］. 厦门：厦门大学出版社，2017.

［4］ 王谦，李子路，陈林. 高等职业院校汽车类技能型人才培养十三五规划教材汽车电工电子技术［M］. 成都：西南交通大学出版社，2020.

［5］ 袁兆鹏，徐夕玲，杨荣华. 新能源汽车维护与保养［M］. 北京：中国人民大学出版社，2022.

［6］ 尹向阳，陆海明. 新能源汽车概论［M］. 北京：人民交通出版社，2018.

［7］ 郑毅. 新能源汽车技术专业人才培养方案及教学实施细则［M］. 成都：西南交通大学出版社，2020.

［8］ 冯月崧. 新能源汽车充电设施安装与维护［M］. 北京：人民交通出版社，2018.

［9］ 张俊，王培. 新能源汽车概论［M］. 北京：中国人民大学出版社，2022.

［10］ 陈祥明，杨圣春. 新能源新技术与人才培养［M］. 合肥：合肥工业大学出版社，2013.

［11］ 卢玉芬. 新能源汽车专业双创人才培养模式探析［J］. 时代汽车，2023（05）：37-39.

［12］ 熊静静. 新能源汽车技术专业技术技能人才培养模式探究［J］. 时代汽车，2023（01）：25-27.

［13］ 张佩，颜伏伍，侯献军，等. 面向产业变革的新能源汽车人才培养模式改革［J］. 武汉理工大学学报（信息与管理工程版），2022，44（04）：669-673.

［14］袁国伦，王雅明. 新能源汽车专业人才培养模式研究［J］. 农机使用与维修，2022（06）：160-162.

［15］严景明，陈忠恺，周新. 基于校企共建的新能源汽车专业人才培养模式研究［J］. 教师，2022（15）：126-128.

［16］胡雪芳，曹爱霞，谢建新. 深度产教融合的车辆工程新能源汽车方向人才培养模式探究——以青岛黄海学院为例［J］. 汽车实用技术，2022，47（09）：24-27.

［17］李洪亮，王钰明，刘志华. 基于虚拟仿真的新能源汽车双创人才培养模式研究［J］. 时代汽车，2022（10）：58-60.

［18］陈忠恺，兰婷婷，严景明. 专业群与企业群共建新能源汽车人才培养模式研究［J］. 大众科技，2022，24（04）：167-170.

［19］曹晓娟. 新能源汽车运用技术专业技术技能型人才培养模式研究［J］. 学园，2014（09）：18-19.

［20］杨姗. 新能源汽车产业发展环境下对汽车专业人才培养模式研究［J］. 南方农机，2018，49（22）：247.

［21］雷治亮. 新能源汽车维修专业人才培养模式研究［D］. 广州：华南理工大学，2018.

［22］卢宗霞. 新能源汽车人才培养模式研究［D］. 西安：长安大学，2015.

［23］谷守印. 基于"1＋X"证书制度的智能新能源汽车职业技能人才培养方案的研究［D］. 天津：天津职业技术师范大学，2021.

［24］刘娟娟. 粤港澳大湾区九市新能源汽车高技能人才素质模型研究［D］. 广州：广东技术师范大学，2022.

［25］雷治亮. 新能源汽车维修专业人才培养模式研究［D］. 广州：华南理工大学，2018.

［26］黄巧婷. 中职新能源汽车制造与检测专业人才培养模式研究［D］. 广州：广东技术师范大学，2022.

［27］冯雪. 中职学校新能源汽车维修专业岗位职业能力研究［D］. 天津：天津职业技术师范大学，2021.

［28］赵瑞林. 技工院校新能源汽车维修专业课程开发研究［D］. 天津：天

津职业技术师范大学，2019.

[29] 韩金龙. 基于工作过程的"新能源汽车维护"课程开发研究 [D]. 天津：天津职业技术师范大学，2021.

[30] 左姗姗. 基于岗位能力和教学效果的中职"新能源汽车高压安全与防护"混合式教学研究 [D]. 天津：天津职业技术师范大学，2022.